Toutes les saveurs de la vie

ピエール・エルメ語る

マカロンと歩む天才パティシエ

ピエール・エルメ
&カトリーヌ・ロワグ
Pierre Hermé
佐野ゆか 訳

早川書房

ピエール・エルメ語る

——マカロンと歩む天才パティシエ

TOUTES LES SAVEURS DE LA VIE
by
Pierre Hermé avec Catherine Roig

Translated by
Yuka Sano
First published 2023 in Japan by
Hayakawa Publishing, Inc.
This book is published in Japan by
direct arrangement with
Libella.

装幀／佐藤亜沙美

私の奇跡ヴァレリーに
私の息子アドリアンに

目次

※訳注は小さめの（　）で示した。

序　文
素晴らしい欲望

「過去については記憶喪失だ」

カール・ラガーフェルドのこの名言を、私は自分のものにしました。

それは過去の拒絶からというよりも、常に未来の方を見すえることが理屈抜きに必要だからです。

私はとてもはっきりと、過去と思い出を区別しています。思うに、過去についてくどくど考えるというのは、それに伴う重苦しさを全部引き受けながら後ろを振り返ることです。

思い出は、それがもたらす豊かさや教訓で、その人となりを形成するものです。

哲学的に両者は全然違います。

両親二人ともをすでに亡くしている一人っ子としては、過去の人生に虚しさを感じることもありますが、それを満たそうとしても無駄で、それについて説明するのはもっと無駄です。

そのかわりに、どのようにして自分が形成されたのかを、記憶の貯蔵庫から取り出してお話しするのは、意味のあることのように思われます。このことが、進路を探していたり、私と同じ道を歩きたいと思っている若者たちにインスピレーションを与えられるのならなおさらです。

思い出を糧にして自分を未来へと駆り立てることは、大なり小なり意識的にやってきました。

それが私のエネルギーの源です。妻のヴァレリーや近しい人たちから、私のエネルギーは驚異的だと言われることがありますが、絶えず無尽蔵の燃料が供給されているからです。それは、仕事に対する情熱です。

この情熱が、ほんの幼い頃から私を突き動かしてきましたし、これからもずっと突き動かすことでしょう。この情熱を持てることは、とてつもない幸運です。どんな情熱であれ、情熱を育み、伸ばし、共有することが、豊かな成功した人生の道へと進む力強い原動力となります。このことが、愛すること、食べること、学ぶこと、旅行すること、発見すること、人びとと交流することへの貪欲なまでの渇望を与えてくれます。私が交流するのは、ケーキ作りや絵画から着物まで、さまざまな芸術に自分と同じように熱意がある人たちです。

この活力で、まだ一四歳のときに故郷アルザスからパリのルノートルへと修行に出たのです。そしてこの活力で、出世の階段を上っていきました。見習いから始めて正式に雇われ、副シェフかられっきとしたシェフになり、メゾンの創設者、そして実業家になりました。それと並行して、他の人たちのところへ出向いて援助を求めたり、新たな視点や助言を受け取ったりしながら、私生活も進歩していきました。かなり若いときに学業を辞めたので、常に熱心に文化に浸《ひた》るようにしてきました。欠落したものを補うためというよりも、尽きることのない好奇心を満たすために。ケーキ作りから料理まで、アートから建築まで、ワインから香水まで、すべての分野を、文学、ファッション、写真、デザインなどを通して探求するのは、抑えきれない欲望からです。

というのも、すべては繫がっていて意味があると確信しているからです。旅行からケーキの着想を得たり、公園から香りに導かれたり、記憶の中に刻まれた作品からタブレット・ショコラの模様を思いついたりするのですから。

この素晴らしい欲望が、絶えず創造力を養ってくれています。もしかするとその秘訣の一端は、ずっと探し続けること、そして見つけること——ここにあるのかもしれません。

第一部

基　礎

2020年

ラ・マムーニア

PIERRE HERMÉ

ガゼルの角　ラ・マムーニア

－オレンジの花入りアーモンド生地

－オレンジ・コンポート

－ロースト・アーモンド・クリーム

－アマルーのクルスティアン

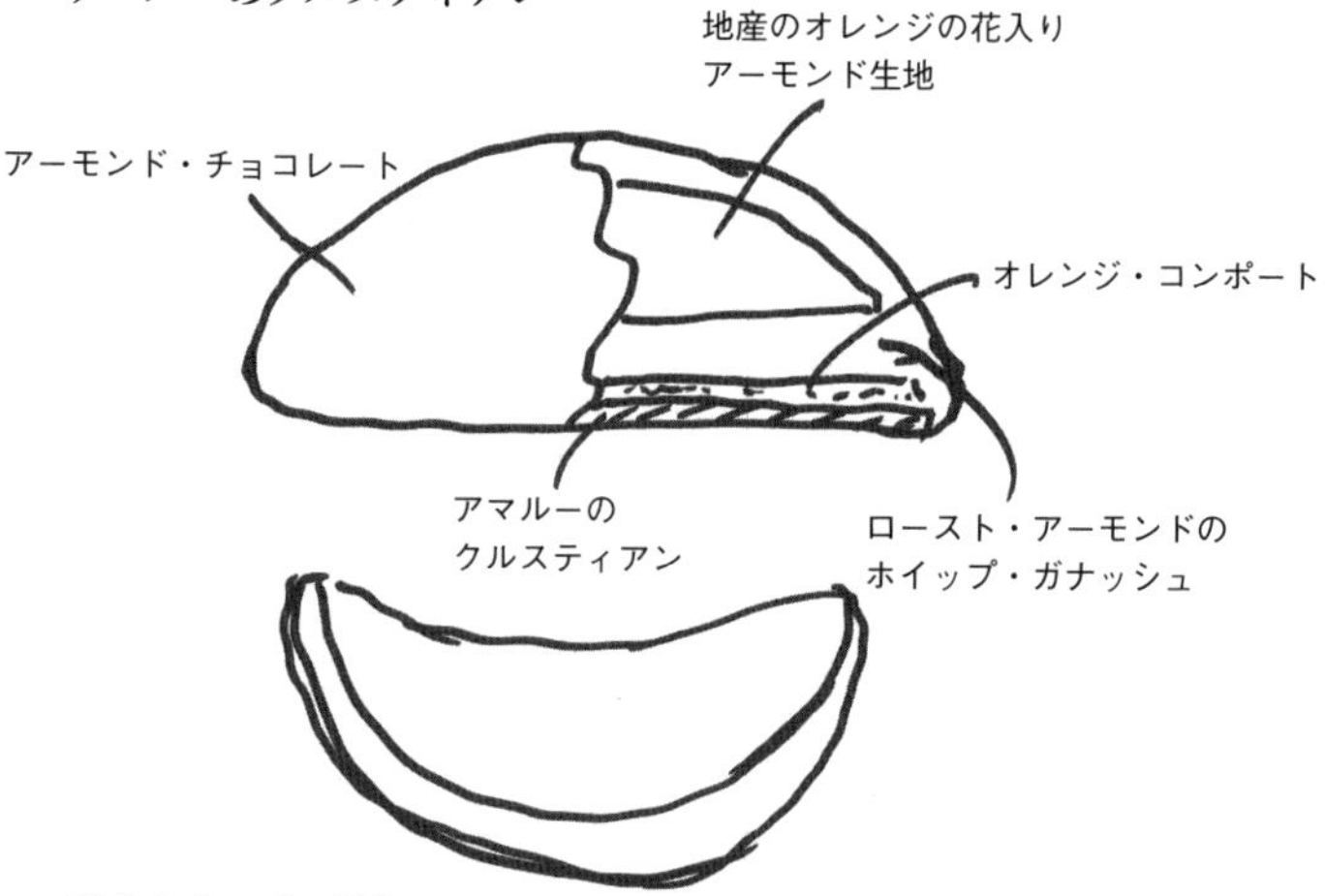

アーモンドのホイップ・ガナッシュ

450g　生クリーム
20g　ブドウ糖
20g　転化糖
650g　インスピレーション・アマンド
（以上4点：前夜）
1.2kg　ホイップ・クリーム

2020年6月10日

各章のイラストは、ピエール・エルメがルノートルでの見習いの頃から書きためていたノートからのものである。彼はケーキを作るたびにそのイラストを描く。

第一章
浸　透

思い出とミルティーユ

二歳か三歳の夏のことです。森の中、太陽の光がブナとモミの木々の間から射していました。その道を、私は手をつないだ乳母のそばでよちよち歩いています。私たちは一緒に、野生のミルティーユ（ブルーベリーの野生種）を摘みに来たのです。ヴォージュ山脈のひんやりとした酸性の土のおかげで、ミルティーユは豊富にとれます。ジャック・ママは私にとって甘さ《スイーツ》を体現した存在です。ラバロシュ村のパン屋に嫁ぎ、森の果実を使った見事なタルトとジャムを作っていました。

「全部食べちゃダメよ！」と笑いながらママは言うのですが、私ときたらミルティーユの木から両手いっぱいにつかみ取って、欲張って全部を口の中に詰め込むのです。ベリーの甘い果汁が指の間にしたたって、唇をべとべとにして、食い意地のはった私の味蕾《みらい》をうっとりさせています。

野生のミルティーユが、私が覚えている最初の味です。

この小さな黒い果物の深い味わいは、永遠に私の奥底に刻み込まれました。その深みは、栽培されたミルティーユにはまったく感じられません。奥行きがないのです。そのことを考えると、あんなに繊細なあの味が、たちまち口の中に広がります。でも自分の創作には、一度もミルティーユを使ったことがありません。失望してしまうことを恐れ過ぎているのかもしれません。あの味に触れてはならないのです。思い出の中だけのものにしておかなければならないのですから。

あの味は、たくさんのことを思い出させてくれます。まざまざと浮かぶ情景、感動、そして豊かな味わいの数々が、まだほんの小さな子どもだった頃のことを、印象派の絵のようなタッチで、甘く苦く描き出してくれます。生後三か月から三歳まで、私はラバロシュ村で乳母に預けられていました。両親が働いて暮らしているコルマールから、約二〇キロのところにある村です。父方の祖母は、息子の嫁、つまり私の母が、家族経営のパンとパティスリー（小麦粉の生地をベースに作ったケーキ、パイ、タルト、クッキーなどの菓子全般のこと）の店と、乳児の面倒をいっぺんにみるのは無理だと決めつけていました。祖母は独断的で気難しい性格で、私たちの住まいの上に住んでいました。母が庶民の出だというだけで、自らを私の母より優れていると思っているような人でした。

記憶している限り、母と離れていて私が特別苦しんだということはありませんでした。幼な過ぎたからです。それとは反対に、母は身を切られる思いだったことでしょう。母は苦しみ抜きました。そのことで性格はきつくなり、おそらく人生に亀裂が入りさえもしました。両親は私以外に子どもを持つことはありませんでした。母が、子どもと引き離される悪夢をもう一度経験することを恐れたからです。そのことで母は、常に父と祖母をとがめていました。家族関係は損なわれ、重苦しいものになっていました。

母はいつも私の世話をあれこれと焼いていました。厳しく、教育熱心で、向上心を持つことをおしえてくれました。しかし愛情深い人ではありませんでした。ほんの乳飲み児のわが子と引き離されたという事実が、母から感情を切り取ってしまったのです。私に贈り物をすることも、その腕に抱くこともしませんでした。ただし私には、母に取りついたあの冷たさのせいで傷ついた、という感情はありませんでした。ずっとそうだったので、それが普通だと思っていました。私の妻のヴァレリーが、三〇歳を越えている息子のアドリアンをいまだに甘やかし、彼の安らぎや幸せに対してどれほど気を配っているのかを見て、自分にはそんな経験がなかったことに、はっきり気づきました。一九六〇年代の親たちは、今とは違う態度だったのだと私は考えています。おそらくそのことで、逆に、私がとてもあからさまに、近しい人たちにすぐに感情を表に出すことの説明がつきます。そしてきっと、私が人生を甘さ《スイーツ》に捧げてきたことの説明も……。

ミルティーユに話を戻すと、ルノートルにいた頃に作っていた初期のもので思い出すのは、ミルティーユのタルトです。サブレ生地でできているタルトの底は、信じられないようなバターの味がしました。当時私は、父が使っていたマーガリンの生地しか知らなかったのです。大半のパンとパティスリーの店も同様でした。ミルティーユはポーランド産で、クラクスというメーカーの瓶詰めのものでした。丁寧に水切りをして、果汁はゼリーを作るのにとっておきました。その味は、森で集めたミルティーユに驚くほど近いものでした。

思い出というのは、まったくもって妙なものです。

クエッチのタルトと相棒

子どもの頃の環境については、とてもよく覚えています。私たちは、家族経営の店の上のアパルトマンにずっと長い間住んでいました。私の部屋は、ダイニングとバスルームの間にあって、くすんだベージュ色の壁紙が貼られていました。角には本棚付きの民芸調のベッド、古い家具、小さなテーブル、そして私が使うことのないライティング・ビューローがありました。機関車の模型とポリュックス（フランスのアニメのキャラクター。耳の毛の長いイギリス犬で砂糖が好物）のぬいぐるみが、いちばん大切な宝物でした。バルコニーには、アルザス地方ではお決まりの赤いゼラニウムが飾ってありました。隣が葬式だってお構いなしです。でも肝心なのは、私の部屋が父のパン工房の真上にあったということです。

毎日、パンとブリオッシュの匂いが私の鼻を刺激して、目覚めました。金曜日になると、クグロフ（三一八ページのレシピを参照）の香りが、週末だと知らせてくれました。毎日、父ジョルジュは午前二時に製パン室に下りて行きました。母シュザンヌは四時頃に行きます。両親共に一九三〇年生まれで、高祖父母（父の祖父母の祖父母）が作ったパンとパティスリーの店を経営していました。はっきり言われることはなかったにせよ、将来私が商売を継ぐことは、ほとんど決まりきったことでした。私たちは、コルマール市の中心街に近いジャン・マセ地区に住んでいました。ついでながら、ジャン

・マセというのは一九世紀の偉大な教育者であり教育学者で、『ひと口のパンの物語』の作者です。だから私たちは、うってつけの町に住んでいたわけです。中心街に行くときは「町に行く」と言っていましたが、たった六〇〇メートルしか離れていませんでした。母は店を朝五時に開けます。近くの繊維工場の工員たちが仕事を始める前に、パンや軽食を買いに来るからです。

この当時父は、主としてポーリッシュ法（ポーランドで考案された水種でパンを作る製法）で、身が白く、大きくて長く、柔らかくて味わいのあるパンを作っていました。後にライ麦パンや穀物入りのパンを作り始めましたが、今日好まれる酵母パンとはまったくの別物です。父はパン職人の仕事は、生活のために習慣的にやっていましたが、パティシエの仕事は愛していました。特に、フォレ・ノワール（サクランボ入りチョコレート・ケーキ）、フルーツ・タルト、ヴァシュラン（メレンゲとアイスクリームのケーキ）、スタンダードな、あるいは砂糖がけのクグロフなどを売っていました。なじみ客のための型どおりの品も同様に売っていました。父は好奇心旺盛で、納入業者がすすめる講習も迷わず受けていました。そのことが父に新商品を作りたいという気にさせましたが、残念なことに、定番のものほど売れることはありませんでした。客が新しいケーキに興味を示しても、結局はいつも、「まあ、独創的！　でもやっぱりフォレ・ノワールをひとつください」ってなるのよ、と母は笑いながら言っていました。そして、本日の新商品は売れ残ってしまいます。私はそのおこぼれにあずかることができたのですが、自分の名誉にかけて私の食生活を監督するのが当然と思っていた母は、その度ごとに嘆いていました。

私の子ども時代は、パンよりもケーキと密接に結びついています。パンは夜に作られ、両親は、私が自分たちよりも長い時間眠ることを強く望んでいたからです。

父と一緒に過ごすには仕事場に行かなければならないことは、すぐにわかりました。父がいちばん幸せを感じる場所です。父は夢中になって、何でも一人でやってのけていて、繊細なものを作るときはなおさらでした。私たちにとって特別な時間は、祭の前の週末でした。そのとき父は、いつもとは違うものを作ります。型抜きやさまざまなチョコレート、そして「ブルデル」です。このクリスマス用のサブレは、アルザス地方の人間にはなくてはならないものです。

「マナラ」（三一六ページのレシピを参照）を思い出すと、胸がときめきます。ブリオッシュのような、人の形をしたこの小さなパンは、聖ニコラウスの日に食べます。最近、私達の工房クレアシオンで作ってみましたが、ケーキを食べ過ぎないように日々気をつけているのに、三つは平らげてしまいました。その味わいが、たちまち父のパティスリーへと私をいざなうものですから……。

感謝祭には、アルザス地方伝統の「ラマラ」（三一三ページのレシピを参照）が欠かせません。羊の形をしたビスキュイ・ド・サヴォア（油脂を使わず小麦粉とコーンスターチを使用した菓子）で、素焼きの型に入れて焼き上げて粉砂糖をふりかけたものが、小さな旗を飾り付けた袋に入っています。私はロイヤルモンソー・ホテルの感謝祭のブランチのための一品を、長らくこのレシピで作りました。父はまた、ウサギの形をしたレモン・サブレ（三一五ページのレシピを参照）を作っていました。今もそのサブレが見えます。匂いも、味わいも、よみがえってきます。生地はとても美味しいのですが、マーガリンがベースです。父は、当時のアルザス人の基準であったスイスで修行して、こんなふうに作ることを学んでしまったのです。おそらくバターはあまりに高価だったのでしょう。とにかく父は、バターはクグロフにしか使いませんでした。

　平日学校から帰ると、聖アントワーヌ教会の裏手か団地の中庭で、友達とサッカーをしました。友達のほとんどが、当時そこで生活していたイタリア人コミュニティー出身でした。しかし週末と祝日には、私の頭にあるのはひとつの考えだけでした。パティスリー工房で過ごすことです。母方の祖母は、私に前掛けとコック帽を作ってくれていました。

　私の飽くなき好奇心と生地を扱いたいという欲求を満たすために、父はこまごました仕事を言いつけました。加熱板の掃除や、栗の「トーチ」（アルザス地方のモンブランの呼び名）のための栗の皮むきなどです。しかしどうしてモンブランを「トーチ」と呼ぶのかはわかりません。多分あの細いパスタのような形状のせいでしょうか。父はいつもトーチをたくさん作りましたから、私は生栗を何キロも、何キロも、むかなければならず、本当にイヤでした。私はどこにでも鼻をつっこみ、観察し、何にでも触っていました。ある日、パン生地を切る機械で親指を深く切ってしまいました。今も傷痕が残っているほどです。指を失ってしまうと思い込み、そのうえ、こっぴどくどなりつけられました。父から言いつけられた単調な仕事とこの〝名誉の負傷〟で、嫌気がさすどころか、好奇心はいやまし、この仕事をしたいという気持ちはいっそう高まりました。

　父は私のこのモチベーションにかなり早くに気づき、だんだんとより興味深い仕事を任せてくれるようになっていきました。パティスリーでは、一つのケーキを一人で初めから終わりまで作ることは稀です。ですから、私が最初に完成させたケーキはこれだ、と言うことができません。最初に父に任されたのは、ヴァシュランの組み立てでした。ディスク状のメレンゲとアイスクリームを組み合わせなければなりませんでした。それから父は、タルトにどのようにフルーツを載せるのかを見せてくれました。年が経つにつれ、好奇心は増すばかりでした。いつも学んでいたくて、父と、シェフ・パティシエのベルナール・セサに、ずっと質問を浴びせ続けていました。二人をうんざりさせるのは覚悟の上で。ベルナール・セサは父と一緒に働いていて、後に両親からパンとパティスリーの店を買い取りました。このようにして、タルト生地を型に敷き詰める、生クリームをバラの花の形に絞る、ケーキにマスクをする（クリームを塗り、ケーキの側面にコームで筋を入れること）、卵形やコポー（薄く削ったもの）や成型のチョコレートを作る、などのことを学びました。

それからまた、父と一緒に2CVのバンで配達に回りました。バンは後にディアーヌ（シトロエンの後継モデル）に買い替えられました。父は大のシトロエン派でした。当時だったら、プジョー派かルノー派でもあり得たでしょう。いずれにせよ、父はこのメーカーに忠実でした。シトロエンSMが発売されたとき、父が買い替えたらいいなと夢見たのですが、わが家の財力を超えていました。家族でのお出かけ用は、シトロエンDSでした。父とディアーヌで、パン、タルト、砂糖菓子を注文した客に配達し、コルマールの西と南西部の野菜栽培地区のすべてをカバーしていました。父は顔が広く、おかげで皆と顔見知りになりました。車から降りて箱を下ろすのは私だったからです。私はこの仕事が大好きでした。人びとにケーキを届けることで、幸せも届けているような気がしました。これほど素晴らしい仕事を、他に想像することなどできたでしょうか。

夏の終わりは、クエッチ（スモモの一種）のタルトに祝福された時期でした。父はとても上手く作りました。それはおそらく私にとって、父を最も思い出させるもののひとつです。

レシピは再現できるのに（三一一ページを参照）、父と同じタルトを再現できたことはありません。その主な材料はシンプルなのにです。水と小麦粉とマーガリンと砂糖と塩。それで作ったタルトの基礎の敷き込み用生地は、かなり硬く、サクサクではなくてほぼ〝ハードカバー〟のようでした。その上に、少し乾いたビスキュイ・キュイエール（油脂を使わない軽いビスケット生地）を、それからアルザス産のクエッチを載せます。クエッチは、八月の半ばから九月の終わりまでの五、六週間しか収穫できません。そして父は、タルトにシナモン入りの砂糖をふりかけます。父はシナモンを量ることはなく、ましてやその産地を調べることなどありませんでした。このタルトを窯式オーブンに入れると、出来上がりは格別です。とにかくフルーツそのもの！　いまだにこのクエッチ・タルトの味、そして質感を再現できたことはなく、その説明はつきませんが、このタルトは父と過ごした美しい時間と結びついています。

確かに、体面を重んじるこの世代のアルザス人が皆そうであるように、父も自分の感情を表に出すことはしませんでした。しかし私たちは相棒でした。父は仕事をするのが幸せという人間でした。仕事以外では、切手収集家で、家族や仲間たちとの山歩きが好きでした。月曜日の午後は、コルマールのパン屋合唱団で歌い、その催しは同業者たちとの夕食で締めくくられました。

無意識のうちに、父のケーキ作りへの情熱は、私にとっての模範となっていました。父は多くのことをおしえてくれました。修行を始めたとき、自分は何でも知っているのだと思っていたほどです。もちろんそれは間違いで、原材料について学ぶべきことがたくさんあったのです。父が使っていた果物は格別でした。わが家の二つの果樹園で拾い集めたものです。果樹園は家から二キロのところにありました。スグリの実、クエッチ、ミラベル（スモモの一種）にサクランボ。サクランボは、柄を傷めないように摘む必要がありました。アルコールと一緒に瓶に入れなければならないからです。よく漬かったら、糖衣《とうい》をかけて、最後にチョコレートでコーティングします。しかし当時のほとんどのパティシエがそうであったように、果物以外の原材料については、父は具体的な研究をしませんでした。父の仕事場で、バニラ・ビーンズを見たことはありません。父はバニラ・エッセンスしか使っていなかったのです。レモン・ピールも同じで、ドイツで買った香料で代用していました。私が高品質の原材料と出会うためには、ルノートルにたどり着かなければなりませんでした。ルノートルでの経験は、私の視野を無限に広げてくれました。そして今日も探求し続けているのです。

2016年クリスマス

PIERRE HERMÉ

フォアグラとヘーゼルナッツのマカロン

12 RUE FORTUNY　PARIS 17e

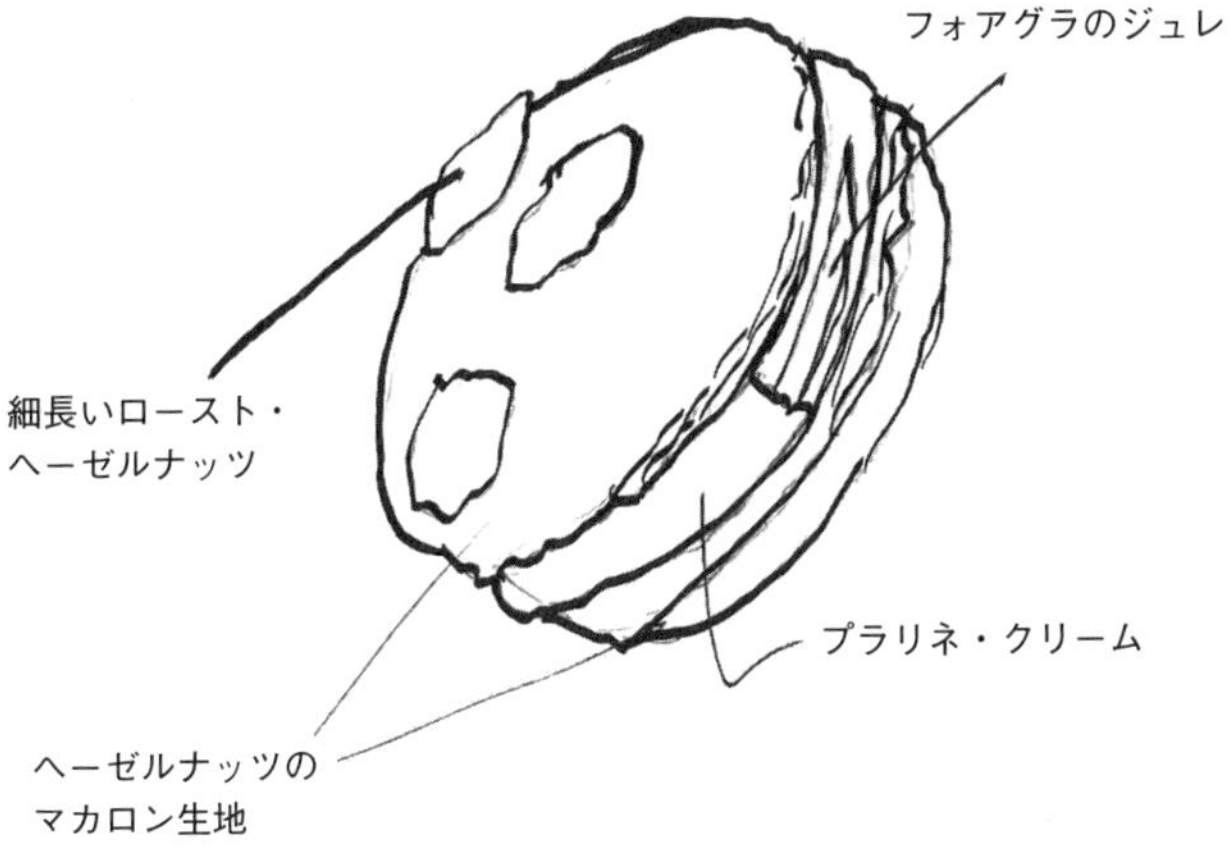

プラリネ・クリーム

150g　バター

200g　PHPのヘーゼルナッツ・プラリネ

（~~4対6~~　3対7）

200g　メゾンのクルスティアン・プラリネ

50g　カカオバター

2016年9月20日

第二章
土台

ロビー活動とグラス・ロワイヤル

一九七六年八月三一日。コルマール駅のホームは早朝だというのにもう暑く、この夏のアルザスは、他の地方同様に猛暑でした。私は汗をかきながら、スーツケースをようやっとパリ行きの列車に運び入れました。見送りに来ていた両親は、私が車両に乗り込むのを見つめながら、いたたまれない気持ちになっていたようでした。両親も私も、首都パリで私がこれからどうなるのか、見当もつきませんでした。両親は、一四歳の一人息子の旅立ちを心配していたのに、私はといえば、ものすごくワクワクしていました。明日から正式に見習いになると思うと、喜びでいっぱいでした。

この五年前に私は母に、パティシエになりたいという心の内を明かしていました。このとき母は、「あんまりいい仕事じゃないのよ。そんな仕事じゃ、お嫁さんが見つからないわよ」と、答えました。母の言う〝そんな仕事〟は、重い意味を持ち、そこにはトゲがありました。今も聞こえるようです。

母は私がパティシエの世界に飛び込むのを、思いとどまらせようとしていました。おそらく母は、予想していたのと違う道を歩んだ自分自身の経験からそう言ったのでしょう。父と結婚する前の一四歳から三〇歳になるまで、母は手芸用品と既製服の販売店の店員でした。その仕事をそのまま続けたかったのでしょうが、厳格な家庭環境から、パンとパティスリーの店の妻であることを強いられたのだと思います。母は父を選び、父はこの仕事を選んでいました。母は、まわりから望まれることに合わせようとしました。私については、母が望んでいるようにはいきませんでした。このときもですが、この後もずっとそうでした。

パティシエになるのだと思い込み、一歩もあとに引きませんでした。

中学校は、第六学年（中等教育の第一学年）からイッセンハイムにあるシャンパニャ学院の寄宿生でした。夏休みに家に戻ると、たったひとつの考えにずっと取りつかれていました。それは、父と一緒にパティスリーの店で働くことです。父は私の決断を支持していました。自分の仕事を愛しているだけに、よりいっそう私の願望を理解し、最初の修行先を見つけてくれました。コルマールにある同業者のところです。しかしその同業者は結局、〝経営者の息子〟のパティシエはもう養成しない、と宣言したものですから、他の修行場所を探さなければなりませんでした。最初父は、リボーヴィエの同業者のところを何とか見つけてくれていました。ところが一九七六年の初めに偶然父は、《デルニエール・ヌーヴェル・ダルザス》紙に求人広告を見つけたのです。ルノートルが見習いを探している、とのことでした。

「手紙を書くぞ！」と父は叫びました。私は興奮していましたが、少し不安でもありました。寄宿生だったので、両親と離れて暮らすことは経験済みでした。しかしこのときは、未知の世界へ飛び込んでいくという話です。私がルノートルについてかろうじて知っていたことと言えば、一九五七年に、ガストン・ルノートルが妻のコレットと共に、オートゥイユ通り四四番地でパリでのパティスリー店を始めた、ということぐらいでした。

「極上のメゾンだぞ」と父は言い、こう強調しました。「現代的で、おまけにバターを使ったケーキが評判だ」

ルノートル氏は一九七一年にイヴリーヌ県プレジール市にエコール・ルノートル（パティシエのプロ養成のための研修学校）を開きました。そこに私が入学を許可され、父はとても喜びました。私が教育年度学年を終えて前期中等教育証書を得ると、家族でヴァカンスに出かけました。そして、前述したあの一九七六年八月三一日に、列車で五時間揺られた後、スーツケースを持ってパリ東駅に降り立ったのです。そこから地下鉄で、パリの反対側の端にあるミケランジュ・オートゥイユ駅まで行きました。ルノートルの人事部での手続きを済ませると、エレベーター無しの九階にある屋根裏部屋を割り当てられました。その時はまだわかりませんでしたが、このフェリシアン・ダヴィッド通り二四番地にある建物に、私は六年もの間住むことになるのです。この屋根裏部屋を、私と同じく見習いのレジス・デュランという名のルームメイトとシェアしていました。部屋は中庭に面していたので、眺望はありません。風呂場も無く、洗面台だけが付いていました。シャワーは工房で浴びるものとされていました。トイレは階段の踊り場にありました。私たちの小部屋はL字型になっていて、部屋より廊下の方が広いほどでしたが、受け入れるしかありません。私はテレビと冷蔵庫だけを買いました。

レジスはヘビースモーカーで、かなり迷惑でしたが、それでずっと煙草を吸っていた両親を思い出しました。レジスは感じがよくて器用でした。二人で一緒に部屋の壁紙を貼り直しました。要するに豪華とは言えない部屋でしたが、そもそもそこにいることはほとんどありませんでした。到着した翌日から、エコール・ルノートルへ行くバスに乗るのに、毎朝四時起きでした。

私の人生の出発です。

初めの二か月の研修期間は、午前五時から八時まで工房で働いた後に、エコール・ルノートルで、技術、商品、基礎のレシピ、パティシエの歴史などの知識を得るための授業を受けました。これらの授業は、私の基盤となりました。パティスリーの基礎のノウハウでいっぱいのファイルは二十冊になり、ずっと手放さないで持っていました。今も事務所のいつでも手が届くところに置いてあります。あると安心なのです。全部暗記しているというのに。すべてがそこにあります。さまざまな小麦粉の種類、パティスリーの生地のすべて、砂糖の加熱法、バターや生クリームや卵の役割、ヘーゼルナッツ、アーモンド……。ここで私は、原材料への深い造詣をもってこの仕事に打ち込むことが、どれほど大事かを学びました。今でもよく、このときの授業を参照します。たとえば、このとき学んだデコレーションを、メゾンの若いパティシエにコルネで文字や模様を書くのをおしえるときに使っています。

誕生日や記念日のメッセージや名前をケーキに書くことは、子どもの遊びではありません。夜に屋根裏部屋で、文字をトレースして練習したものでした。チョコレートを無駄にしないように歯磨き粉を、口金付きのビニールの絞り袋の代わりに紙で作ったコルネの中に入れて、使っていました。夢中になって、うまくできるまでやると決めて、毎晩練習しました。学びへの意欲は、尽きることはありませんでした。それは今もずっと変わっていません。

エコール・ルノートルが私にとっての素晴らしい出発点であったのは、学校長のジベール・ポネ、教授のポール・レ、ジョエル・ベルエによるところが大きかったのですが、何といっても絶対的な規範はルノートル氏でした。ルノートル氏は神聖な人物で、私が〈世界のベストレストラン五〇〉から二〇一六年に授与された〈世界の最優秀パティシエ〉の称号は、彼に捧げました。私に手本を示してくれたという単純明快な理由からいっても、当然のことです。

一九七〇年代、ルノートル氏は、ラジオ、テレビ、雑誌とメディアに引っ張りだこでした。私は、彼がパティシエの仕事でこんなにも有名になったという事実に、魅了されていました。その名声からではありません。そもそも名声はどうでもいいことで、職人の仕事で有名になったことが、信じられないように思われたからです。ルノートル氏がパティスリーにもたらしたものは、絶大だと言わなければなりません。それどころか彼は、パティスリーに革命をも起こしました。ほんの少ししか使わない材料の品質にもこだわり、細部にまで細心の注意を払い、美味しいケーキを大量生産するための組織化の重要性を理解していました。何より特筆すべきは、当時のパティシエのほとんどが、どんな秘密も漏らすまいとしていたのに対して、ルノートル氏は、学校まで作ってノウハウを共有していたことです。彼はレシピを秘伝のものにするよりは、共有する方が面白いと思っていました。レシピが人の手から手へと渡り歩くうちに、どのように変わっていくのかを見ることに関心があったのです。ある種、現在ソーシャル・メディア上で行われていることのようでした。彼はまさにその先駆者です。

一九七〇年代、八〇年代、九〇年代の多くの偉大なシェフ・パティシエたちは、エコール・ルノートルに通っていました。彼らはルノートル世代であり、私もその一人です。見習い期間に彼のチームのただ中にいたことは、真の財産になりました。寛大で情熱的な人物であるルノートル氏が、パティシエの仕事の多様性を示してくれたおかげで、私の野望が目覚め、パティシエとしての可能性が自覚できたのです。ルノートル氏とは時たま会う程度の関係で、ほとんど面識もなかったので、彼との出来事は、よりいっそう強烈でした。

初めて対面したのは、到着して一か月後のことでした。ルノートルのケイタリング部門が、「ル・プレ・カトラン」（パリのブーローニュの森の中にある三つ星レストラン）でクレープを焼くイベントに行く見習いを一人探していて、私はもちろん立候補しました。しかし、いざクレープ焼き器の前に立つと、一度も使ったことのない道具を見て、パニック状態になってしまいました。チーム全体を監督していたルノートル氏は、そのことに気づき、私の方へ近づいて言いました。「見てごらん。これからどうやるのかを見せてあげるからね。いいかい。難しくないから」

そして彼は、ピリピリすることもなく、いらだった様子もなく穏やかに、クレープを焼いてくれました。私はその後一日中、これでお払い箱になるのではないかとびくびくしていましたが、そうはなりませんでした。ルノートル氏からは、ただの一度も、何の指摘もされたことはありません。ネガティブな指摘も、ポジティブな指摘もありませんでした。私の知り得る限り、私について氏が語ったのは、この三年後に、たった一度だけです。そのとき私は一七歳でした。私達は、メス市で開催されたパティシエの大会に出場していて、そこに両親がやって来ました。ルノートル氏に会って、私がきちんと仕事をしているのかを尋ねるためです。その問いに対して、ルノートル氏は両親にこう答えました。「もしも私にピエールのような息子がいたら、世界一の幸せ者ですよ！」

両親がこの言葉を聞くことができたのは、とてもうれしいことです。両親から自慢の息子だと思われたからではありません。実のところ、両親の自慢の息子になることが私の原動力になったことはなく、むしろそんなことは気にかけないようにしていました。私にはどうしようもないことだったからです。それよりも、両親を失望させないようにと頑張っていました。それはまた別のことです。両親がまだ年端《としは》もいかない一人息子の旅立ちを許してくれたのですから、私は二人の信頼に値するのだと証明したかったのです。ときには自分の屋根裏部屋で友達とパーティーをして、ビールやアニス酒を飲んだりもしました。しかし仕事にはかなり真面目に取り組んでいました。とても恐れていたことがあったからです。それは、「復路」の札を付けたスーツケースと一緒に、アルザスに送り返されることです。だから猛烈に働いて、働いて、働き抜きました。

エコール・ルノートルでは、入って二か月後に試験があり、クラスの見習いたちの大勢がふるい落とされました。四〇人の生徒のうち残ったのは二二人でした。それは、パティシエの仕事が実際どんなものなのかを知らなかったせいだと思います。父のおかげで、私がパティシエの仕事を知っていたのは幸運でした。

それから見習いたちは、工房のさまざまな場所へと配属されます。

私は最初、アントルメ（メイン料理とデザートの間に出るスフレやベニエなどの温かい菓子かシャーベットやムースなどの冷たい菓子のこと）の部に配属され、次に生地の部、チョコレートと砂糖菓子の部、アイスクリームの部、全体を見る部へと移動し、修行は二年間に及びました。もちろん最初はごく単純な作業しか任せてもらえず、絶えず主任たちに、より興味深い技術をおしえてくれるように頼んでいました。白状してしまうと、やりがいのない仕事から逃れるためでした。一度か二度、マカロンの罠にはまったことがありました。それは、マカロンを載せて焼いた紙を、霧吹きの水で濡らして、繰り返し繰り返しひたすら剝がしていくという単純作業です。そんな仕事をうまくかわすことは、すぐに覚えました。とにかく前進していたかったのです。このときすでに私は、情熱と決意を合わせ持つなら不可能はない、と気づいていました。マカロンとケーキの生地を作っていたリシャール・ルコックに近づき、付きまとい、ずっと質問をし続けました。彼に一日に百回は「おしえてください」と言っていました。レシピをメモし、夜には家で覚えるためにもう一度書き写しました。

その結果、半年後には、私のことをルノートルで知らない人はいなくなりました。パティスリーや、他の職人の世界に身を投じたいと思っている若者たちにアドバイスできることがあるとすれば、何といっても、その仕事のコースを教科書で学ぶようにして、文学や医学のように多くの時間を割いて、自分一人での勉強に打ち込むことです。読書すること、素材についての資料を集めること、家で技術を磨く練習をすることは、極めて重要です。そうすれば必ず実を結びます。私が保証します。

見習い二年目には、すっかりシュークルル・ダール部、別名デコレーション部に、魅了されていました。ここではデコレーション・ケーキや特別なケーキを作り、装飾を施すのです。一度はここで働き、デコレーションの資格での職業適性証書を勝ち取ることが夢でした。それは私にとって、聖杯を手に入れるようなものでした。問題は、ルノートルが私を、このような洗練された技術が要求される部署での見習いに配属してくれないことでした。しかし私は諦めませんでした。デコレーション部で働くためには、あらゆる手を使う必要がありました。そこで休みの日に、ボランティアでデコレーション部の手伝いをすることを申し出ました。必要とあらば、暑い厨房にも凍える厨房にも手伝いに行きました。ハムやソーセージを作るときですら、常にデコレーションに照準を合わせていました。自分の部屋で歯磨き粉で練習に励み、グラス・ロワイヤル（粉砂糖に卵白を加えた糖衣）や、チョコレート装飾の細工ができるまでになりました。プレジールの工房へ行くバスの中では、自分ができるようになったことを、主任たち全員に宣伝してまわることに努めました。このとき私は、〝ロビー活動〟という言葉の意味を理解したのだと思います。その結果、私が授与された職業適性証書は、デコレーションの資格でした。そのために一年かかりました。このときには、法定賃金と、週末の残業代と、特別ボーナスを稼いでいました。イベントの仕事に行くのが大好きだったからです。

砂糖と理由

見習い一年目は、定期的に週末にコルマールに帰っていました。ルノートルを代表するケーキを両親のために作るほどうれしいことはありませんでした。ビスキュイ・キュイエールをベースに、バニラのババロア・クリームとチョコレート・ムースを詰めた、シャルロット（帽子に見立てたビスケットのケーキ）「セシール」。バター生地の土台の上に、焼き上げたイタリアン・メレンゲとアーモンド・

パウダー入りのメレンゲ・シュクセ、チョコレート・ムースを載せた「フイユ・ドトンヌ」。バニラ・クリームとフランボワーズを巻いたロールケーキ「カジノ」。他に思い出すのは、グラン・マルニエ（オレンジのリキュール酒）に漬け込んだ生地、サブレ、オレンジ・ババロアをオレンジの輪切りで覆った「クレールフォンテーヌ」です。

自分が学んだ成果を見せたら両親は驚くと、私は信じ切っていました。二人は少しずつ味わいながら私のケーキを食べてくれましたが、完食することはありませんでした。

「好みじゃないの？」と私は尋ねました。

「そんなことない。とても美味しいよ」と慎重に両親は答えていました。「でもね……」

「でも、何なの？」私は苛立ちました。

「砂糖の入れ過ぎだよ」と、しまいには本音を漏らしました。

砂糖の入れ過ぎだって？　ということはつまり両親は、これがルノートルのレシピで、いわば僕にとってのバイブルだっていうのが、わかってなかったのか？　砂糖の入れ過ぎって、どういう意味だ？　自分たちもパティシエで、僕をほんの子どもの頃から砂糖の味わいに浸らせていたっていうのに。ルノートルのレシピを裏切ることはしないぞ。あの二人の味覚では、レシピの味を理解できないんだ。――私は、ものすごくムカついていたのです。

しかし、数週間、数か月が経つと、苛立ちは少しずつおさまってきて、その指摘が思考に入り込んでいきました。両親は意識することなく、自らの味覚と感覚を示すことによって、砂糖の使い方についてじっくり考えるようにと、おしえてくれていたのです。

そこから三つの根本原理を導き出しました。

・砂糖は、味わいの母である
・その味わいは、バランスというファインダーを通して分析される
・私の仕事の核心は、永遠に、形よりも感覚を重視することにある

砂糖の使い方は、私が子どもの頃と比べて格段に進歩しました。ここ数年はまさに、すべてが減糖傾向にあります。砂糖の摂り過ぎは、健康に有害だと言われているからです。ルノートルで見習いをしていた頃は、カスタード・クリームを作るのに一リットルの牛乳につき三〇〇グラムの砂糖を入れていましたが、現在入れる砂糖の量は一五〇グラムです。

にもかかわらず砂糖はずっと、美味しいパティスリー作りの場面になくてはならないものであり続けています。砂糖にはいくつもの役目があるからです。

その第一は、味つけの役割です。基本的な砂糖（グラニュー糖、ザラメ糖など）は、ケーキやアントルメの味を引き立たせます。果物、チョコレート、クリームなどの素材の味を損なわないように、砂糖の最適な量を管理することは、パティシエの義務です。

第二は、風味付けの役割です。無精製の砂糖は、産地や生産方法によって、独自の風味があり、驚くほど豊かな香りを放ちます。モモのタルトや「オデュッセイア」（クルミの生地、栗のジュレ、クルミのリキュールのクリームなどで作ったケーキ）のカンゾウの香りをさらに際立たせるためには、

沖縄の黒砂糖を使います。キャラメル、さらにバニラの香りをより引き立てたいとき、たとえば、二〇一二年に考案したマロン・グラッセのガレット・デ・ロワ（公現節の日に食べるケーキ。中に小さな陶製の人形［フェーヴ］が入っていて、それに当たった人は幸運が一年続くと言われている）には、モーリス島のマスコバド黒糖を使っています。同様に、ココナッツ・シュガーにも関心を持ちました。温室効果ガス削減には好ましくないものですが、とても興味深い味わいで、私の名付け子のレヴィ＝ヴァイツ家のリリーとジルのために作ったサブレ（三〇九ページのレシピを参照）に入れたら格別でした。

砂糖はまた、パティスリーにおいて〝物理的な〟役割も担っています。量を減らしてしまっては、ケーキの構造そのものを損なうリスクがあるので、元も子もない、ということです。砂糖は、メレンゲ、ダクワーズ（アーモンド入りメレンゲの焼き菓子）、マカロンの生地などの基礎を成します。十分な量を使わなければ、ケーキをしっかり立たせることはできません。アイスクリームについても、砂糖を使わなければ、本当に舌が焼けてしまいます。

つまりは、味覚と栄養をコントロールするために、どのケーキについても、砂糖の分量をよく考えることは重要ですが、逆に、過剰に砂糖を排除しないようにすることもまた、とても重要だということです。

「あなたのケーキは甘過ぎる」と言われることがあります。それに対しては、いつも同じ返答をしています。――わかってはいますが、それがパティスリーであり、パティスリーには本質的に、砂糖が使われる運命なのです。そして、はっきりとこう説明します。――私は自分の味覚を信じ、その味覚に従って、必要な量の砂糖を使っています。

砂糖以外の他のすべての味わいにも、私は注目しています。それらが構成する味覚の〝ブロック〟のどれもが、パティスリー、マカロン、チョコレート、そしてデザートを構想するときに役立ちます。

味わいの母たち

塩を語らずして砂糖を語ることはできません。そのれっきとした理由は、塩が砂糖を引き立てるからです。私は、砂糖に最も合うのは塩だ、と言うことがあります。その証明は簡単にできます。塩が入っていないチョコレート・ケーキを食べてみてください。腕のいいパティシエが、最上の材料を使って作ったものであっても、味がしないように感じてしまいます。塩が最適の量入っていれば、その味わいが引き立ちます。逆もまた真なりで、美味しいトマトソースは、砂糖を少し入れて煮込むと、より美味しくなります。私のパティスリーには、最も繊細な味わいの塩の花を使っています。完璧に仕上がるよう、とても慎重に量ります。ケーキに塩が入り過ぎると、入っていないよりまずくなってしまうからです。それを体験したのは、数年前にニューヨークの三つ星レストランで、デザートのオムレット・ノルヴェジエンヌ（バニラ・アイスクリームをイタリアン・メレンゲで覆ったデザート）が出されたときのことです。このデザートは、文字通り塩の花で覆われていました。もしかしたらシェフの意図を読み取れなかったのかもしれませんが、完食することはできませんでした。その一方で、パリのレストラン「ギ・サボワ」で出される「ル《塩》・サレ《味》」という名の、レストランを代表するブリオッシュのようなデザートは、高く評価しています。すべてはさじ加減の問題なのです。

　他の主要な味わいに、苦味があります。さまざまな際立つ味わいの中でも、苦味には目がなく、大好きです。もちろんそれは、ある程度の苦さまでの話です。苦味は巧妙に扱わなければなりません。そうでなければ、味わいを壊してしまいます。苦さを限界ぎりぎりまで押し出し、他の味わいとマッチさせるには、シェフ・パティシエール（女性パティシエ）のジェシカ・プレアルパトのように、すべての才能が必要です。苦味で第一に思い浮かぶのは、ブラック・チョコレートです。六四から七五パーセントのカカオ含有量のチョコレートは、カカオ豆特有の香り、苦味、砂糖、そして焙煎の匂いのバランスが絶妙です。パイネイラス農園の純ブラジル産、シブン農園（カヨ郡）の純ベリーズ産、アスプロボ農園（モロポン郡）の純ペルー産などのカカオ豆は、ヴァローナ（フランスの老舗《しにせ》ショコラティエ）のエキスパートたちのおかげで、時間をかけて見つけました。私好みのチョコレートに最適でした。また、私が夢中で仕事をしている果実には、苦みが発揮されているものがあります。グレープフルーツ、レモン、アーモンド……。そして、ラベージ、ハナウド、カワラヨモギなどのハーブも、徐々に取り入れるようにしています。ケーキに、爽やかさと意外性をもたらしてくれます。

　酸味については、パティスリーでは主に柑橘類の果汁やホワイトビネガーを使用します。その働きは、砂糖と塩のように味を引き立たせることで、私はほんの少しの酸味を意外なところに入れるのが好きです。もっとも私の作ったものには、酸味がほとんど感じ取れないものもあります。酸味は、イチゴのシャーベットをスッキリさせますし、パイナップルとラベージのマカロンのえぐみを和らげセロリのような香りを消して、草や松葉に似た香りへと導きます。また、抹茶と小豆のチーズケーキの小豆から、〝野菜〟っぽさを取り除いてくれます。マカロン「メティセ」（ニンジン、オレンジ・クリーム、オレンジ果汁、レモン果汁、シナモンを使ったマカロン）からも同様に、ニンジンの野菜っぽい香りを消し去り、砂糖を引き立てます。

そして、第五の味わいとも呼ばれているものがあります。それは、旨味です。これを定義するのは困難で、つかみようがなく、深い味わいがあり、力強くかつ繊細です。発酵によって作られるグルタミン酸などの旨味は、一般に甘くない食べ物（だし汁、醤油、アンチョビ、パルメザン・チーズなど……）と結びついていますが、その深みから私は、パティスリーに取り入れてみたくなりました。まずは、白みそをチョコレートと組み合わせ、この仕事を、きな粉（炒った大豆の細かい粉）のマカロンに繋げました。それはケーキに優しさと、なめらかさと、ユニークな性質を与えてくれました。

ビューニュと職業訓練

両親の建設的な批評は、ルノートルのフィルターを通して見る以上のことを、おしえてくれました。

時間をかけて、私はルノートルでおしえられたことを超えようとしました。私の見たところルノートルは、最高の仕事をしている代表格です。その修了証書を取得したからこそ、ダニエル・ラガン、ジャン＝ピエール・デプレ、イヴ・メロ、フィリップ・ルスレ、ミシェル・ショダン、ジョエル・ベルエのような名だたるシェフたちの下で働いて、幸せな時を過ごすことができました。余談ですが、ダニエル・ラガンはパティシエのカール・マルレッティのおじに当たります。恩師である彼らとは最高の思い出しかなく、特にベルエは、私の旺盛な好奇心にもかかわらず、あるいはもしかしたらその好奇心のおかげでか、とても可愛がってくれました。ベルエは、パティシエの職業学士に推薦するので、彼の見習いになるようにと言ってくれたのです。この信頼のしるしには、本当に感動しました。

かのデコレーション部で一年修行した後、私の友人で、パリ一六区ヴィクトル・ユーゴー通りにあるルノートルのパティスリー店のアシスタント・シェフをしていたフィリップ・トレノーが、奇妙な思いつきを提案してきました。「あのさ、働く場所を交換しようよ。僕がデコレーション部で、君がヴィクトル・ユーゴー通りの店で働くんだ。そしたら君は、焼き上げと仕上げの腕が確実なものになるよ」

それは突拍子もない話でしたが、魅力的でもあり、もちろん即座に同意しました。この話でいちばん不思議なのは、私たちが勝手にそうしても何も言われなかったことで、そしてこの企みはとてもうまくいきました。しかもメゾン全体のシェフ・パティシエのジェラール・プロスペールは、責任者として仕事の責任を負うのがどういうことなのかを、おしえてくれました。しばらくして、店がもっと広い場所に引っ越して、最も重要なチームの一員に私がなったときにも、さまざまなことをおしえてくれました。コーチのように、人間関係の面での成長を助けてくれ、新たな可能性を開いてくれて、販売チーム、サポート職、経営陣との良好な関係を続ける方法をおしえてくれました。実際に、技術のノウハウを完全にする訓練もしてくれました。仕事はすべての面に及びました。年月が経つにつれ、私は助言をさらに貪欲に求めるようになりました。

現在パリでアイスクリームのメゾンを開いているファビアン・フェニックスは、私より少し前にルノートルで修行を始めていて、彼もまた、多くのことをおしえてくれました。彼から伝授された、より直感的に見極めるための手がかりやその方法は、ルノートルのような大きなメゾンでうまく立ち回るのに、とても有益でした。ファビアンは、誰を信用したらいいのか、誰を避けた方がいいのかを示してくれました。それはこのときも、そして後でも役立ちました。後に二一歳の私が、ケイタリング専門のパティシエのフランソワ・クレールのところで、八名のグループを率いるアシスタント・シェフの責を負うことができたのも、そのおかげです。

しかし一九八一年には、兵役が迫っていました。そこで先手を打って、ルノートル氏に会いに行きました。

「パリにいたいので、できれば今いる屋根裏部屋をずっと使わせてほしいのです」と、私はまったくものおじせずに言いました。

「それだけでいいのかい？」と、ルノートル氏は笑いながら言いました。

そして、エリゼ宮（大統領官邸）の料理を統括する総料理長マルセル・ル・セルヴォと会う約束を取り付けてくれました。ル・セルヴォ氏は心優しく、よくしゃべり、明らかに社会党を支持していませんでした。

「君の面倒を見てあげたいけどね、左派が勝ったら私はクビになるから、そのときは何もしてあげられないんだよ」と私に言いました。

いかなる政治的な評価も置いておいて、私はヴァレリー・ジスカール・デスタンがフランス共和国大統領でい続けるよう祈り始めました。しかしご存じのように、そうはなりませんでした。ところがあらゆる予想に反して、マルセル・ル・セルヴォはエリゼ宮の総料理長を継続することになりました。極上のフォワグラのパイ包みで、フランソワ・ミッテラン大統領の繊細な味覚を満足させることに努め、軍事省のパティシエとしての私の兵役の配属を成功させました。またルノートル氏は、屋根裏部屋に住み続けることを許してくれ、私が週末にメゾン・ルノートルで働くことで、〝家賃を払った〟ことになっていました。つまり私は、新兵の中でいちばんの幸せ者でした。

フォンテーヌブローでのひと月半の兵役教育の後、私はパリ七区のサン・ドミニク通りにあるブリエンヌ館の黄金の下での仕事に抜擢されていました。ここには、軍事大臣の事務所と官舎が入っていました。当時の軍事大臣は、その二か月前に任命されていたシャルル・エルニュでした。一九八一年七月のことで、私はこの後二度と兵舎を見ることはありませんでした。それから一〇か月間は、ある種夢のような、ほとんど信じられないような日々でした。パティスリー工房は執事の事務室の隣で、執事は「ボス」と呼ばれていました。このヴォージュ県出身の紳士は、自分はアルザス人だと言っていました。ヴォージュとアルザスは同じとは言えないのですが、まあ、それは良しとしましょう。それが私たちの共通点だったのですから。

同僚たちのおかげで、私は息をつく暇もありませんでした。「さあ、ボスのご機嫌をとるために、クグロフを作るんだ」執事はとても食いしん坊で、事務室に入る途中でパティスリー工房に立ち寄るとき、私はケーキをたっぷり渡しました。その見返りに、いとも簡単に「外出許可」をもらうことができたのです。

しかしクグロフよりもたくさん作ったのは、ビューニュでした。軍事大臣シャルル・エルニュのために、しょっちゅう作っていました。大臣は生まれはブルターニュですが、長い間ヴィルールバンヌで代議士と知事を務めていたので、リヨンに愛着があります。甘いものも同様に、リヨン名物の菓子の花形ビューニュに愛着がありました。大臣は、この小さくて長い砂糖をふりかけた揚げ菓子が大好きでした。一日の初めに執務室へと向かう途中に、よく工房に顔を出していました。

「すべて順調かい?」と私に訊いて、こう言います。「ここが気に入っているといいんだがね」それからいつも食の質問へと続きます。「あんなにも美味しいビューニュを、次はいつ作るのかな? それともお次は、あのたまらないブリオッシュ・オー・プラリーヌ（赤いシロップがけクラッシュ・アーモンドが練り込まれたリヨン名物のブリオッシュ）かな?」

エルニュ大臣と妻ドミニクはとても温かい人柄で、親切で、気軽に直に人と接していました。私はエルニュ夫人と、パティスリーについて頻繁に話し合いました。夫人は、軍事省の訪問者への手土産にと、常に何か甘いものを用意しておくことにしていました。夫人とは、サブレ生地のテクスチャー、マカロンの香りなどについて話し合い、その要望に合わせたものを作りました。このとき私は幸せの絶頂にあり、エネルギーに満ちあふれていました。少しばかりの日銭を稼ごうとして、夜はレストラン「ラ・フェルム・サン＝シモン」で働き始めました。ここはドゥニーズ・ファーブル（フランスで有名なテレビ・アナウンサー）の夫、フランシス・バンデネンドのレストランで、シェフ・パティシエのアンドレ・エルブフがこの仕事を紹介してくれました。この時期は、濃密で、豊かで、最高でした。

当時のチームでパティスリーを新たに作り出すときもずっと、週末に働いていたルノートルから着想を得ていました。ルノートルのやり方から外れた別のやり方をやってみるまでには、少なくとも四、五年はかかりました。忠義を守る性質から、そんなことはしてはならないように思えたからです。

両親との関係も然りです。両親に、そして自分自身にさえも、自分の本心を明かすのに、何年もかかりました。私は家族の商売を継がない、それが両親の期待に反することであろうとも――このことは、一九九二年に両親が引退するまで、明言することはなかったと思います。私はうまくかわしていました。あなたたちのようには生きたくはない、と両親に言うのが恐かったのです。

1998年

IERRE HERMÉ

キャレマン・ショコラ

12 RUE FORTUNY PARIS 17e

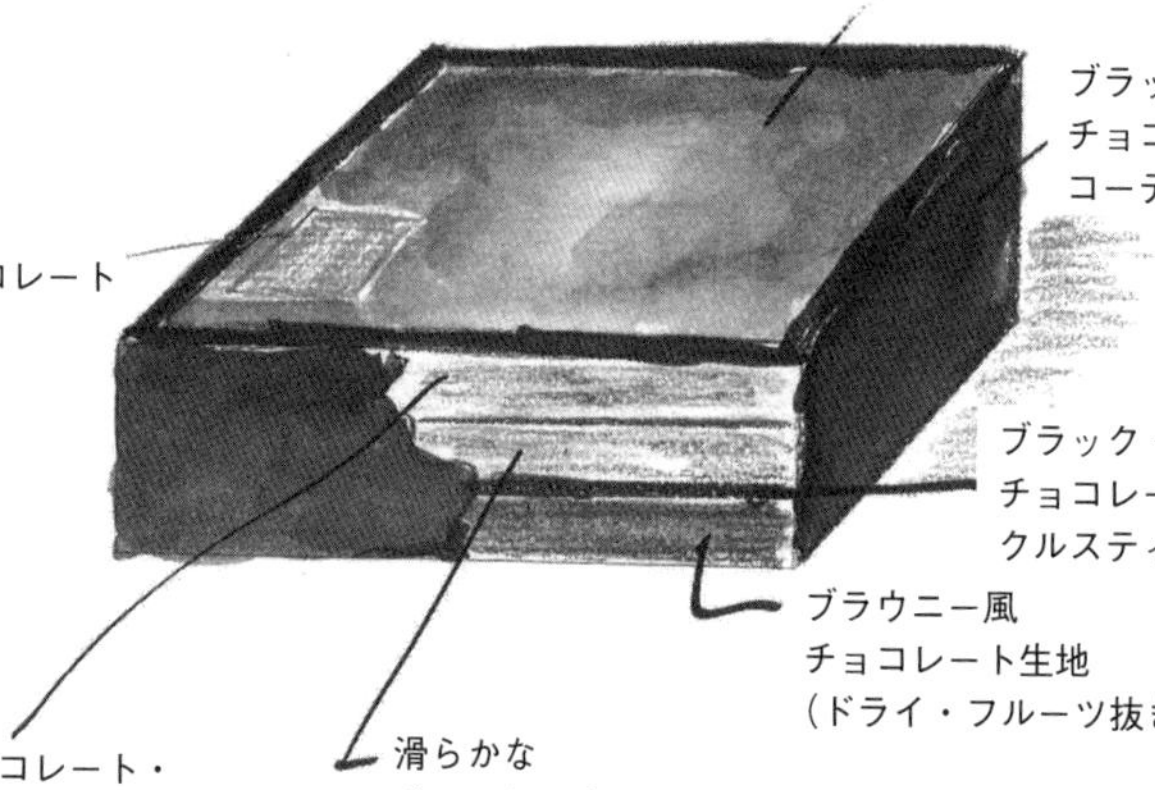

ブラック・チョコレートのクルスティアン

360g アーモンド・プラリネ（4対6）

360g ピエモンテのヘーゼルナッツ・ペースト

180g カカオ・ペースト「アラグアニ」

200g ガヴォット・フレーク

180g カカオニブ

80g バター

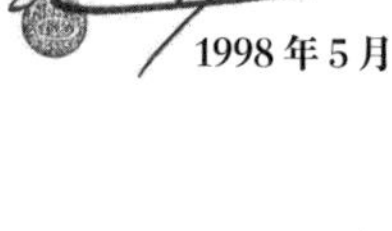

1998年5月3日

第三章
啓　示

ベッコフと独立

とても早いうちから、自分自身の道を歩むためにパリにい続けることは、心の奥底ではわかっていました。一八歳のときに、もうアルザスには戻らないと思いました。自分の生まれた場所に深い愛着があり、アルザスに帰るといつも幸せだというのに。

アルザスの人びとには感謝しています。アルザス人の持つ誠実さ、正確さ、高い職業意識、几帳面さといった価値を、私はとても高く評価しています。その行動様式は、実際かなりドイツ的です。両親の世代のアルザス人たちは、二つの文化で作られています。一九三〇年生まれの両親は、一〇年間フランスの学校に、第二次大戦中はドイツの学校に、そしてその後またフランスの学校に通いました。人びとは家では、フランス語よりドイツ語のテレビを見ていて、両親も、当時の人びとと同じようにアルザス語でしか話しませんでした。ドイツ語に由来するこの方言は、スイスのバーゼルの言葉にかなり近いものです。しかしご注意ください。一言でアルザス人と言ってもさまざまです。北部の人もいれば、南部の人もいます。二五キロも離れていれば、ある言葉は完全に通じなかったりします。ともあれ両親は、かなり強いコルマール訛りのフランス語（特に母の訛りが強い）とアルザス語をかわるがわる使って私に話しかけていましたが、私が答えるのは決まってフランス語でした。アルザス語は聞き取れはしますが、自由に使いこなせません。アルザス語で話そうとすると、すぐにドイツ語になってしまいます。ドイツ語は中学校で習い、私と同じ年代のほとんどのアルザス人がそうであるように、流暢に話すことができます。

　キャナル・プリュス（フランスの有料民間テレビ局）の番組「アナパルテ《アフレコで》」に最近出演したときに、ジャーナリストのナタリー・レヴィがサプライズで、二〇〇二年に収録された両親の唯一のインタビューを流しました。私について語っている、ありのままの両親は、先入観なしで身構えずに見てみると、〝気難しい〟感じで、かなり特殊な訛りで話していました。このときは本当に心を動かされました。親が他界してしまうと、その人の歴史の一部が失われてしまいます。なぜなら親は、その人の歴史の最初の部分の所有者だからです。私がどんな子どもだったのかを語っている両親をそんなふうに見て、とても感動しました。

　アルザスに話を戻すと、両親にはアルザス地方を、休みの日ですら、私に見せる時間も、見せる気もありませんでした。夏のヴァカンスには、シトロエンDSに乗って、イタリアのリミニの南にあるカットーリカに行くのが恒例でした。ときに、ビアリッツ、バルカレス港、ブルターニュに行くこともありました。いつもホテルに泊まり、私はヴァカンスが大好きでした。両親がずっと相手をしてくれて、家族が仕事に関係のないことをするのは、このときだけだったからです。

　コルマール市とその近郊を除けば、家族でアルザスを訪れることは滅多にありませんでした。私が生まれた地方についてのさまざまな発見は、ずっと後になってから自分でしました。文化、美術館、ワイン街道、名産品、シェフ、レストランなど……。私のアルザスへの愛着は、妻ヴァレリーが故郷コルシカを思うほど強くはない、と言うこともありますが、二〇二〇年春のロックダウンが明けたとき――そのときはコルシカ島にいました――最初にしたのは、アルザスへと飛んで行ったことです。私は〝お家の〟料理がどうしても食べたかったのです。この場合は、友人であるイザベルとマルク・エーベルランの料理です。マルクはイラウゼルヌ村のレストラン「オーベルジュ・ド・リル」のシェフで、このときまだレストランは全部閉まっていたので、自宅でもてなしてくれました。リンゴのムスリーヌ（リンゴのピュレに泡立てた生クリームを加えたもの）とベーコンを加えた完璧な卵料理、見事な仔牛の骨付きロースのローストを用意してくれ、デザートは、ニーダーモルシュヴィア村の偉大なパティシエールのクリスチーヌ・フェルベールが作って持ってきてくれました。

　この地方は才能あるシェフたちに恵まれています。伝統料理のシュークルート（発酵させた細切りキャベツ）やベッコフ（肉とジャガイモなどの野菜の蒸し煮）以外にも、アルザスには豊かな料理と料理法があります。ここのブドウ農家の軽食ほど美味しいものはありません。たっぷりの若いワインに、マンステール（表皮がオレンジ色のねっとりした牛乳のチーズ）とリンゴ、セルブラ（セージで味付けしたソーセージ）とコンテ（ハードタイプの牛乳のチーズ）のサラダ、パテのパイ包み、温かい肉のトゥルト（パイ包み焼き）など……。子どもの頃はシュークルートはあまり好きではありませんでしたが、シユリ・リュエヴァは大好きでした。細切りのカブをシュークルートのように発酵させて調理したもので、これには特別な愛着がありました。

不思議なことに、子どもの頃両親は、味覚についての教育をしようとはせず、家族の食卓に出された料理の説明もしませんでした。これはいい、と言うのは、料理の味よりも栄養についてでした。美食の思い出は、むしろ祖母二人に結びついています。祖母たちの家で、よく食事をしました。二人は私が好きなものばかり作ってくれました。グリーンピースとニンジンの生クリーム和《あ》え、ゆで卵とトマトソースで和えたセモリナや自家製パスタ、ミートボールのようなレバーのクヌプフル（小麦粉と卵で作ったニョッキのようなパスタ）などです。デザートには、フローティング・アイランド（メレンゲを浮かべたカスタード）、シャルロットなどを作ってくれました。家では食べられないこれらの料理が大好きでした。今も祖母たちと過ごした楽しいひとときまで、さかのぼらせてくれるものです。

祖父については、母方の祖父しか知りません。表面上は武骨ですが、実は心優しい人でした。祖父は、車での配達と庭師の仕事をしていました。主婦である祖母と、コルマールのパンとパティスリーの職人たちのために働いていました。父方の祖父は、私が生まれる二年前の一九五九年に亡くなっていました。曾祖父同様パンとパティスリーの職人で、芸術愛好家でした。古銭や切手を収集し、美術品、家具、古書などのアンティークを愛好していました。祖父のことを実際に知ることができていればと、心から思います。祖父がカリスマ的で、情熱的で、とても面白い人だったと常に聞かされていたからです。祖父は、彼の祖父が一八七〇年に開いたパティスリーの店を継ぎました。以来、店は今もずっと同じ場所にあって、コルマールで最も古いパンとパティスリーの店のひとつです。ある意味において、メゾン・エルメは二〇二〇年に一五〇周年を祝ったと言えます。

私はアルザスに、居を構えようとはしませんでした。一四歳の旅立ち以来、一度もアルザスに住んだことはありませんが、そのかわり定期的に訪れてはいます。二〇〇八年にピエール・エルメ・パリのマカロンとチョコレートの工場を建てましたから、アルザスを訪れるのは、より一層うれしいことになりました。

実は、私は幼くしてアルザスから逃げたのではなく、家族との生活から逃げたのです。見習い二年目になると、コルマールに帰る間隔が空くようになり、両親に会うことはかなり少なくなりました。お金を少しばかり稼ぎ、休みの日には、パリで遊べるようになっていました。母は基本的に褒めるより非難する傾向にあり、私に文句ばかり言っていました。母は、私がゆっくりと確実に、家族の籠から飛び立とうとしているのを感じ取っていました。

一六、七歳のときは、自分のやりたいことがはっきりわかっていませんでしたが、家族のように生きたくはない、ということはわかっていました。家族には仕事と私生活の境目が無く、口げんかが絶えませんでした。言い争いから逃れたくて、幼い頃から、家族間の不和にずっと悩んでいました。父は自分の姉と仲が悪く、母は姑と義兄弟とも……。子どもの頃の写真を求められることがよくありますが、散逸してしまって数枚しか残っていません。仕事の資料については、すべてがいつもきちんと整理されているのに。このことが、家族間の大きな亀裂を顕著に物語っています。

アルザスは私の基礎であり基準であり続けているのに、家族とは距離を置いていました。アルザスには今も母の二人の姉妹と、いとこが何人か住んでいて、関係は良好ですが、ほとんど会うことはありません。私にとって家族の義務（なんて言葉！）は、本当に重圧なのです。

今の私の家族は、私が選んだ友達です。パリに着いたとき、すぐに人びとと強固な関係を作り、その世界を築きました。自分を豊かにしてくれる出会いに飢えていたのです。人生においてこの方面に関しては、とても恵まれました。

トマトと解放

魅惑的だった兵役期間の後は、職探しという現実に戻らなければなりませんでした。そのために当然ながら、私を育ててくれたメゾンへと出向きました。このときルノートル氏には、私についてのプランがありました。ルノートル氏は、ポール・ボキューズとロジェ・ヴェルジェの二人のシェフと、エプコット・センター内のフランス館のレストラン事業の準備のために、手を結んだばかりでした。エプコット・センターは、フロリダ州オーランドにあるディズニーのテーマ・パークです。ルノートル氏はそこに私を派遣したがっていて、いい経験になると保証してくれました。壮大なプロジェクトで、私がそこで、どんな条件で働くことになるのかもわからず、また、このような挑戦をしに外国に行くのはまだ早過ぎると思いました。

同じ頃、友人であるフィリップ・トレノーからも、仕事のオファーがありました。フィリップは、ケイタリングの料理人フランソワ・クレールのところで、パティスリーのデリバリー部門のシェフをしていました。私はこちらのオファーに応じました。初めのうちは、会社がサン＝ジェルマン＝アン＝レに開いたばかりの店で働き、それからサン＝トゥアン＝ロモヌで、新しくてピカピカの工房のパティシエのアシスタント・シェフに任命されました。新しい場所に新しいチーム。二二歳での（再）始動は、申し分のないものでした。

フランソワ・クレールのところで過ごした二年間は、素晴らしかったです。チームを率い、ケーキを作り、初めて商品開発もしました。ルノートルの型の痕跡がケーキの創作時にまだ残ってはいたものの、このときには、恐る恐るではありますが、自分が学んだことを乗り越え始めていました。

こうして作った当時のケーキの記憶はかなり正確です。赤いフルーツのシャルロットは、フランボワーズ・キルシュ酒に漬けた生地と、フランボワーズのムースと、さまざまな赤いフルーツで作りました。「カリブ」は、ホワイト・ラム酒に漬けた生地を、パイナップルとグリーンレモンの皮とスグリの実を入れたココナッツのホイップ・クリームで覆ったものです。「カリブ」は私の名作として残りましたが、時が経つにつれ進化させ、名前も「ヴィクトリア」に変わりました。「ヴィクトリア」は、ダクワーズと、パイナップルとグリーンレモンの皮と生のコリアンダー入りのココナッツ・ムースでできています。

すぐに気づいたわけではありませんが、味の組み合わせを想像し、その組み合わせを同類のグループの品（菓子、マカロン、ケーキ、アイスクリーム、クロワッサンとデニッシュ類、タルトなど）で解釈しなおし、自分の作品の連想へとつなげていくことが、私の仕事の特徴のひとつになりつつありました。それについてはまた後でお話しします。

このとき、私自身も進化しなければなりませんでした。自分の中にあるエンジンが回転を上げていました。フランソワ・クレールのレストランのひとつ「パヴィヨン・デ・プランス」のシェフ、ジル・エピエがおしえてくれたところによると、アラン・パサールなる人物が、ブリュッセルにすぐに来られるパティシエを探しているとのことでした。アラン・パサールは、ブリュッセルのカールトン・ホテルのレストランのシェフに任命されていました。私はこのチャンスを逃しませんでした。それが誰かも知らずに、奇妙な冒険へと乗り出したのです。

当時アラン・パサールはまだ二六歳でしたが、その才能はすでに知られていました。アンギャン（パリ近郊の温泉地）のカジノにあるレストラン「ル・デュック・ダンギャン」での彼の料理が、ミシュランの二つ星をかちとったばかりだったからです。彼は二つ星を獲得した最年少のシェフでした。この非凡な料理人は、ブリュッセルのグルメ界で権勢を振るっていた企業家ジャン・マイリアンの求めに応じました。マイリアンは、サブロン広場にある「ル・ヴィラージュ・グルマン」をはじめ、いくつかのレストランと、キャビアもあるような高級食料品店を所有していました（その後、一九八六年に、高級食品のデリバリー会社「ル・マルシェ・デ・シェフ」を立ち上げ、今もこの会社は存続しています）。

このお方は、少し名誉欲に取り憑かれていたのだと思います。とてもエレガントなルイーズ通りにあるかのカールトンは、豪華な場所でした。天井は吹き抜けで、パリのレストラン「シェ・ラセール」のようでした。一九八〇年代のブリュッセルの豪華さは、とても露骨な感じでした。レストランは一九八四年にオープンしましたが、私はあまり長い間そこにはいませんでした。言わずと知れたことではありますが。

　アラン・パサールについては、その評判を知っていただけで、当時は理解し合えることはありませんでした。本当にまったくと言っていいほど。アランは若く血気盛んで、自分を確立する必要があり、その上、経営者からカールトンに三つ星をもたらすようプレッシャーをかけられていました。少なくとも、これらすべてのことがシェフをとても硬直させていたのだとは思います。私は私で、レストランでの仕事の経験があまりなく、パティスリーの店での型が身につきすぎていて、彼の求めるレベルに応えられていませんでした。その結果、トマトを初めてデザートにしたとき、それを顔に食らったのです。このような環境に身を置くことはできず、三か月後には辞めて、グランド・サブロン広場にあるベルギーのパティスリー店のアイコンであるヴィタメールに入りました。この神聖なメゾンは、ベルギーのルノートルとも言えますが、ルノートルほどの規模ではありません。ヴィタメールの家族たちと結んだ絆については、とてもいい思い出があります。そこで私は、ピエール・マルコリーニとルイージ・ビアセットに出会いました。当時若き見習いだった二人が、いまや偉大なプロフェッショナルとなり、親交は続いています。残念ですがヴィタメールにはほんの短い間いただけでした。新たな冒険が私を待っていたのです。次はルクセンブルクで。

バラと好奇心

二三歳のとき、お払い箱になったばかりの私は、ホテルでの初めてのポストを得ました。この仕事に就いたのは、国家最優秀職人章受章者でフォションを代表する元シェフ・パティシエのセルジュ・ブレダのおかげでした。一、二度しか会ったことがなかったのに、彼は私に好意を持ってくれていて、私がブリュッセルを離れようとしているのを知り、ルクセンブルクにある開業準備中のインターコンチネンタル・ホテルの責任者を紹介してくれました。そのまま採用されましたが、それは、相当な規模を任される職でした。六人のチームを率いて、ホテルの全パティスリーの責任者になるのです。併設のカフェや豪華なレストランや宴会のデザート、朝食のクロワッサンやデニッシュ類、部屋のミニャルディーズ（お茶と一緒に出される小さな菓子）、おやつのケーキなどです。パティスリーの店での仕事より、職務内容ははるかに広範に及び、それに加えて綿密な組織構成に、チーム単位での大きな仕事も求められていました。いろいろな道具や機材一式も揃えなければなりません。ホテルの開業準備をしていたわけですから。

運がいいことにこのとき私は、ルクセンブルク人のシェフ・パティシエのピット・オーバーヴァイスと知り合いました。現在御年八〇歳を越えるこの偉大な人物は、夫人と共に、私が知りうる限り最も素晴らしいパティスリーのデリバリー会社のひとつを創設しました。現在は二人の息子トムとジェフが継いでいます。ピットは我々の仕事において、まさに最重要人物の一人であり、常に彼から学ぶことがあります。ものすごく謙虚で、とても美味しいものを作る才覚があるのに、反省を忘れない人なのです。私がルクセンブルクに着いたときに歓迎してくれて、まったくの親切心から損得勘定抜きで、同行して基本的な設備を整えるのを助けてくれました。

この出会いは運命的でした。今も友人であるピット・オーバーヴァイスは、支援してくれただけでなく、ルレ・デセールに私を紹介するなどして、多くの課題に目を向けさせてくれました。ルレ・デセールは、一九八一年にルシアン・ペルチエ（当時はパリ七区セーヴル通りのパティシエでした）によって設立された協会で、その目的は当時も今も、フランスと世界のパティシエの精鋭たちを結びつけることにあります。この協会は、人間的にも、技術的にも、味覚においても、私を充実させることに貢献してくれています。この協会は私にとって、常に極めて重要なものです。胸襟《きょうきん》を開いてざっくばらんに意見交換のできるプロフェッショナルたちの場だからです。ここでは無条件に、原材料についての知識やノウハウを共有しています。私が何かを、たとえばマカロンの上にエッフェル塔をうまくプリントする方法を探しているときなど、それに最適な道具について同業者たちに尋ねると、フランス、ヨーロッパ、アメリカ、アジアなどにいる一〇〇人ほどの協会のメンバーの誰かが、必ずそれに答えてくれます。

ピット・オーバーヴァイスは、一九八〇年代のルレ・デセールの会長で、その後をフォンテーヌブローのパティシエ、フレデリック・カッセルが引き継ぎました。現在は、ナントのパティシエ、ヴァンサン・ゲレが会長です。私はこの二〇年間ずっと副会長を務めています。アイデアや人脈を提供したりはしますが、会長になることだけは勘弁してほしいと思っています。時間とエネルギーが奪われ過ぎます。すでに二〇一九年から、パティスリーのワールドカップの会長を務めていますし、何もかもすべてをすることはできません。それでもピット・オーバーヴァイスが、私にとってとても貴重なルレ・デセールに招き入れてくれたことを感謝しない日はありません。しかも彼は、助けを必要としていたときには、いつも手を差し伸べてくれました。そのことにも同様にとても感謝をしています。私が自分のメゾンを作った際には、店舗や工房や工場などの組織化について助言してくれました。ガストン・ルノートルが私の守護神だとするなら、ピット・オーバーヴァイスは、キャリアにずっと寄り添ってくれた私の模範です。ホテルの仕事は初めてなのに、しかもルクセンブルクという外国でうまくいったのは、彼のおかげでもあります。

でもある、とあえて言ったのは、より正確には、クリスチーヌという名の若き女性のおかげでもあったからです。彼女とは、だんだん一緒の時を過ごすようになっていきました。私はアルザスで寄宿舎生活をしていた一三歳のときに、もう女の子たちと付き合っていました。その後も何人かと付き合いはしましたが、決して真剣とは言えませんでした。クリスチーヌとは真剣でした。彼女はパティスリーに夢中というわけではありませんでしたが、それは相手にいちばんに求めることではなく、私は彼女のことが大好きでした。ダイナミックで意志が強いこのジュラ県人女性は、乗馬に夢中で、インターコンチネンタル・ホテルのレストランのひとつを指揮していました。このとき私たちは親しくはあったものの、友達の関係でした。それから彼女はイギリスに赴任しました。友情は、少しずつ恋愛に変わってゆき、再会したときに結婚しました。距離が二人を近づけたのです。そして悲しいかな、距離の接近が、しばらくして二人を遠ざけました。何年かして私がパリに戻って間もなく、彼女もパリに来てフロ・グループで働き始めました。彼女は夜遅くまで働き、私は朝早く家を出ていました。このすれ違いの生活から私たちは離婚してしまいましたが、今も良好な関係は続いています。

ルクセンブルクで過ごしたこの年、多くのことを学び、とりわけパティシエとしてのキャリアでの重要な発見をしました。振り返ってみるとこの年は、味覚の世界の中心での旅において、決定的な時期であったとすら思います。

インターコンチネンタル・ホテルがブルガリアの料理とパティスリーについてのイベントを企画し、私は最も強い関心をもって参加しました。実演を注意深く見つめ、食欲旺盛に料理やデザートや菓子の試食に努めました。どの料理にもバラの味を感じたときの驚きといったらありませんでした。試食した名産品についてのぼんやりとした思い出はたくさんありますが、舌の上で生まれたバラの味わいのあの衝撃は、今もはっきりと思い出せます。この香りが東欧のパティスリー特有のものであることを知ってはいても、私の味蕾が準備できていなかったのです。この日ブルガリアの職人たちが私の頭の中にたたきこんだバラの味が、強烈な好奇心の引き金になりました。ブルガリアでは伝統的にこの味わいが、主にローズ・ウォーターによって料理に使われているという事実を、見過ごすわけにはいきませんでした。突然、自分のやり方でケーキにバラの味わいを取り入れることができそうだと思いました。しかしそれがすぐに完成することはありませんでした。いずれにせよまだ、満足のいく方法が無かったのです。

この味のショックを消化するのに数か月かかりました。このことについて、同業者で友人のヤニック・ルフォールルと話し合い始めました。ヤニックもコルマール市の出身で、二人で一緒にＨ＆Ｌプロコンセプトという小さなコンサルティング会社を作りました。二人が各自バラの仕事にとりかかり（ヤニックは「マキシム」のデリバリーから「グランド・エピスリー・ド・パリ」に移り、後に「マカロン・グルマン」を設立しました）、とにかくたくさんのことを共有しました。私たちはバラの味に魅了されるがあまりに、さまざまな試みを行いました。バラは私が使った最初の〝オリジナル〟な香りです。

　まずはバラとキャラメルを合わせてみました。しかしそれは甘過ぎで、滑らか過ぎでした。そこで酸味から、フランボワーズを選びました。バラの甘みとバランスが取れるようにするためです。かなり改善されましたが、それからケーキ「イスパハン」として、味わいの組み合わせの成功に到達するまで、数年かかりました。

　バラの味の実験がフランボワーズまで来ていたとき、セルジュ・ブレダ（また彼です）が、フォションがシェフ・パティシエのポール・ベルトンの代わりになる人を探していると、知らせてくれました。

「ふうん。あそこのパティスリーは全然大したことないよね」と、私は答えました。

「なるほど。君を推薦する理由がまたひとつできたってわけだ」と、セルジュは私をやる気にさせようとしました。

　彼の話を聞いて、結果的には良かったのです。フォションの経営陣の一人、ジャン＝クロード・クロシャールを訪問し、歯に衣着せずに私は言いました。つまるところ、私はすでにいい職に就いていて、失うものは何もないと思っていたからです。だったら正々堂々と勝負した方がいい。

「フォションのメゾンとしての評判は素晴らしいのですが、ケーキがそのレベルに追いついていません」と、面接で私がクロシャール氏に言うと、その場の空気が凍りつきました。

「ああ、そう？　ではあなたがフォションに入ったとしたら、何をしますか？」と、高潔なクロシャール氏は、うろたえることなく私に尋ねました。

私が準備していたアイデアをいくつか披露すると、クロシャール氏は、よし乗った、と言いました。

「ちょうどよかった。私の野望は、フォションをパリでいちばんのパティスリーの店にすることです。これからあなたがそれに一役買うんですよ」

私がパティシエとして働かなくとも世界中での評判はびくともしないフォションに、二四歳で雇われました。それは一九八五年一一月のことで、翌年の一月から仕事を始めることになっていました。

その数日後の一一月二〇日、フォションの建物で火災が起き、メゾンの経営者のジョゼット・グリエミノ・ピロゾフと、二二歳の娘ナタリーが焼死しました。一三人が負傷し、そのうち何人かは重症でした。

この年のクリスマス休暇は、ひどく悲しいものになりました。

その数週間後に私の仕事が始まりましたが、状況は複雑でした。

私が仕事に就いたとき、ポール・ベルトンはまだ働いていました。おそらく規定による解雇予告期間があったからでしょうが、すぐに抗議しました。もうすぐ辞める人に監視されながら、三二人のパティシエのチームを指揮することが困難になるのは明白でした。そこでベルトン氏は、予定よりも少し早くお役ご免となりました。彼が許してくれていることを祈ります。

もうひとつの障害は、かなりのものでした。ベテランのパティシエには二五年間メゾンにいる人が何人かいて、私の若さがすべての人に受け入れられていたわけではありません。私の外交的な努力にもかかわらず、古参兵の一人は、何かを頼むや、その仕事をするよりも私をののしることに励んでいるかのようでした。この時期の私は短気でしたから、怒りをぶちまけてしまわないように、この厄介者を人事部長のところに引っ張って行きました。それは解雇を意味します。その他にもう一人、生地の担当シェフが退職権を行使しました。この二人を除いては、すべての担当シェフをそのままにしておきました。数か月間、動静を探った後、私の優れた右腕として、ジャン＝ミシェル・ペリュションを雇いました。現在彼は、国家最優秀職人章受章者でパティシエの学校エコール・ベルエ・コンセイユの所有者です。

これで仕事が始められるようになりました。

仕事は山積でした。フォションのパティスリー店としての新しいアイデンティティをまさに開花させるべきときでした。

庭　園

2015年

PIERRE HERMÉ

12 RUE FORTUNY　PARIS 17e **マカロン「ヴァレリーの庭園」**

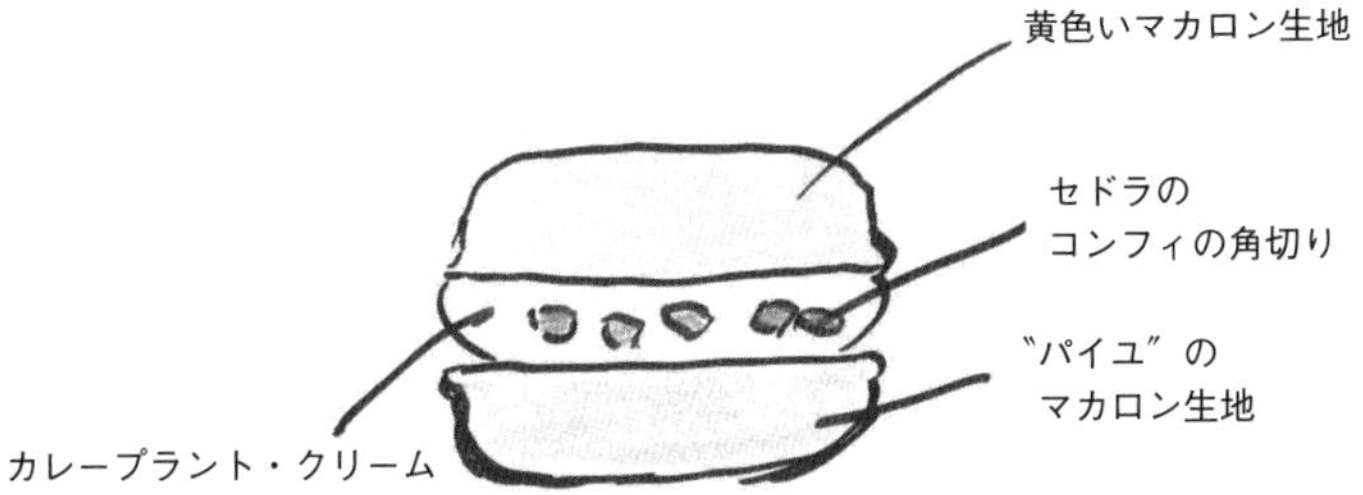

カレープラント・クリーム

450g　生クリーム

500g　ホワイト・チョコレート（ヴァローナ）

0.5g　有機農法カレープラント・エッセンス（アレリアのアクアローヌのもの）

バランス

8/10g　マカロン生地

7g　カレープラント・クリーム

3g　セドラのコンフィ ― ~~角切り~~ / ペースト

2014年3月31日

第四章
アクション！

方策とバタークリーム

フォションのようなメゾンを、その歴史を変えることなく進化させて存続させながら、パリでいちばんのパティスリーの店にするにはどうしたらいいのか？

この見たこともない掛け算の方程式を解くのは、容易ではありません。

しかし私は、そんなことで押しつぶされるような性分ではありません。頭は疑念でいっぱいでも、自分のやりたいことについては自信を持っていました。疑いがあるのなら、それにうまく対処し、次々に起こる問題と過剰な自信との間でバランスを取ることを学ばなければなりません。

私が知っている解決方法はひとつ、必要ならば昼も夜も働く、これだけです。このメゾンの特徴（長所、欠点、名物、役割）をきちんと理解するために、じっくり観察し、考え抜き、何百ページものノートをとりました。他のすべての専門分野同様にパティスリーにおいても、まず初めにその職務を正確に定義することが不可欠です。

この現地〝調査〟は、パティシエの日々の仕事を行いながら推し進めました。仕事が激しい競技のようになっているときもありました。自分のチームには極限までやり抜くことを求めていましたので、彼らは特にそうなりました。とても厳しい状況下で、今よりも多忙を極めたチームに、いかなる妥協も許しませんでした。すべてを、スピードを、最高級の品質のケーキを作るために毎日求めていました。何も見逃しはしませんでしたが、当時、チームの子たちがいろいろと味見していたことは、白状しなければなりません。それもケーキだけではありませんでした。それから思い出されるのは、フォションに雇われたときの若手グループの一員、フレデリック・ボー（現在はヴァローナの商品開発主任）とクリストフ・フェルデール（後のクリストフ・ミシャラク）が、しょっちゅう遅刻していたことです。私には時間厳守という強迫観念があり、良きアルザス人としては、どうしようもありません。ある朝、フレデリックが出勤して来ないので、彼のために朝食を用意させました。工房のど真ん中のテーブルに、丁寧に食卓を調えて、フレデリックがやって来ると、私はコーヒーとクロワッサンを持って、フレデリックをそこに座らせました。そしてみんなの前で（ただ参らせるために）、彼に言いました。「さあ、ゆっくりと朝食をお召し上がりください。私達は私達で、あくせく働きますから」

つまり私は、我慢ならなかったのです。フレデリックはこの後、二度と遅刻することはありませんでした。

自己弁護するなら、私を待っていた激務はかなりのものでした。私の仕事には、二つの面がありました。まずは、在庫を改善すること。そしてそれより求められていたのは、変革を進め、新商品を開発することです。

求められていること、原材料の選択、組織化、方法論という観点から、私の指導者たちがおしえてくれたことを実行して、全方位に進みました。ルノートルがそうしていたように、レシピをファイルにして共有し、各々が自由に、すべてのケーキについて、統一的かつ有効で優れた生産方法にアクセスできるようにしました。綿密に選ばれた原材料、グラム単位で正確な分量、極めて厳密な過熱時間、体系化された仕上げなど……。これらは今では当たり前でしょうが、当時は滅多にないことでした。フォションの古いタイプのパティシエたちは、まだ手書きで自分のノートにレシピを書いていました。そのせいで、とにかく当てにならない、一貫しない出来になっていました。ケーキは、正確なレシピどおりに作ったとしても、私のメゾンではいつもそうですが、仕事をする人によって出来が違うのを、知っておかなければなりません。同じ楽譜でも十人の音楽家が演奏したら、十通りの異なる演奏になるのと同じです。ですから、同じ品質のものを提供するためには、厳密な体系化がよりいっそう必要なのです。このときすでにフォションを代表していたケーキ——「ル・メジェーヴ」（フレンチ・メレンゲ（卵白と砂糖の軽いメレンゲ）とチョコレート・ムース）、「ル・サシェ」（チョコレート・スポンジに、コニャックに漬けたアーモンド生地とチョコレート・ガナッシュ）、「ル・キャピュシーヌ・ショコラ」（プログレ・ビスキュイ（アーモンドとヘーゼルナッツの生地）とバタークリームのプラリネ。私はこれにすぐにイタリアン・メレンゲの質感を加えて軽くしました）——なども含まれます。

純粋に技術的なこれらの方策を確実にするために、一年かかりました。ここでの私の右腕、ジャン＝ミシェル・ペリュションのサポートは、非常に貴重なものでした。

スタイルと成熟

というのもこの間、私自身のアイデアと創作を展開させていたからです。当時は意識していませんでしたが、振り返ってみると、このときにエコール・ルノートルで学んだことと完全に距離を置くようになったと思います。ルノートルでおそわった今も役立つノウハウを拠《よ》り所にしながら、ゆっくりと確実に、自分の中に常に感じていた何かに向かって歩んでいました。それは、人とは違っていたい、ケーキを通して自分の個性を表現したい、という願望です。この大きな変化について話すときは、極端なことを言いかねません。なぜなら実のところ、この変化を実際に感じていたわけではなかったからです。しかし何かが起こってはいました。私は自分の内なる声に耳を傾け始めていました。現行のレシピについて考えることに満足せず、新しいものを作っていました。この問題については真っ先に、ジャン・コクトーの力強い言葉が浮かびます。知ってか知らでか常に私を導いてくれている、すべての人にじっくりと考えてほしい言葉です。「みんなが明日することは、今日しなければならない」

フォションでの職からもたらされたこの原理について、私は実行し始めました。経営陣は、このときはまだ妨げになってはいませんでした。全面的にやりたいことをやらせてくれましたし、ケーキはよく売れていて、私は少しずつ自由になっていきました。パティスリー創作の観点からの三つの主軸について、三つの柱を打ち立てました。私のスタイルを定義したもので、そこから外れたことは一度もありません。

・季節商品の実施
・新しい味の開発
・伝統的規範とは断絶した美学

私には根強い野望がありました。パティスリーをより高品質に、より現代的にすることです。パティスリーを高みへと引き上げるためには、やらなければならないことがたくさんあると感じていました。

しかしこの問題を追求する前に、状況説明をしようと思います。この仕事に私が「新たな価値を与えた」とよく言われますが、それで思い上がったことはありません。確かにパティスリーを発展させるために貢献はしましたが、偉大なるリュシアン・ペルチエやイヴ・チュリエスが私よりも前にそうしていましたし、フィリップ・コンティチーニやセドリック・グロレもそうです。職人仕事の循環です。伝統の継承を通して、ある世代が別の世代を孵化させます。我々は次の世代へと繋いでいるのです。新作を発展させるためには、いつも先人たちのレシピや技術を拠り所にしてきましたし、後継者たちもそうしてゆくことでしょう。たとえば私も、パイ生地のブリオッシュの味を改善するためや、ケーキの上に添える〝たんじょうびおめでとう〟の美しい字体を探すために、今もエコール・ルノートルのノートに当たっています。そして、「イスパハン」のような私の作った味の組み合わせに、手を加える若い同業者たちがいるのも否定できません。これも人生の歴史なのです。

　このように立て直し、築き上げることで、自分のパティスリーのヴィジョンがわかりました。この〝展望〟は、たった一言で言い表せます。それは、私の作品の特徴を定義する「違いを育むこと」。この前に存在していたものと断絶することが、私の精神の根本です。それは今もそうで、私は熱烈に、この仕事を新しい次元に入らせたかったのです。私の目には、あまりに因襲的であり続けているように思われましたから。季節の商品を開発することで、この仕事に意味を与えたかったのです。豪華さ、創造性、味の組み合わせの大胆さなどの基準を、向上させたかったのです。この変化は、私のもうひとつの強迫観念を通して行われました。それは〝細部〟に注意を払うことです。実際に何にもまして重要です。店での接客、包装、環境作りにおいてもです。こうしたことすべてについて、デリバリー店やチョコレート専門店で実行しているところもありましたが、パティスリーではまだでした。

　もちろん、一日で成されるわけがありません。その過程はゆっくりと実が熟そうとしていたところで、変化が展開されるまでには、この後一〇年かかりました。かなり遅いと思っていましたが、結局はそれでよかったのです。私が切望した変化は、ときに客の目には突飛なことに見えていたようですから。

イチゴと確信

一九八〇年代に、〝季節の新作〟という概念をパティスリーに導入するのは、なかなか理解されないアプローチでした。前例がなかったからです。上流階級の方々は地球への敬意がないようで、一二月にイチゴを買うことがとてもオシャレとされていました。イチゴの品は、フォションの名物で自慢のひとつであり、イチゴはペルーなどの外国から取り寄せていました。誰も驚くことなく、一月にイチゴのタルトを食べていました。それどころか、パティシエが提供しないと客は文句を言っていました。

フォションで最初に試作した季節の新作は、熱狂的に迎えられはしませんでした。私はかなりの自信をもって、マルチーヌ・プレマ社長のオフィスに、試作品のケーキを見せに行きました。そこで彼女にどう思うか訊くと、彼女は気まずい沈黙で答えていました。

「お気に召しませんでしたか?」と尋ねても、当惑した様子で、味見しようともしないのです。私は自分の顔が赤くなっているのを感じ、恥ずかしくて自分の靴を見つめていました。顔を上げると、秘書が私のケーキを軽蔑の眼差しで見ていました。そしてつんとした感じで、こう言いました。「あまりフォションっぽくないわ。全部がよ」

社長はうなずき、私はトレイを持って立ち去りました。私はショックを隠しきれませんでしたが、あくまで自分の信念を貫き通し、その後すぐに季節の新作を売り出しました。

私にとって、冬にサクランボを食べるのは邪道です。何よりも味のレベルで。家族経営の果樹園のそばで育ち、果物は、旬の季節の朝に食べるのがいちばん美味しいと知っているからです。このときの果物は、完熟で糖度が高く、すべての感覚を刺激する性質を持っていて、それこそが、最高のケーキ作りを可能にします。たとえば、例の父のクエッチのタルトは季節性の理想形で、一年のうち五週間しか提供していませんでした。私の仕事の方法は、常にこの公理に従っています。イチゴは春、モモは夏、ナシは秋、柑橘類は冬にしか使いません。

ここで正直に、ひとつの例外を強調しておかなければなりません。その例外は、私にルールを確認させ、ときに私を苦しめてきました。それは、一年中「イスパハン」を引き立たせてくれる、生のフランボワーズです。「イスパハン」は一九九七年に、バラとライチとフランボワーズの味を組み合わせて作ったケーキです。メゾンを代表するケーキになり、夏だけ提供するというわけにはいきません。いつも客に求められていますから。とはいえ季節性においても味においても満足のいくように、この問題の解決方法を探すことに変わりはありません。解決方法はおそらく、冬に出す「イスパハン」を想像することにあるでしょう。生のフランボワーズの代わりにフランボワーズのジュレを使うのです。このことは、私の名作のひとつを再解釈する機会を与えてくれています。このような類の挑戦はとても刺激的ですが、今のところまだ、このバージョンの「イスパハン」は完成していません。

一九八〇年代に話を戻しましょう。八〇年代の人びとは、すべてを、すぐに、どこででも、手に入れられるよう求めていました。贅沢品はなおさらです。季節を尊重する私の意向は、このような背景においては、融通がきかないものだと思われていました。一週間から数週間もの間、店に出すのがずれるケーキがありましたが、もちろんそれは今もそうです。雨や寒さや不慮の事態などで、生産者が果物の納入を期限通りにできないこともあるからです。フォションでの私のチームには、季節にこだわり過ぎるのはばかげていると思う人もいましたので、彼らにこう言っていました。「こらえてほしい。自然がそうしたんだから。ケーキは待ってくれる」

それでも彼らはムッとしていました。ときに客もです。今は誰もが地球温暖化のあらゆる危険性について知っていて、もはや我々には普通のことで、差し迫った問題です。かつてないほどに、季節に敬意を払うことは、今の私にとって最重要課題のひとつになっています。同様にソーシングについても、より責任を負うように、より適切にするようにしています。それについてはまた後でお話しします。

カンゾウと試行錯誤

地球と地球が我々に提供してくれる生産物への敬意は、自分に誓ったことのひとつですが、季節性という概念から、より大きな冒険が生まれました。それは**味**の冒険です。太字にしたのは、この言葉が私にとってすべてだからです。味は私の拠点です。生産物の独特の味わいだけでなく、風味の組み合わせも描き出す、創造の尽きることのない源泉です。

フォションで過ごした、日々の生活での情熱的な冒険の始まりを、ありありと思い出します。私は過剰なまでに几帳面で（この性向はパティスリーにおいては必要不可欠とみなしていて、すべての従業員にそうあるよう求めています）、この四五年間に作ったすべての試作品の資料を分類し、保存しています。フォションでは、一日の仕事を終えた後、夜にノートをとっていました。新商品や現行のケーキに関することです。より正確には、使用する生産物、味の組み合わせ、味見の感想、パティスリーのレシピ、製作と組み立て作業の概略とそのイラストなどを、詳細に書き留めていました。ケーキを作り始めて以来、作業の前にまずはイラストを描いています。それでケーキを理解できるようになり、また、異なる層と異なるテクスチャーが、お互いを明らかにし合い、響かせ合い、補い合うようにする方法についてじっくりと考えることができるからです。味の建築の最初の礎石であり、仕事の基礎となるものです。

一九八六年から九三年の時期のファイルにざっと目を通すと、そこにあるレシピは、本当に私自身を表し始めていると思います。この時期に私の土台が築かれたのは明らかで、思わず感動を覚えます。たくさんのことが不完全で、うまくいっていないところがあるのに、好意的な眼差しで見てしまいます。本質的に私の一部であり、私個人のパティシエとしての歩みを完全に反映しているからです。自分の最初の歩みを否定してはなりません。逆に大切にするのが重要です。この土台の上を、私は常により進歩し続けることができると思いながら、前進します。

正直に言うと、これらのすべての試みの中には、かなりの失敗があります。カンゾウのババロアやバニユルス（ルーシヨン地方の甘口ワイン）のババ（キルシュに浸したレーズン入りスポンジ）はまだ実現していないし、プラムのクラフティ（果物とクレープ生地を焼いたリムーザン地方の菓子）はあまり大したものではなく、チョコレート・アーモンドのクリームはかなりひどい代物で、チョコレート・パイはまったく面白みに欠けています。暗中模索し、美的な点での失敗は覚悟の上で、試行錯誤を繰り返していました。大いに試み、実験し、測定したおかげで、結局は美味しい、いいえ、とても美味しいケーキを考案することができました。

フォションでの私の最初のパティスリーは、いくつかのカテゴリーに分類することができます。見かけといい、味わいといい、質感といい、いかにも一九八〇年代風の創作がありました。ケーキはピカピカに輝き、色はどぎつく、味はフルーツ系、主成分はムース、すべてがこれみよがしで、てんこ盛りです。今では時代遅れに見えるものがあっても、本当に美味しかったことに変わりはありません。思い出せるのは、バナナのカプリス（ヘーゼルナッツのダクワーズとラム酒に浸したスポンジとバナナのムース）やメロンとフランボワーズのアントルメ（メロン・ムースとフランボワーズを丸ごと。全体が透明なゼリーで覆われている）です。

これらの出来には満足でしたが、期待はすぐに捨てなければなりませんでした。売れなかったのです。このとき私は、バナナとメロンの味のケーキは売れないことを学びました。私にとっては謎です。興味深い味わいなのに。

オレンジとフランボワーズのババロワのシャンパン・サバイヨン（卵黄のクリーム）寄せの「ル・フォリーズ」もありました。当時はとても流行っていましたが、正直言って、シャンパンの味がぱっとしませんでした。

今後もう作ることのないであろうケーキに、「ルーション」があります。アンズのブランデーに漬けたスポンジの上に、アンズのムースとフランベしたイタリアン・メレンゲを載せました。あまりに〝みっともない《タルト》〟。それから思いつくのは、赤いフルーツのシャルロットです。コンセプトはかなり古典的ですが、外見は現代的です。生地の上に印刷する技術から、私のお気に入りになったケーキの土台なのですから。この土台のおかげで、まだ他では見たことのないものを作ることができました。チョコレート・タルトも同様に、カカオニブ（カカオ豆を粉砕したもの）のヌガティーヌ（硬いヌガー）で飾られたものだけに、当時はまさに最新のものでした。フレデリック・ボーとの共同で開発した品です。このとき私たちは、料理界の偉大なシェフ、ジャック・マクシマンのところに手伝いに行っていました。マクシマンは、ニースのネグレスコ・ホテルで名を上げた後、そのままニースで劇場を改装した完全に常軌を逸したレストランを開いたばかりでした。フレデリックはチョコレートに情熱を燃やし、すでにヴァローナで働いていて、スーツケースにカカオニブを入れて持ってきていました。当時はまだ、どう使うのかがあまり知られていないヴァローナの品でした。

「ほら、これをヌガティーヌに入れて、デザートを飾ったらどうでしょう？」と、私は提案しました。マクシマンは気に入り、すぐに採用しました。このコクのあるヌガティーヌをチョコレート・タルトの上に載せると、ちょっとした奇跡が起こり、タルトは飛ぶように売れました。これは私のキャリアにおいて忘れられない、実り多きコラボレーションの、思いがけない発見の一例です。

フォションで私はまた一九八七年に、濃く軽いグアナラのチョコレートを使ってケーキ「マリニー」を作りました。「マリニー」は、クッキー、マカロン、サバイヨンへと形を変えてもいます。大人気になり、しかもゴ・エ・ミヨ（ミシュランに並ぶフランスのレストラン・ガイド）のコンクールでグランプリを受賞しました。「マリニー」については、他の人たちの意見に反して、新たに作り直したくなってきています。たとえばテクスチャーについては、改良の余地があります。同じことが言えるのは、「ミロワール・シトロン・ヴェール」（ラム酒に浸したスポンジ、ココナッツのメレンゲ、グリーンレモンのムースに生のフルーツの飾り付け）です。過度なまでに色づけされ、アセテートのリボンで巻かれてまでいます。時代遅れの外見ではありますが、ここのところこのケーキについて考えることが多いので、いつかまた作ることになるかもしれません。

より大まかに言うと、このような遠い日々の仕事について深く考えると、もう私の未来の作品の〝先祖たち〟が出ているのがわかりました。変わってしまったものも、変わらないものもあります。たとえば「デリス」は、ドイツではかなり伝統的な味の組み合わせから着想を得て作りました。イチゴとルバーブの組み合わせです。なぜこのふたつを組み合わせたのか、と私に尋ねたどなたかにお答えしましょう。

「これこそが東部地方ですから」

同じ頃、美食ジャーナリストの友人であるヴァンサン・フェルニオに娘セレストが生まれ、ケーキの名前も「セレスト」にし、そしてこれを機会に、味も少し変えました。パッションフルーツを加えたのです。その香り（酸っぱい香りではありません）は、イチゴとルバーブの結びつきを強くします。三〇年が経ちましたが、今もこのケーキは販売しています。

「フレッシュール・ショコラ」も同様です。つい最近、この元のケーキを手直しするために参照しました。また「ヴルール」は、私の名作のひとつ「プレジール・シュクレ」になりました。一九九七年に作った、ピエモンテ産ヘーゼルナッツのプラリネのミルフィーユは、三年後に生まれた「ドゥーミ《二〇〇》ル《〇》・フィーユ」の直属の親にあたります。その前の冬に、フォションでかなり売れた「リヴォリ」（コワントロー［オレンジ・リキュール］のババロワとピスタチオのダクワーズとヌガーのムース）を今風にしました。素材を少しだけ変え、アーモンド・ヌガティーヌの円盤を載せて、「イビザ」という新しい名を与えました。

「サン＝ジャン」と命名したものとまったく同じもので、名前こそ「オデュッセイア」に変わったケーキが、ふんわりしたクルミのスポンジに、沖縄産黒糖とクルミのヌガティーヌ、マロンのジュレ、クルミのリキュールのクリームで、今も作られていることに変わりはありません。

「マホガニー」は、キャラメルとマンゴーとココナッツとライチのケーキで、一九九四年以来、ずっと同じ素材で同じ形で作り続けています。現行のイチゴのケーキも、一九八〇年代の終わりのものとの違いは何もありません。「モンブラン・ア・マ・ファッソン」も同様で、常に野バラの実のコンポートを添えて面白みを出しています。その理由は単純で、私が小さい頃、母が秋に野バラの実のジャムを食べさせていたからです。この味と栗の味を、永遠に結びつけることでしょう。思い出の豊かさよ、今も、そしてずっと。

スミレと大胆不敵

私がフォションで始めたことのひとつは、ケーキの最初のコレクションが完成するなり、マスコミ発表をしたことです。フォションにはインターナル・コミュニケーションの専門家がいて、彼と多くの仕事をしました。報道資料を推敲し、ジャーナリストにケーキを届けるなど、当時のパティスリー店がどこもやっていなかったことをやりました。それでジャーナリストの何人かが興味を持ってくれて、マドレーヌ広場にあるこの古き良きメゾンの中で、新しいことが起こっているのを理解し始めたのです。マスコミは少し過剰にそれを〝革命〟と呼びました。革命とは何よりもまず、花やスパイスの味わいをケーキに導入したことでした。

なぜ花なのか。もちろんバラの味を発見したからです。ルクセンブルクでの、ブルガリアの料理とパティスリーの実演のときのことです。この味わいから受けたあまりのショックに、しばらく脳裏から離れないほどでした。大いに試み、まずまずの成功を収めて、一九八六年に「パラディ」を完成させました。このケーキは、ローズシロップに浸した二層の生地と、バラのババロア・クリームと、生のフランボワーズで出来ています。「イスパハン」の祖先です。それをバラの花びらで飾りました。フォションの世界観に合っていると思ったからです。実際メゾンの料理人たちは、グリーン・サラダに何かの花びらを散らしていました。このケーキは玄人受けはしたものの、フォションでは実質的な商業的成功を収めはしませんでした。それでも私はコレクションに入れ続けました。ポテンシャルがあると感づいていたからです。不完全とはいえ、美味しいと思いました。それからひとつ足りない何かを探すのに、一一年かかりました。それがライチだと明らかになった一九九七年になってようやく、現在知られているような「イスパハン」が誕生したのです（砂糖の含有量は別にして。今は当時よりも二五パーセント少ない）。甘みの強いバラのクリームをライチのフローラルな香りと組み合わせて、生のフランボワーズの鮮明さと酸味のある香りでシャキッとさせました。この調和は、実に本能的に作り出したもので、何年もかかって、バラとライチとフランボワーズの三つすべてが、硫黄の香りを含んでいることに気づきました。三つがあんなに自然に結びつく説明がつきます。

バラについての仕事を重ねるうちに、フォションにいる間に、花の味わいについて別のアイデアが浮かびました。「クリスタル」という名のケーキを考案していたときのことです。私はスミレの味を解き明かしたいと思っていました。子どもの頃の思い出からもたらされたアイデアです。家族のパンとパティスリーの店で母は、ザンというメーカーのカンゾウの香りのする板状の菓子を売っていました。私のお気に入りはスミレ味で、この風味をケーキに取り入れたいと思っていました。しかし大きな障害にぶつかります。消えやすく繊細なスミレの味を捕まえるのはかなり難しい、と言うより不可能なのです。冷浸法（油脂に花の蒸発気を当てて香りを浸み込ませる香水製法）の試みや決定的な失敗が重ねられた後、一九世紀の終わりに、ヨハン・カール・ウィルヘルム・ティーマンなる人物が作った合成香料イオノンに、頼らざるを得ませんでした。当時フォションの向かいにあった薬局に、買いに行ったのを覚えています。香水の溶液にごくわずかなイオノンが調合されると、コティの「ロリガン」やゲランの「レール・ブルー」のように、絶対的な魅力のあるテイストになります。私は最初に、イオノンにカシスを組み合わせてみました。悪くはなかったものの、まろやかさに欠けていました。そこで、マダガスカルのバニラの香りも加えてみました。今ではこのケーキは「アンヴィー」という名になり、出来た当初から何ひとつ変えずに作り続けています。

ラベンダーの味わいは、ごく控えめに使われるときは大好きです。一九九一年のケーキ「フロラリー」は、ラベンダーから着想を得ました。モモとレモンと組み合わせれば、ラベンダーの花の強い個性が素晴らしく生きます。後にヴァローナが、マダガスカルのカカオ「マンジャリ」を市場に出した際に、その刺激的な赤いフルーツの香りに、乾燥したラベンダーを組み合わせてみたくなりました。三角の形をした驚きのケーキ「マンジャリ」が出来ました。当時それは革新的でした。

もっと大まかに言うと、花は、私に新しい道を開いてくれ、今も開き続けてくれているものです。そして私の仕事にとって根本となる出会いをも授けてくれました。ジュエリー・デザイナーでもあり、ずっと花の香りに夢中で、香水「ジャール」のクリエイターでもあるジョエル・ローゼンタールと共に、二〇〇一年に《ヴォーグ》誌のインタビューを受けました。このインタビューを読んだ、当時ジャン・パトゥで働いていた調香師ミシェル・デュリエが、私に面会を申し込みました。私のパティスリーについての語り方に、興味をそそられたようでした。実際に私は、正統と認められる味覚の職人として、パティシエの地位を向上させるために、デザートという狭いひとつだけの分野から飛び出したいのだ、と表明していました。

ジャン＝ミシェルとの最初のランチでは、香りと味についての実り多い会話が、ずっと止まりませんでした。私たちの共通点は、かなり感動的でした。二人とも一九六一年末の生まれで、エルメスが最初の香水「カレーシュ」を出したときでした。花と木とビャクダンの香りのこの輝かしい香水を、私たちの母親の二人ともがつけていました。私が七歳のときにこの香水を母にプレゼントし、母は死ぬまでつけていました。

この感傷的な逸話以外でも、ジャン＝ミシェルと私はすぐに、二人が同じ言語で話していることに気づきました。ジャン＝ミシェルは味の世界に由来する用語を使って香りを描写し、私は香水業界の用語でパティスリーに言及しました。私たちがお互いのノウハウを交換していたことは明白でした。

互いを同じクリエイターとして認めていましたから。ですから私たちには、香水をパティスリーに取り入れたり、そのふりをする気はまったくありませんでした。香水の「ジョイ」や「シャリマール」のタッチをケーキに入れることには何の意味もないのです。それよりも、嗅覚のノートを味覚に変換することには、ワクワクしました。そのために独創的な仕事が要求されるからです。

香水の世界では、花の元の芳香と比較してエッセンスが期待外れだと、その花は〝口をきけない〟と言います。前述したスミレ以外に、スズラン、ライラック、フリージアも口がきけません。ですから調香師たちは、これらの香りを香水に導入するために、いやおうなしに合成して再現しています。クロマトグラフィーを頼りに、ひとつひとつの香りを組み立てるのです。

私は花を愛するあまり、その味を空想し思い描いてみて、実在しない、あるいは抽出するのが難しい花の味を作り出すことすらあります。調香師の作業を、ジャン゠ミシェルと共にパティスリーに取り入れて、カーネーションの香りを再現しました。カーネーションの香りはかすかで、簡単にはいきません。バラとクローブとバニラを合わせて、この香りにたどり着き、そこから「カーネーションの庭園」というマカロンを作りました。マカロン「アイリスの庭園」はその数年後に、大好きなプラダの香水「インフュージョン・イリス」から、作ることにしたものです。私はジャン゠ミシェルと共謀して、この素晴らしい香水に秘密のメッセージを送りたくなりました。そこで生のアイリスのエッセンスに、スモーキーなラプサンスーチョン茶と、ニンジン・ジュースと、スミレ（より正確には結局はイオノン）のタッチと、サフランの香りと、ごく少量のセイロンのシナモンを混ぜ合わせました。その結果は、香水に違わぬ出来でした。

ジャン＝ミシェルはまた、私をジャスミンに目覚めさせました。バラとは違ってこの中国原産の花は、ジャスミン茶を別にすれば、料理やパティスリーに使われることはほとんどありませんでした。長い間無視していたのは、ジャスミンが私に抵抗していたからです。私はそのつかみどころのない味を、ものにすることができておらず、ジャスミンはそのとても雄弁な香り以上に、謎を秘めていました。ジャスミンが控えめにしているところでも、バラはもっとあけすけに、むき出しで生のままを届けます。私はジャン＝ミシェルが作ったジャン・パトゥの香水の発売に合わせて、ジャスミン・サンバック（マツリカの学名）を元に、デザートを作るよう依頼されました。ジャン＝ミシェルはパティスリーに使える自然のアロマを見つけるのを手伝ってくれて、そこから私は、ジャスミン茶のジュレとクリームと、ジャスミン入りマスカルポーネチーズのクリームと、イチジクのコンポートを組み合わせてデザートを作りました。

この創作は長いシリーズの始まりになりました。この後、私の署名を入れて作ったブラック・チョコレートのミルフィーユには、バルサミコ酢のジュレとジャスミンの香りを入れ、「アンフィニマン《無限に》・ジャスマン《ジャスミン》」（ヴィクター＆ロルフの香水「フラワーボンブ」発売のための品）という名の、タルトとマカロンも作りました。他にもマカロンには、ジャスミンとプラム、ジャスミンとバラ、ジャスミンとワイルドストロベリー、ジャスミンとカレープラントとネロリ、があります。最後のジャスミンとカレープラントとネロリのマカロンは、ロクシタン・アン・プロヴァンスの同名の香水から想を得て、ロクシタンと共同でパリのシャンゼリゼ大通り八六番地に店をオープンしたときに、作りました。このマカロンはまた、ケーキ「ヤサミン」（二〇一六年）にもなりました。ジャスミンの魔力、マンゴーの官能性、グレープフルーツの苦味が、一定のリズムで踊り出します。結局この繊細な花は、私をとりこにしてしまいました。私たちの味や香りについての情熱的な対話は、二〇一二年に出版された『味の中心へ』（アニエス・ヴィエノ社）に収められています。

　より最近では、これらさまざまな実践に力を得て、自分流にサクラの味を調合してみました。サクラは日本の観賞用の花です。すべては友人であるフレデリック・ボーとの会話から始まりました。フレデリックは、プロとしての仕事を通して出会った中でも、最も独創的で、最も才能溢れるパティシエの一人です。フォションでの彼の遅刻癖や、あの〝懲罰的な〟朝食の後では懸念されたかもしれませんが、彼とは今もずっと親しくしています。同じ職場では彼とあまり長く働くことはありませんでした。一九八六年のある朝、当時ヴァローナの責任者アントワーヌ・ドデが、フォションに私とコーヒーを飲みにやって来て、ヴァローナの名を冠したチョコレートの学校を作るために、若いパティシエを探していると、説明しました。すぐにフレデリックが浮かびました。独創的な特質と固形成形の才能に恵まれていたからです。フレデリックは成形をメス市の偉大なクロード・ブルギニヨンのところで学んでいて（ブルギニヨン氏はクリストフ・フェルデール、アンジェロ・ムサ、ジル・マルシャルなどの指導者でもあります）、彼にはまだ眠っている力があることを感じていました。

　アントワーヌ・ドデはフレデリックと契約しました。そしてその三六年後の今も、フレデリックはヴァローナにいます。そのおかげで私たちは、定期的に共同で商品を作っていて（チョコレートの九九パーセントをヴァローナから調達している）、あらゆることについて意見交換をしています。最近特に話題になるのは、グルマンディーズ・レゾネ《思慮深い美食》のパティスリーについてと、パティスリーにサクラのフレーバーを導入するための方法についてです。

フレデリックはかなりの日本通で（そもそも夫人が日本人）、サクラについてよく知っています。サクラは多様な要素から成り、日出ずる国ではデザートよりは料理に使われています。花はたいていの場合、塩漬けにされます。乾燥したサクラのパウダーもありますが、あまりにも高価で、味と比して納得のいく価格ではありません。そこで私たちは、少し無謀な賭けに出ました。この味のノートを、ひとつひとつ〝分解〟して、より良く組み立て直そうとしたのです。そのためにグリオット・チェリー（酸味の強いサクランボの一種）とレモンとクマルを集めて、その分量を想像してみました。普段私はクマルは大嫌いです。熱帯地方のトンカマメの木の種子で、その香りがあまりに豊かなため、軽率に誤って使われがちだと思っています。しかし、クマリン（クマルの芳香成分）の濃度が高いので、ハルガヤ（干草の成分のひとつ）同様に、草の香りをもたらし、まさに乾燥したサクラを想起させます。サクラのフレーバーは予想どおりかなり素晴らしい出来で、まずはそれを使って「日本庭園」という名のマカロンを作りました。次にデザートを作り、そのデザートは、ザ・リッツ・カールトン京都のレストラン、パリのロイヤルモンソー・ホテルのレストラン「マツヒサ」、マラケシュのラ・マムーニア・ホテルのレストラン「ジャン＝ジョルジュ・ヴォンゲリヒテン」のアジア料理のテーブルで供されました。

ついにはこの「日本庭園」がケーキになり、二〇二一年と二〇二二年の夏の「ジャポニスム」のコレクションで提供されました。レモン・サブレ生地にオリーブオイルを加えて（この場合のオリーブオイルは質感のためで味のためではない）土台にし、クマルを入れたグリオット・チェリーのコンポートとレモン・クリームを載せます。それをフランボワーズの赤いチョコレートの折り紙で覆います。これは、まったく個人的なサクラの味の解釈で、私がこよなく愛する日本文化への美しいオマージュになると思っています。

この植物の話題の締めくくりとして、オレンジの花に言及したいと思います。とても繊細で、パティスリーに素晴らしい効果をもたらす植物です。白状すると、私は「アトラスの庭園」には目がないのです。私がイメージするモロッコを想起させる味わいを組み合わせて、四年前にラ・マムーニアのモロッコ料理のレストランのために作りました。レモン・シャーベットにオレンジの花のアイスクリームを合わせ、ハチミツのピュレと、オレンジとレモンを加えました。この味がとても好評でうれしかったのは、個人的に惚れ込んでいるからです。そのため再解釈して、他のやり方でも作りました。ミルフィーユ（こんがり焼いたパイ生地に、オレンジの花入りマスカルポーネのクリーム、レモン・クリーム、オレンジとオレンジの花ととろりとしたハチミツのマーマレード）にして、ガレット・デ・ロワ（オレンジ入りアーモンド・クリーム、レモンとオレンジの砂糖漬け）にして、ケーキ（レモン入りブルターニュのクッキー生地、オリーブオイルのレモン生地、レモンのジュレ、とろりとしたハチミツ、オレンジの花入りマスカルポーネのクリーム）にして、マカロン（レモン・クリーム、オレンジのジュレ、ハチミツと、オレンジの花）にして、より最近では、パウンドケーキや、菓子や、「ノマド」や、タルトにもしました。現在「アトラスの庭園」は、ピエール・エルメ・パリのメゾンの守り神的な味わいのひとつになっています。

早い話が、花は尽きることのないインスピレーションの源泉なのです。花の美的な恩恵については言うに及ばず、赤い血の色のバラの花びらなしでは、「イスパハン」は「イスパハン」になりえなかったことでしょう。

コショウと楽園

一九八〇年代に私がパティスリーにもたらした新しい味わいにスパイスがあり、大きな位置を占めています。どこからアイデアがやって来るのか訊かれると、私は「どうやったらアイデアがやって来なくなるのでしょうか」と答えていました。

フォションの始まりはエピスリー《香辛料商》でしたから、この偉大なメゾンのケーキにスパイスを導入して、そのノウハウで相乗効果を作り出すのが当然だと私は考えていました。またしても、革命的な性格を帯びているわけでもないのに（シナモンとバニラは常にパティスリーに使われてきた）、かなりの評判を呼びました。不思議なことに、コショウ、カルダモン、サフラン、クミンなど、とても多くのスパイスを誰もが料理に合わせますが、その香りはまったく塩分や糖分といった観点から定義されてはいないのです。

フォションに入ってから、高品質のスパイスについてたくさんのことを学びました。当時は、多くの品がごく普通の、もっと言うとお粗末な形で、売られていたことを忘れてはなりません。そこらじゅうの売場で、粉にされてしまった紅茶や、粗悪なオリーブオイルや、あきれるほどひどい味のスパイスの粉末が見受けられました。フォションでは、最良の産地の素晴らしい生産者による選りすぐりのスパイスが、細心の注意を払って、最適な保存状態になるように包装されていました。このときコショウの本当の味を発見しました。産地によって味がまったく違うのです。インドネシアのサラワク産のものは爽やかで樹脂の香り、インドのマラバール産は森の香り、カンボジアのカンポット産はカカオと花の香りがします。インドネシアのジャワ島産のロングペッパーは、甘く、ホットで、ほんの少しピリッとする味わいです。

コショウの豊富なアロマの種類を予期してはおらず、あらゆる領域にわたるアイデアを提供してくれたので、集中して取り組みました。レモンのアロマを持つ四川省のコショウを、アントルメに使ってもいいのでは？　チョコレート・ケーキに、ジャワ島産のロングペッパーの森とシナモンのタッチを合わせて、味を際立たせるのは？　自分のアイデアをかき集めて、イチゴと米と牛乳とミントと、新鮮なサラワク産のコショウの粉で、「タルト・アンペラトリス」を作り上げました。思い切った驚くべきケーキでした。このときまで、パティスリーでこれに似たものを誰も知らなかったからです。

この最初の成果で、スパイスを使ったパティスリーの試みを続けたくなり、ココナッツとコリアンダーの種のパウンドケーキを作りました。また、ホットで激しいサフランのアロマに魅了され、サフランとハチミツのクレーム・ブリュレや、サフランとシナモンとコショウとクローブの種のババロアを作り、それがケーキ「デジール」（一九八九年）になりました。「デジール」は私の解釈では、サフランとモモが結婚式を挙げたものです。この組み合わせは、よりいっそうコントラストを際立たせるような要素を用いて、もっと濃厚なクリームと、真空調理したばかりの黄桃とで、再構成して作り直すつもりです。モモは私が大好きな果物です。スパイスと花とによく調和します。その証拠は香水にあります。伝説的な香水であるロシャスの「ファム」は、当時この偉大なメゾンで仕事をしていたジャン＝ミシェル・デュリエが、理想的な香りの調合だとおしえてくれました。彼は言いました。「バラとモモとクミンの三つの組み合わせが奇妙に見えるのと同じぐらい、この三つが引き立て合って完璧な香りになるのは奇妙だよ」

このことから即座に、タルトでこの味を組み合わせようというアイデアが生まれました。敷き込みパイ生地とバラのアーモンド・クリームと完熟の生のモモのタルトに、クミン・シュガーを焼成前と焼成後に加えました。それは「イスパハン」と同じぐらい明白な組み合わせでした。

味の冒険は、ひらめき、アイデア、目配せなどで、ずっと維持されている本当に終わりのない循環です。とりわけフランス東部のパティスリーで有名なシナモンは、一般によく使われていますが、ニンジンとオレンジのマカロンに入れると、とてもロックンロールであることがわかります。繰り返しますが、このことは、枠から出て人とは違う考え方をすれば、既存の材料でいつでも新しいものを作り出せることを示しています。

美と美味を同時に

美は、パティシエの問題意識と無縁のものではありません。私の考えでは、副次的なものではまったくないのです。ケーキは食欲をそそらないよう作られてはならない、と思っているからです。最近では〝インスタ映えする〟などと言われているようですが、それとは違います。私は自分のキャリアのかなり初期に、パティスリーの味と見た目の関係について、強い関心を寄せていました。常に美と味のいい組み合わせを見つけようとしていますが、決して美しさのために味を損なわせるようなことはしません。美と美味の組み合わせは、ずっと私の基本方針です。視覚は感覚の一部を成し、パティスリーの美は、明らかに欲望をかきたてます。ケーキには〝装飾〟しない一方で、味を際立たせるような見た目にするように、ずっと努めてきました。もちろんその反例が、それもかなり装飾したものがあります。たとえば「イスパハン」です。しかしバラの花びらの装飾は、その味を喚起させ、詩情的な雰囲気だけをもたらします。

美的観点から、私は多様な新機軸を打ち出す仕事をするようになりました。このようにしてフォションにいた頃、ケーキの生地からシガール・クッキーにまで印刷する技術を発展させました。実はこの技術は、一九五〇年代から存在してはいたものの、極秘扱いでした。そこでマチノックスと、このメゾンの創設者ジャン・ドディニヤックと共に、ケーキに印刷できる機材を開発し、秘密を開放しました。また、一九八〇年代の終わりには、縞模様に彩られていたり、小さなゴルファーの人形で飾られていたりしたケーキがとても流行っていました。私はフランス革命二〇〇周年記念に、青と白と赤の生地と、アーモンド・ミルクのババロアと、チョコレートのブラマンジェで、アントルメを作りました。申し分なくキッチュなのに、愛国的です。この時期は私もそうでしたが、誰もがツヤツヤの光沢を求めていました。つややかに光り輝く見た目の〝鏡の〟ケーキの時代でした。

時が経つにつれ、アセテートのリボンや、飾りのためのフルーツなど、必要のない飾りがあることに気づきました。私のケーキが既存のものに似ないようにするために、少しずつ、余計なものを、すべての飾りを、チョコレートの装飾やねじった砂糖細工などを、取り除いていきました。見た目も味も核心に迫ろうとしたのです。創作の追求において、両者は対等のように思われます。

以来毎年、創作と変化をセットで取り入れて、ケーキを美しくしていますが、それが決定的な要素であると確信しています。我々の仕事では、美には必ず動機がなければなりません。美とは、一貫し、意味を持ち、物語を語らなければならないものなのです。最近の例で言うと、「日本庭園」のケーキは、サクラの花を想起させる色や装飾を、あらわに示しています。それは私の日本への情熱と、日本で発見したすべての味わいを表しています。作り出した品のすべてが大切なのは、人生や文化や思い出の一部分を含んでいるからです。

当然ながら、私はとても早いうちから、売場を私のケーキに見合ったものにしたいと思っていました。ファッション、ジュエリー、革製品などの高級品は、各ブランドによって考え抜かれた環境で売られています。なぜ、現代的で洗練されたケーキにも同じようにしないのでしょうか。繰り返しになりますが、このことは一夜にして成し遂げられたわけではありません。何年もかかって、私の〝理想の〟ブティックにすることができました。フォションでは、古めかしいと、もっと言えば時代遅れだと思われる伝統的なパティスリーの掟を打ち破るため、実際に撲滅運動を行いました。まずは瑣末なことから始めました。最初はもちろん、あの、ケーキの下に滑り込ませてある、レースの紙のマットです。あの上にケーキを置くことにぞっとし、どんな犠牲を払おうともあれをやめたくて、経営陣と何年も戦わなければなりませんでした。

店舗での見せ方もまた、自分なりのアイデアがありました。ケーキはショーケースの何段かにいっぱいに入っているよりも、同一の平面状に並べて置かれている方が、より引き立つという確信があったのです。それを認めさせるためには、多くの苦労がありました。そもそもフォションでは、私の記憶が正しければ、実現には至らなかったと思います。それから何年も経ってようやくそうできるようになったのは、シャンゼリゼ大通りにあるラデュレでした。しかしまだ私は、必死になって一生懸命に戦わなければなりませんでした。ラデュレの経営者フランシス・オルデールの頭の中には、過剰にケーキが置いてある、ウイーンの超伝統的なパティスリー店のドゥメルがお手本としてありました。

しかし私は諦められません。自分のケーキを一つの平面のみに置きたかったのです。

「父は絶対に首を縦にふらないな」と、ラデュレの社長ダヴィッド・オルデールが言いました。

「だったら、お父さんを何とかしてください」と私は彼に言い返しました。

数か月後、私はケーキを自分の思うように並べていました。

店での接客についてもまた、とても明確なアイデアがありました。考えられないことですが、店員は商品のことをあまりよく知らずに売っていました。そこでとにかくすぐに、それぞれのケーキの起源を説明しながら、店員におしえ込みました。もちろん試食もしてもらいました。彼らにとっていちばん大事なことは、パティスリーの原材料と産地、正確な構成について精通していることです。客にそれらについて話せば、パティスリーの独創性を強調することができるからです。さらに、そのことで彼らの仕事に意味を与え、私にとって価値のある概念をおしえることができます。このことについてピエール・エルメでは、メゾン創設以来ずっと意欲的に取り組み、多くの時間と費用をつかって、従業員の人事研修を実施しています。それが要《かなめ》だからです。新人全員が、経験豊かな研修係に付き添われる期間に恵まれますが、それで終わりではありません。新しいコレクションの発売時には、チームが結集して、従業員にすべての品を詳しく説明します。私達が各ケーキのレシピを練り上げると、チーム全員と共有する前に、私がとても入念にチェックします。私はずっと膨大な書き込みをし続けています。これらの書類は、商品のアイデンティティを示す作品です。ケーキ（あるいはチョコレート、アイスクリーム……）の写真があり、原材料、組み立て方、テクスチャー、味の構成、包装、アレルギーの可能性、それに合う飲み物などについて、詳細に記載されています。徹底的に網羅されていて、教育的で、私達のチームの研修にずっと役立っています。

ブティックでの体験で最後に手にするものは、ケーキの外箱です。フォションで、続いてラデュレで働いていたときには、そうあってほしいと望んでいたように包装を変えることはできませんでした。私の考えでは、高級感を完成させるには、美しく、実用的で、そのメゾンとわかる包装であることが重要です。ですからメゾンを創設してすぐに、包装についてかなりの仕事をしました。数年間の研究の後、二〇〇一年にエレガントで私のメゾンとわかる箱と手提げ袋を完成させました。それらは今でも使っています。細かな事柄ですが、しかしそれはとても重要で、かなりの投資と、ずっと考え続けることが必要になります。このようにして現在は、エコロジーの責任を果たすために、リサイクル可能な包装や、プラスチック廃止にも取り組んでいます。複雑な問題ですが前進あるのみです。

サクランボと始動

フォションに話を戻すと、フォションでは、まさに光陰矢のごとしでした。日々、過密な活動に忙殺されていたからです。にもかかわらず怖いもの知らずにも、迷わずもうひとつ余分に自分に課しました。一九八八年の国家最優秀職人章を目指す講習を受けたのです。国家最優秀職人章は、職人界のエベレストのようなもので、受章者たちに敬服していました。驚異的な仕事量をこなさないと獲れないからです。しかしすぐに自分向きではないことがわかりました。本当にばかな理由からです。単純にまだそのレベルに達していなかったのです。純粋な技術の部門ではレベルに達していると思いましたが、芸術部門においては、日々の仕事の実践からはかけ離れていました。何か月も訓練しなければならないのに、フォションで働きながら、それをこなすことは不可能でした。それで国家最優秀職人章を獲ろうという考えは捨て、二度と挑戦しようとは思いませんでした。「星によって導かれる者は、決して後ろを振り返らない」と、レオナルド・ダ・ヴィンチも言っているように。

それが何らかの妨げになったどころか、逆にだんだんパティスリーの芸術的な面に興味を持つようになっていきました。すでに述べたとおり、私はいつもケーキの見た目を美しくするよう心がけています。しかし一九八〇年代の初めには、純粋で厳格なパティスリーのルールから〝逸脱〟したい、他の分野を取り入れたい、との願望が芽生え始めていました。この願望が生まれたのは、当時一緒に働いていて、以来ずっと友人でもあるヴァンサン・ブルダンとの会話からです。ヴァンサンは現在ヴァローナで働いています。二一世紀の美の世界に通用するような、新しいルックスを可能にする方法を、私は常に自問していました。ヴァンサンとの議論が進むにつれ、デザイナーにパティスリーのデザインをしてもらうという奇抜なアイデアが浮かびました。この頃フィリップ・スタルクが、工業デザインと建築界の新しいスターでした。

「彼に電話するよ」と私は宣言しました。

「彼がケーキに興味を示すと本当に思ってるの？」とヴァンサンは言いました。

「すぐにわかるよ」と私はとても陽気に言うと、フィリップ・スタルクに電話をかけました。フィリップ・スタルクはとても注意深く親切に私の話を聞いてくれて、バスティーユにあるアトリエに招いてくれました。今もその場面が目の前に見えるようです。

「私はピエール・エルメと申します。シェフ・パティシエで、チョコレートで作る像のデザインをお願いしに参りました。他のパティシエたちが想像できないようなものをデザインしてほしいのです。アルザスの料理サロンに出展しようと思っています」

「ああ、それで？」と、彼は私に尋ねました。

「オブジェは美食の象徴でなければならず、サイズは大きく、展示してセンセーションを巻き起こせるようなものをと考えています」

フィリップ・スタルクは当然うろたえることはありませんでした。彼も挑戦が好きなのです。しばらくして、とても美しいデッサンを届けてくれました。青い尖った指先の大きな手です。この作品を三次元に写し直すのはかなり困難で、ヤニック・ルフォールやミカエル・アズーなどのパティシエたちと一緒に、板チョコを使って実際に組み立てながら形にしていきましたが、破損したり溶けたりで、かなり手こずりました。これは高さ三メートルもの大きさになりました。ところがこの複雑な作業は、大した作品を生みませんでした。進行途中で、デッサンの純度を失ってしまっていたのです。この製作物をフィリップ・スタルクに見せることは、あえてしませんでした。偶然にもこの作品の痕跡はどこにも残っていません。おそらく、私達はパティスリーをデザインに接近させるよい道筋を見つけられなかったと、私が判断したからでしょう。このことは、意味のないひとつの〝運試し〟をやってみたに過ぎませんでした。

この経験で私はがっかりするどころか、深く考えることになりました。パティスリーの仕事は何よりもまず職人の手作業ですが、その創造に芸術的な次元が含まれていることに疑いはないからです。

アートとデザインについては、何も知らず、子どもの頃、両親と行ったいくつかの美術館以外には教養もありませんでしたが、個人的かつとても具体的なことで、興味を持つようになっていきました。ブーローニュ＝ビヤンクールのベルヴュー通りにある、本当の意味でのアパルトマンに引っ越したとき、両親が使わなくなった古い家具を譲ってくれたのですが、うれしくはありませんでした。時代と年齢に合った現代的な家具が欲しくて、雑誌に目を通したり、ギャラリーに通ったりするようになりました。給料は、イームズのヴィンテージの椅子や、フィリップ・スタルクのランプに使いました。私が大好きだったのは、脚の支えの部分が無く、壁にシェイドをもたれかけさせて使うスタルクのランプで、「突然地面が揺れた」という作品名でした。これは自分のために奮発しました。本当に当時の私にとっては法外な出費で、今も持っています。他にも、本棚「トーテム・カサブランカ」のように、エットレ・ソットサスがデザインしたオブジェにも夢中でした。

デザイナーたちの才能に目が眩み、このテーマについて読書で掘り下げていきました。いちばん影響を受けたのは、レイモンド・ローウィの『醜いと売れない』（なんというタイトル！）です。一九五三年に出版されたセンセーショナルな現代性についての本です。このフランス系アメリカ人工業デザイナーの数多くの作品の中には、一九五四年に彼がデザインし直したコカ・コーラの瓶があり、以来その形はずっと変わっていません。彼が製作したものに、この上ない讃嘆の念を覚えます。余裕ができるとすぐに、彼のデザインした横長のタンスや、ココット鍋「コケル」などを買いました。彼の信条は、私の心にすぐに刻み込まれました。「すべてのものはそれが何であれ、売れるだけ売るためには、美しくなければならない」私がケーキに望むことを、これ以上にうまく表現することはできないでしょう。

フィリップ・コンティチーニのおかげで、私の二番目の妻になるフレデリック・グラセールに出会ったばかりでした。私は、若くて才能あふれるパティシエ、フィリップ・コンティチーニを、工房に招待していました。フレデリックは、ラガルデール・グループ（フランスのメディア・コングロマリット）で働いていて、雑誌《ル・マガジン・デュ・ショービジネス》の広告スペースの営業担当でした。彼女はフィリップ・コンティチーニの友人で、料理に情熱を燃やし、ジュアン・レ・パンにあるホテル・ジュアナで知り合ったアラン・デュカスとも、とても親しい間柄でした。あの飛行機事故のかなり前のことです。しかもあの事故による一年間の入院生活中に、デュカスの見舞いに行った一人です。

フレデリックは、フィリップ・コンティチーニと一緒に、いつでもフォションに私に会いに来たがりました。単なる食への好奇心からです。思い出されるのは、例の「パラディ」を二人に味見させたときのことです。このケーキは自慢でも、不満でもありました。同じ夜にフレデリックは、彼女が小道具の仕事を手伝った演劇に、私と妻のクリスチーヌを招待してくれていたのですが、クリスチーヌは夜も仕事でした。この頃の私たちの夫婦関係は冷めきっていました。顔を合わせることがほとんどなかったからです。それで一人で行くことになりました。一八歳年上だという事実にもかかわらず、私はフレデリックを好きになりました。私たち二人の関心の的は、料理、パティスリー、デザイン、アートと、同じでした。間もなくして、彼女は自宅でのディナーに招待してくれました。その夜、デザートにカヌレのバニラ・アイスクリーム添えを出してくれました。カヌレは、ボルドー出身の天才シェフ、ジャン＝マリー・アマのレシピ（三〇八ページを参照）に従って、彼女が作ってくれていたものでした。このカヌレが二人の恋愛関係の礎石になり、それに主に料理文化や食品への情熱が加わって、二人とも各々が一三年間で四〇キロも体重が増えてしまいました。

このときはまだ、そこまでは行っていませんでした。

結婚生活についての私の履歴書は、褒められたものではありません。四回結婚していますが、不貞や二重生活という考え方は大嫌いです。そこでクリスチーヌとは、穏やかに円満に別れ、正式に離婚をして、フレデリックと結婚しました。恋に落ちると、私は結婚するのです。その後ケーキのデザインについて考えるようになると、新しい伴侶であるフレデリックが一九九二年に、彼女がよく知るスコットランド人のグラフィック・デザイナー、ヤン・ペナーズと引き合わせてくれました。

私がペナーズにケーキのデザインをしてほしいと頼んだとき、何だか彼を侮辱したような印象を持ちました。それほどまでに私の進め方は、彼にとって非常識に思えたように感じました。私のお願いが、少し現実離れしていたのは事実です。

「シンプルで目を見張るような形のチョコレート・ケーキを作りたいのです。しかしパティシエの私では、それを考え出すことができません」と、彼に最初に告げました。そしてこう付け加えました。

「とにかくそれをオブジェにしたくはありません。正真正銘のケーキにしたいんです」

彼が当惑しているのは、一目瞭然でした。

この話にならない出だしの後、もっとはっきりさせるために、基本的なことから会話を再開しました。それでも二回目の面談があり、私は丸いケーキを持って、ヤンは三角形の試作品の雛形を持ってやって来ました。丸を三角に収めなければならなくなり、それは実現不可能でした。しかし私は、ケーキを六つに切り分けて、積み重ねて雛形に入れることにしました。ケーキはミリ単位の正確さで、雛形に入りました。アイデアを捕まえました。大きなピースを縦に積み上げたら、ひとつのケーキになる！

するとヤンは、完璧な、鋭い、ほぼ流線形の線で、その構造のデザインを描きました。その優雅な流線の上に、角の細さを際立たせ、切り分けたところを示すために、金色で横に五本の線を引きました。そして彼は全体の上に、真っ赤な半球形のものを載せました。この試作品を見て、私は驚きの声を上げました。「ケーキの上のサクランボ（フランスで「画竜点睛《がりょうてんせい》」の意）だ！」

このケーキにヤンは、「バターとバターの銀」と命名したがっていました（理由は忘れました）が、その場で「ケーキの上のサクランボ」に名前が変わりました。問題のサクランボを作るために、ルノートルの砂糖菓子からアイデアを得ました。グリオット・チェリーのブランデー漬けに糖衣とアーモンド・ペーストをかけ、それから真っ赤に調理した砂糖の中に浸すのです。

味の観点から、このケーキが皆に好まれるようにしたかったので、ピエモンテ産のヘーゼルナッツと、ヴァローナが発売したばかりのとても美味しいコクのあるミルク・チョコレート「ジヴァラ」とを組み合わせるのがぴったりだと思いました。各層には、異なる種類のテクスチャーが出現するのを構想しました。積み重ねられた層は、薄いミルク・チョコレート、ヘーゼルナッツのダクワーズ、層状にしたプラリネ、ガナッシュ、チョコレート・クリームです。アイデアを見つけたので、あとは実行に移すだけですが、それはまた別問題です。このようなケーキを作るのは、技術的な挑戦です。

まずは、型を作り出さなければなりませんでした。伝統的な熱成形で作ってみましたが、あまりうまくいきませんでした。一九九三年のプレス発表のために作ったケーキは、全部の土台が壊れていて、ひどいことになっていました。ストレスはピークに達し、ジャン＝ピエール・コフなどのジャーナリストたちが近づいてくるのが見えると、こっそりケーキの向きを変えようと、あっちへこっちへと動き回っていました。その後、合成石膏を使ったしなやかなシリコン製の型が完成しました。つまり私達は、「ケーキの上のサクランボ」のさらに上に行くことができたのです。

あらゆる観点から言っても、リスクのある賭けでした。とがった型作り、多種多様なテクスチャーのケーキの複雑な製作、特殊で繊細な包装（三角形の箱の各面はリボンで留められていました）など、すべてに費用がかさみ、かなり高額で売らなければなりませんでしたが、業者たちは徹底的に応援してくれました。

フォションの人たちは、同じようにはいきませんでした。この作品をマーケティング・ディレクターに見せると、「頭がおかしくなったんですか。こんなものが経営陣に通るわけがないでしょう」と、言われました。

それでもめげずに、経営者のマルチーヌ・プレマに見せに行きました。彼女は犯罪者でも見るような目つきでじろじろ見て、歯に衣着せずにこう言いました。

「本当にひどい代物だわ！」

何もしないでここで終わらせてしまうなんて、問題外でした。私はうろたえることなく、このケーキをショーケースに入れて客の反応を見ることを、提案しました。あからさまに不満そうな顔をしながらも、私の情熱に負けて、最後はしぶしぶ同意してくれました。

「もういいわ。あなたのやりたいようにおやりなさい」

数日後に、この未確認物体のケーキは、マドレーヌ広場のショーケースの玉座に君臨していました。その前で立ち止まる客たちを、私は顔には出さずに喜んで観察していました。ヤン・ペナーズが考え出したこの独特な形には、抗《あらが》いがたい魅力があって、客は足を止めずにはいられなかったのです。たくさんの人が店に入り、楽しみ、買って帰りました。見た目と、味と、さまざまなテクスチャーの組み合わせが、爆発しました。すぐにマスコミでもこのケーキの話題でもちきりになり、私の仕事が注目されました。まさに大当りでした。このとき私が輝かしい成功を収めたことに、フォションは内心穏やかではなかったと思います。

「ピエール・エルメばかり話題になり過ぎよ。フォションについては、そんなでもないのに」と、経営者は不満を漏らしましたが、同時にパティスリーが飛ぶように売れているのを見て、喜んでもいました。

「ケーキの上のサクランボ」は、私のキャリアにおいて、重要な契機を示しています。それは第一に、この作品の構成が画期的で、パティシエの観点からも本当にしっかりしたものだったからです。その証拠に、今も販売していて、ほんの少しだけ前より苦いミルク・チョコレートを使っている以外は、一九九三年以来変わっていません。第二にこのケーキは、技術開発への道を開いてくれたからです。マーク・トゥエインは言いました。「彼らはそれが不可能だと知らなかったから、成し遂げたのだ」この言葉は、「ケーキの上のサクランボ」の冒険をかなりよく言い表しています。そして最後に、この本当の意味での最初の芸術的なコラボレーションは、パティスリーの新しい方向を示しながら、美しい展望を垣間見せてくれたからです。

私の仕事が、人びとの興味を引いたのはうれしかったです。それはマスコミで記事にしてもらうためではなくて（有名になることが、私の目的では決してありません）、認知され始めたことで、芸術的な観点から新しいことができるようになったからです。たとえば、『美食の秘密』という最初の本を出版することができました。一九九三年には、フォションでの仕事が七年に及んでおり、私が創作した品を集めて、一冊の書物にする必要を感じていました。経営陣はそれについて聞く耳を持ちませんでしたが、もちろん、そんなことでやめたりはしませんでした。

そのしばらく前に、友人のヤニック・ルフォールと二人で小さな会社を作っていました。特にコンサルティングなどの、給与外の仕事の請求をするためです。だったら、私たち自身で本を出版したっていいのではと思い、チームを集めました。比類なき編集者マリアンヌ・コモッリ。彼女は『アラン・デュカスのリビエラ』を上梓したばかりで、この本が出版されるや、参考図書扱いになりました。料理と人物の写真の巨匠ジャン＝ルイ・ブロック＝レネ。そしてアーティスティック・ディレクターのヤン・ペナーズ。彼はシャルル・ズナティという人物を連れて来ました。出版社のラルース社は二人の顧客でした。シャルルと私は、この後も長い道のりを共にすることになりました。私は出版前に五〇〇〇部の義務を負って資金調達し、ラルースが配本に合意しました。

もう本を作るしかありません。その作業をしたのは、フォションの地下です。私は毎日、常に仕事場にいなければなりませんでしたし、本の編集で仕事を停滞させるわけにはいきませんでした。本作りによっておしえられたクリエイティヴな過程は、ヤン・ペナーズとのその前の冒険とはまったく違いましたが、仕事を停滞させるどころか、パティスリーに対する美的アプローチを豊かにしてくれました。偉大なプロフェッショナルたちの助言のおかげで、ケーキをより批判的に、より写真のように正確な目で、見ることを学びました。このことから、ケーキをもっと美しくしたいという願望が生まれました。マリアンヌとジャン＝ルイが、「この写真が撮れない」と言うと、私が撮ったものを送っていました。

この経験から、新しい視点を得ました。それは、パティスリーのアーティスティック・ディレクターとしての視点です。私が毎日、ピエール・エルメ・パリのメゾンの中心で、情熱を持って従事している〝役目〟です。私は注意深く、メゾンのスタイルやビジュアルの詳細すべてについての、数多くのフォトセッションを見守ります。カタログ、マスコミ用資料、ソーシャル・ネットワーク、ブランドを代表するあらゆる形の画像のために、年間を通してフォトセッションを企画しています。楽しみのためだけでなく、それがオート《高級》・パティスリーのメゾンのアイデンティティの一部を成すからです。この分野においては、他のすべてと同じように、何も運任せにはしません。

ケーキの上のサクランボ

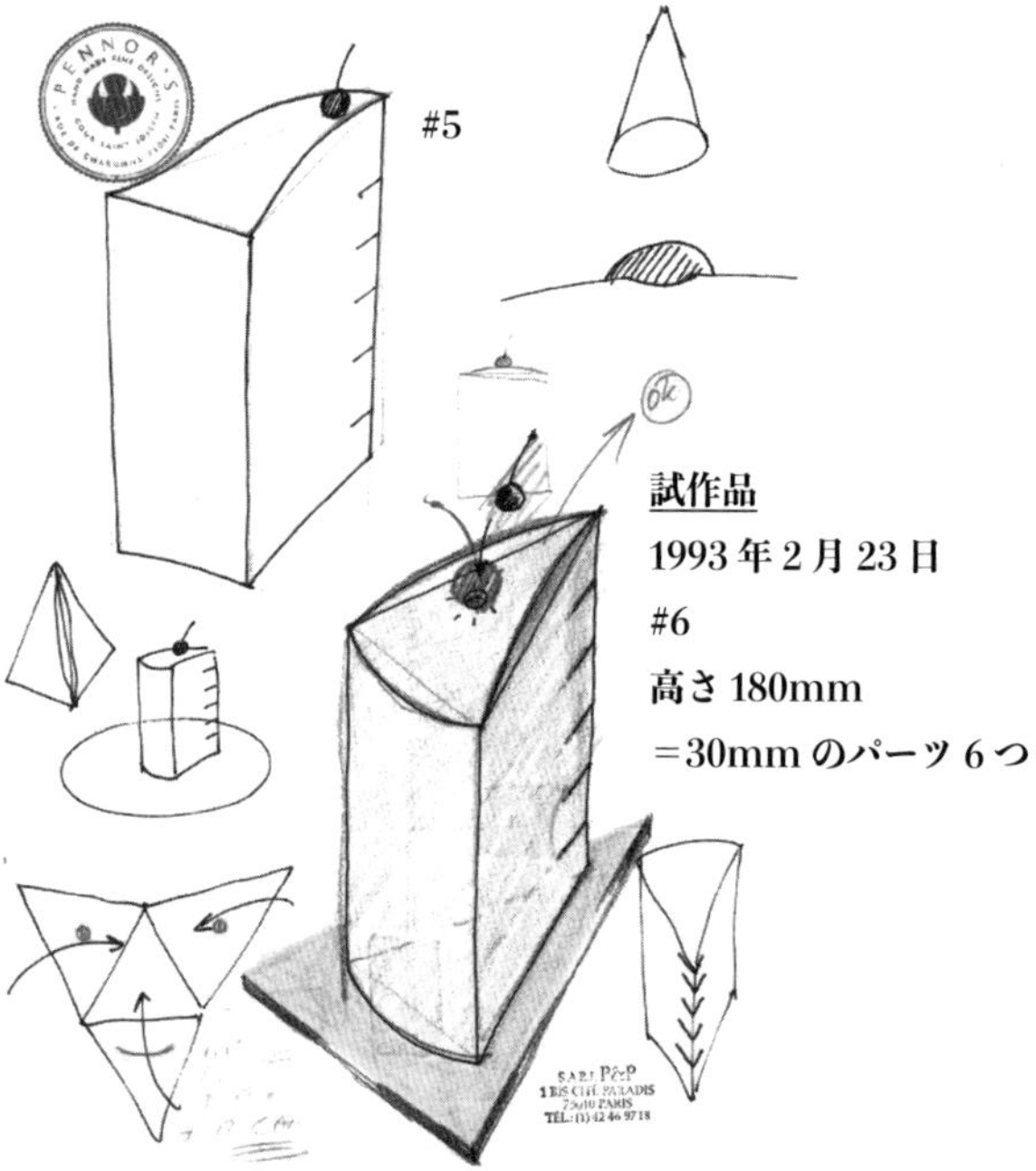

第五章
野　望

クロワッサンとフラストレーション

私の最初の本『美食の秘密』は、かなりの成功を収めて増版を重ね、何か国語にも翻訳されました。ラルースという権威ある出版社を私はとても気に入り、『ラルース・デザート辞典』、『ラルース・チョコレート辞典』などの企画も実現させせました。

一九九〇年代半ばになると、フォションでの日々は当然の成り行きどおりに過ぎて行きました。シャルル・ズナティとは、一緒に会社ソクルパ（パティスリー創作会社）を立ち上げました。そして第三の男が元広告業者のミシェル・フェルトンで、主に私たちの小さな事業の財政面の担当でした。

一九九六年に、ある時期から私がアドバイザーをしていたパンの店「ポール」の経営者フランシス・オルデールが、ラデュレについての話をしました。彼はこのメゾンを買ったばかりでした。この古き美しきメゾンは、もうずっと前からパリ八区のロワイヤル通りにありました。規模は小さいのに、評判は大きいのです。

品質と美的基準が高いのが、ラデュレの特徴です。オルデールはこのブランドを成長させようともくろみ、一緒にやってほしいと頼んできました。

給料制の契約でなかっただけに、この冒険には心引かれました。私の会社ソクルパを通して、サービスの提供を売るという交渉をしました。

私は一九九六年一二月三一日をもってフォションを退職し、一九九七年一月二日からラデュレで働き始めました。このときは知る由もありませんが、ラデュレにいた二〇か月で、四年分もの仕事を実現することになります。

パティスリー店ラデュレは、オルデールがデフォンテーヌ・ファミリーから買収してはいましたが、ファミリーの兄、妹、そのいとこの女性が残っていて、私は彼らと良好な関係を築こうとしていました。フォションでのように、メゾンの歴史を拠り所にして、未来によりよく投影する必要があったからです。残念なことにデフォンテーヌ家の人びとは、そのための見直しに我慢ならないようでした。私はとても注意深く事にあたりました。過去を一掃するのは論外で、ラデュレの遺産はそのままにして新しいものをもたらすのです。道のりは遠く、困難なものでした。実際、企業内で確立されたプロセスは皆無で、口伝えのレシピは当てにならず、ブランドの土台が明確ではありませんでした。ラデュレの名前とロゴの書き方が、一〇通りもあったほどです。

またしても、その根本は守りながら、この一〇〇年以上続く企業を進化させるという、とてもワクワクすると同時に繊細な仕事に専念しなければなりませんでした。すべてが直観的になされている場所で原価を計算し、進化する可能性を検討するためのノウハウの信頼性を高め、整えなければなりませんでした。つまりそれは、何百もの、いや、何千ものデータシートを作って整備したことを意味します。

すでに始動していたフランシス・オルデールの計画に従って、私達はパティスリー＝レストラン＝サロン・ド・テ（ティー・サロン）を、八か月後にシャンゼリゼ大通りにオープンすることになっていました。それは、四〇人のチームを一八〇人の大群に移動させ、精力的に人を雇い入れ、工事を監督し、パティスリーのメニューを変更し、また料理のメニューを新しく作ることを意味していました。他にもやらなければならないことは山積みで、製造方法を見直す必要もありました。このような拡大に対処して製造もすることは、想定外でした。シャンゼリゼの圧倒的な店舗に加えて、パリ九区のプランタンと一六区のフランク・エ・フィスの二つのデパートに、サロン・ド・テも出店予定でした。

私は、選り抜きの腹心三人とパティスリー部門にやって来ました。フィリップ・アンドリュー、リシャール・ルデュ、コレット・ペトルマンの三人です。

少し後に、料理部門を管理するシェフ、パトリス・アルディが合流することになっていました。私が料理を監督するのは初めてでも、未知の領域ではありません。実際、料理には絶えず興味を持ち、レストランに、というよりむしろ料理法に強い関心がありました。日頃から友人のシェフたちと意見交換し、卓越した料理人のフレデリックと生活していたおかげで、素材への飽くなき好奇心を共有していました。その上、ルノートルのケイタリング部門の臨時の仕事をよく引き受けていたので、料理の基礎技術はマスターしていました。つまり私は、やりたいことがわかっていたのです。

クラブ・サンドウィッチやオムレッツなどのラデュレの定番品は残さなければなりません。それに、ブシェ・ア・ラ・レーヌ（パイ生地に魚介類とクリームソースを入れて焼いたもの）、パテ・ドゥ・ペズナス（糸巻きの形をしたミートパイ）、パテ・アン・クルート（パテのパイ包み）などの、パイ生地の仕事を基にした料理を加えたいと思っていました。それからまた、料理とパティスリーの橋渡しをするような、アスパラガスとピスタチオや、キャビアとフランボワーズなどの、意外な材料を組み合わせたものを計画していました。自分が望むものをかなり正確に実現させるために、料理に多過ぎるほどの時間を割き、パティスリー作りと同じ厳しさを料理にも押し付けようとしていました。両方の世界を知る者は皆、口をそろえて、この二つはまったく別の世界なのだと言うことでしょう。このようなことから必然的に緊張関係が生じ、パトリス・アルディをかなりわずらわせてしまいました。幸いにも私たちの意見は、少なくともラデュレに新しい精神を吹き込みたい、という点で一致してはいました。

私は絶えず皆に、すべての観点において進化しなければならないし、やり方を変えなければならない、と繰り返していました。しかし、下部から経営陣までの強い抵抗に遭い、路線変更のために莫大なエネルギーを消費しました。

ラデュレで最初に行ったことのひとつは、クロワッサンのレシピの変更です。パリパリしていなくて、まるでブリオッシュのようでした。何もしないわけにはいきません。このことが、内部革命と、店にクレームの電話をかけてくる客の抗議行動を引き起こしました。

「エルメさん、あるご婦人が今朝から新しいクロワッサンについて、六回目の電話をかけてきています。ご婦人は、まるきりダメだとおっしゃっています。どうしましょうか」と、デフォンテーヌ家の人びとは意地の悪い喜びを感じながら、私に尋ねました。
「そのご婦人に、今後はラデュレのクロワッサンと昔ながらの本物のクロワッサンからお選びいただけます、とお伝えください」と、彼らの口を封じるために答えました。

その結果、二種類のクロワッサンを作り始めましたが、もうそれ以外の例外は認めませんでした。ラデュレのケーキが美味しいとしても、聖域なき改革をする必要があったからです。実のところそれは、メゾン全体の改革です。パティスリーのメニューについては、一変させました。流行遅れと思われる一連のケーキを廃止して他のものに変え、その前の数年間の研究と創作から、多くの新商品を打ち出しました。「ケーキの上のサクランボ」の子にあたる「プレジール・シュクレ」、プラリネのミルフィーユ、イチゴの「モンテベッロ」とピスタチオの「モンテベッロ」、チョコレートの「チュアオ」とカシスの「チュアオ」などです。これらのケーキの中には、今もラデュレで売られているものもあります。この時期に、マカロンについての研究中に私が作った「イスパハン」もそうです。

マカロンと刷新

たった一口分の、この小さくて繊細な菓子については、見習いの頃から知っていました。ルノートルのシェフ・パティシエたちが、作り方をおしえてくれましたが、それは恐ろしく複雑でした。フォションでは、旧套を脱するために、新しい味のマカロンを苦心して作り上げました。バラ、ピスタチオ、レモン、キャラメルなどです。それから、グリーンレモンとバジリコ、チョコレートとキャラメルなどの、味を組み合わせたマカロンを作ったら、うれしいことに《マリ・クレール》誌に「パリでいちばんのマカロン」という記事が載りました。もちろんそれは主観的なひとつの意見に過ぎません。この頃には、「カレット」や「プルチエ」などの多くの優れたパティスリー店が、しのぎを削っていました。とはいえ私は、一九九三年に「ラ・メゾン・デュ・マカロン」を作るというアイデアを温めていて、商標登録も済ませていました。この計画は結局、日の目を見ることはありませんでした。

ラデュレで働き始めれば、マカロンの歴史に新しい一ページを書き込む役目になることはわかっていました。このメゾンはマカロンを自慢の逸品として陳列していましたから、情熱をもってこの仕事にあたりました。シャンゼリゼの売場面積が巨大であることが予想されたので、ロワイヤル通りの工房でマカロン製作に打ち込むことに決め、それでマカロンに集中することができました。まずはデータシートを精密に作り直し、次にコンベクション・オーブンと、コック生地を絞り出す機械を備え付けて、製造過程を合理化しました。このようにして製造時間を短縮することで、新しい味の研究ができるようになりました。ブラック・チョコレート、栗、ココナッツ、そしてもちろんバラの味の研究です。

イスパハン——新しい定番の誕生

一九九七年。私は粘り強い人間ですから、あのバラの味がずっと私をうずうずさせていました。「パラディ」はもはや、思いついたときのままであってほしくはありませんでした。ババロア・クリームが基礎のこのケーキのスタイルは、時代に合っているとは思っていました。バラとフランボワーズを混ぜ合わせた味わいがずっと好きではあったものの、テクスチャーについて言えば、もう少し硬い何かを求めていました。このとき私はマカロンについて究めていましたから、こう自問しました。「マカロンが主役を演じるケーキがあってもいいんじゃないか？」この〝ハイブリッド〟な創作はタイミングよく、マカロン専門店と同じようにパティスリー店としても、ラデュレの名を再興してくれたのです。

アルザスで、ゲヴュルツトラミネールのテイスティングをしたときに、感覚からの発見がありました。この力強いアロマのワインを味わいながら、そこにライチのノートを見つけ出し、バラの香りを想起したのです。このとき解決策が降りて来ました。ライチが「パラディ」の鍵になるかもしれない、と思いました。

パリに戻って試作を始めました。まずは、高品質のライチを探さなければなりません。生ものは、硬さ、熟れ具合、味がまちまちです。冷凍のものは、水っぽく、こちらも味がまちまちで、残すところは缶詰ですが、すぐに解決というわけにはいきませんでした。理想的な品質と熟れ具合で、美味しいと思えるライチを見つけるまで、何十もの缶詰の味見をしました。また、クリームも検討しました。この時期はムースが優勢で、バタークリームを認めさせるのはなま易しいことではありませんでした。そこで策を弄して、軽い印象を与えるように脂っぽい感じをなくしたバタークリームを、めいっぱい使いました。そしてついに、バラ、フランボワーズ、ライチの三つの味わいの適切な分量が決まりました。

最初の試作品の味見をした日、この異国の果物が、味わいに美しい豊かさをもたらし、マカロンの生地が一体となって、最適な構造になっていました。うまくいった、と思いました。結局のところ美味しいなら、それに勝るものはありません。

「イスパハン」が誕生しました。この異国からの味わいと名前を持つマカロン・ケーキの誕生は、ある部分はアルザス人のおかげなのだと思い返すと、うれしくなります。

新しい製造方法で、マカロンのショーケースをいっぱいにすることができたので、この流行の商品について、ラデュレの広報活動を強化することに決めました。マカロンはパリから東京までマスコミから歓迎され、この道を続けることに自信が持てました。日を追うごとに、レシピと技術を洗練させていき、新しい味も出し続けました。マカロンは、私の創造力をかつてないほどに急激に飛躍させる素晴らしい表現の場になっていました。メディアでは、この時から私は〝ムッシュー・マカロン〟でした。

問題は、このことがラデュレでの仕事と、だんだん両立しなくなっていたことでした。このメゾンのために働くとなると、フォションの場合も同じでしたが、メゾンのアイデンティティを変えることなく、その歴史を生かし続ける必要がありました。ところが私の仕事とその方法は、だんだん私個人の基準を反映するようになり、その基準はとどまることなく発展していきました。それを発揮する機会が訪れ、私は逃さないようにしようとしました。もっともそれは、パリから遠く離れたところの話で、給与の支払いを受けるわけでもなかったのです。

その数か月前に、私は東京のホテルニューオータニで、パティスリーの発表会をしていて、私のケーキは熱烈な歓迎を受けました。以来ニューオータニと連絡を取り合うようになり、ホテルの中に小さな店舗を開く申し出を受け、一九九八年八月にオープンしました。これが私の名前のついた初めてのブティックです。

この店はパリから一万キロも離れた場所にあるというのに、ラデュレはそれを許さず、私達の商業的な契約は、突然解消されました。

このことは、私がだんだん強く感じるようになっていた願望と欲求を後押ししたに過ぎませんでした。それは、ゼロからスタートして、自分にふさわしいメゾンを作ることです。私は三五歳で、機は熟していました。

第二部

開　花

2015年

PIERRE HERMÉ

クリスマス・ケーキ「ペルペチュア」

12 RUE FORTUNY　PARIS 17e

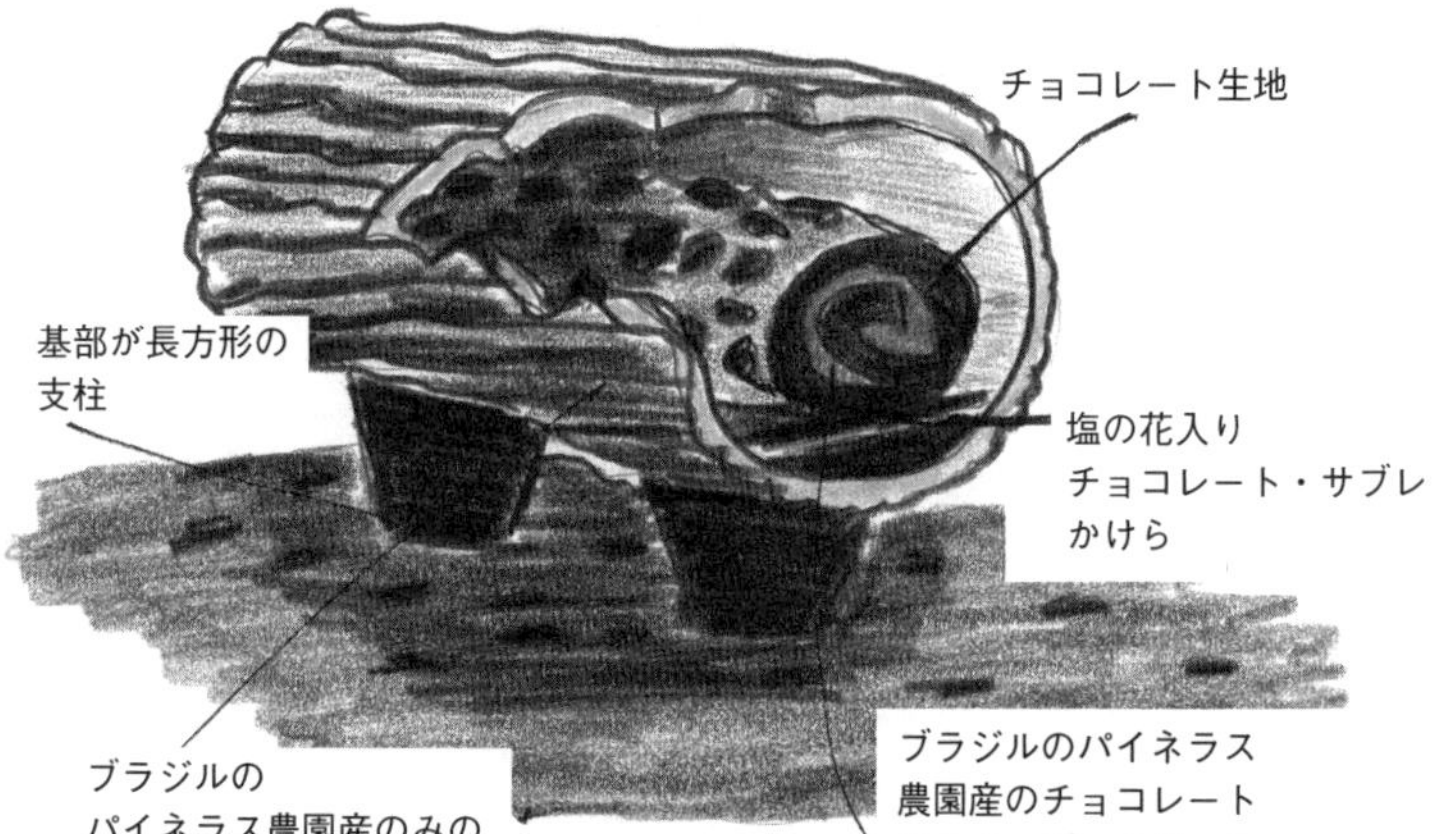

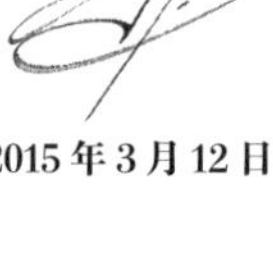

2015年3月12日

第六章
創　造（物）

ルリジューズと違い

一九九四年にジェフリー・スタインガーテンというジャーナリストが、アメリカ版《ヴォーグ》誌の記事で、私のことを「パティスリー界のピカソ」と記述しました。初めはふさわしくないと思いましたが、激励と受け取ることにしました。このお世辞とも取れるたとえで喜ぶよりは、スタインガーテンが何を言いたかったのかを理解しようと思い、電話しました。

彼はこの言葉で、私が独創的な仕事と多様なスタイルを実現したことを物語ろうとした、と説明してくれました。その意味でこの比喩はうまくいった、とも言っていました。そこでこの表現を、メゾンのマスコミ向けの資料に使うことにしました。結局のところ、これ以上の宣伝文句を思いつかなかったのです。

以来、あなたは自分をアーティストと定義しているのか、と度々訊かれるようになりました。もっともなことです。それに対してはこう答えています。私は何よりもまず一人の職人です。私の仕事は、毎日手を動かして、技術と知識とノウハウに基づいてケーキを作ることなのですから。

しかし私のパティスリーの発想に、アートの次元があることの否定はしません。私はかつてない味と、かつてない味わいの組み合わせを求めています。常にケーキのデッサンから始め、ケーキの構造については、何時間も、何日も、ときに何か月もかけて、入念に計画します。私の望みは、ケーキの味がその美しさによって際立ち、また逆に、ケーキの美しさがその味によって際立つことです。季節のコレクションを発表し、ブティックという宝石箱に入れて演出するなどしています。ですから、そうです。**クリエーション**は私の仕事を定義しているのです。

ラルース辞典に載っているこの基本的な言葉の意味の中に、私に大いに関係するものがあります。

「まだ存在していない何かを確立したり、創設したりすること」

私が受けた研修で優秀なパティシエになって、毎日最高のルリジューズ（小さなシュークリームが二段重ねになったケーキ）を作ることはできたでしょう。それは賞賛に値しますが、私の頭にはありません。ルリジューズは一八五六年から存在していて、私を必要としていなかったのです。それよりもおそらく私は、パティシエの仕事に他のことをもたらすことができたのではないでしょうか。仕事が自分の望みを反映する、別の場所へと行きたかったのです。スティーヴ・ジョブズにとって大切なモットー〝Think Different〟が、心の中にネオンサインのようにいつも点滅しています。この頃を振り返ってみると、絶えず他とは違うことを育んでいたことに気づきます。これが私のブランドの特徴です。新しいケーキをシェフたちと味見するとき、十分な特徴がなかったり、既存の何かしらに似ていたりすると、顔を見合わせてこう言います。「私達のケーキっぽくない！」そして違うことを始めます。

自らのスタイルを突きとめて日々作り上げていくのが、すべてのクリエイターの特性です。この分野で、私は道を拓きました。自分の道を。

今は、セドリック・グロレ、アモリ・ギション、マクシム・フレデリックや、その他多くの才能ある若きパティシエたちが、新しい道を拓く番です。セドリックはトロンプルイユの手法で信じられないようなフルーツを作り上げます。アモリは桁外れのチョコレートの彫刻を、マクシムはかつてないテクスチャーのケーキを作っています。彼らのスタイルはとても明確なので、一目見ただけで、彼らのパティスリーと見分けられるほどです。これらは、いまだに多くのことが発明可能であり、創造力には限界がないことの証拠です。

疑念とパイナップル

それとは別に、自分自身の限界を突き詰めて、それを突破するのを学ばなければならないようなときもあります。自分を信頼し、自分に耳を傾け、疑念に対処できるようになるまで、時間がかかりました。疑念を持つことは大切です。自分の尻をたたいて、発奮させてくれます。しかし疑念から、萎縮することもあります。暗礁に乗り上げることなく前進するために私は、思索、教養、時間の力を借ります。問題となる点をすべて洗い出し、その素材の起源までさかのぼり、製造工程をなぞり、いい結果が出るまで、何度でもトライします。

私のモットーは〝ネヴァー・ギヴ・アップ〟です。何か困難なことに遭遇すると、ただ粘り強く対処します。そうするのが、いちばん興味深い取り組みのように思われるからです。ひとついいアイデアを思いついても、それが改善可能だとわかると、良くなって戻ってくるように、何か月か、あるいは何年か寝かせておけば、ようやく満足のいくものになったりもします。もちろん、解決方法が見つからないときもあります。

「パラディ」というケーキが「イスパハン」になったことはすでに述べましたが、パッションフルーツとブラック・チョコレートのケーキとマカロンの「トリニタリオ」の例もお話ししましょう。この味の組み合わせに可能性があると予感はしていても、このマカロンを食べるたびに、金属のような味を感じてしまうことが気になっていました。それについて夜を日に継いで考え続け、いいアイデアが浮かびました。均衡を取らなければならなかったのです。ブラック・チョコレートの力がパッションフルーツの激しさとぶつかっているので、事態を鎮静化させるために、この雷鳴のようなののしり合いに、ミルク・チョコレートの優しさを導き入れました。これが大当たりで、美味しくなりました。「トリニタリオ」は死に、「モガドール」の誕生です。この味わいの組み合わせは、その数年後にこの味のパウンドケーキを作ろうとしたときに、また私をてこずらせました。

二〇〇五年の最初の試作品は、マカロンの繊細さを反映してはいませんでした。何かしらを弱めなければならないと自問し、しばらく寝かせておくことにしました。とはいえ完全に寝かせておくということにはなりませんでした。定期的にそのことについて考え続け、とうとう解決策を見つけたのです……七年後に。パッションフルーツを濃縮還元してから生地の香り付けをし、ケーキを湿らせました。ケーキには、ミルク・チョコレートと塩の花の粒々を加えて、ミルク・チョコレートとパッションフルーツのガナッシュで包みました。物語は続きます。このパッションフルーツとミルク・チョコレートをベースにしたケーキ「モガドール」に、数年前には、ローストしたパイナップルを加えました。これがうまくいったので、同じ味のマカロンにもパイナップルを加えて、ある意味限定品となったマカロン「モガドール2.0」が完成しました。味の冒険は決して終わりません。そしていつも驚きを約束してくれます。その証拠に、この調和で見つけたミルク・チョコレートの良い特徴が「モガドール」をホット・チョコレートにしたら美味しくはならず、結局はブラック・チョコレートで作りました。

これらすべては、創造には見直しがつきものだということを物語っています。私はいつも計画的に見直しをします。生来そのような能力を持っていて見直しているのではなく、必要なことだから見直しているのです。かなりキッチュなデザインのケーキ「バヤデール」を変えることがあるでしょうか。もちろんそんなことはしません。では、シソとワイルドストロベリーのマカロン「バヤデール」を、このレシピのために特別に作ったワイルドストロベリーの砂糖漬けの代わりに生のイチゴを使って、クリスマスに提供できるでしょうか？　それはできます。この技術は、私を他のパティスリーへと前進させてくれるものだからです。

前進するほど私は、物事をより見直します。この自分の仕事への自己の批評眼によって、他とは違うようにできて、選別できて、決断できるのです。これが真のエンジンです。

対話とエスプーマ

人生において、より正確に言えば、私の絶えざる創造の歩みにおいて、人との出会いは不可欠です。出会いから力強いやり取りが生まれるとき、それが栄養源となり、新しい視野を開いてくれます。一九九〇年代の終わりに、シェフのフェラン・アドリアと、とても豊かな友情で結ばれる機会に恵まれました。この生粋のカタルーニャ人は、料理に興味を持ち、イビザ島のレストランで皿洗いとして働いた後に、料理法の伝統的な訓練を受けました。そして一九八七年に、スペインのジローナ県ロザスのレストラン「エルブリ」のエグゼクティブ・シェフになりました。この施設は一九六〇年代からありましたが、「エルブリ」と名付けられたのは、この建物の最初の所有者たちが、入口に彼らが飼っていたブルドッグたち（カタロニア語でブルドッグを「ブリ」と言う）を賛美した像を建てていたからです。しかしフェランがここに来てから、すべてが変わることになります。彼の弟アルベルトと相棒ジュリ・ソレールの協力を得て、エルブリに革命的な料理をもたらし、二〇〇二年から二〇〇九年の間に五回、〈世界のベスト・レストラン五〇〉で世界一に選ばれています。受賞辞退の宣言をする前の一〇年間で一位以外の年は、二位か三位でした。そして二〇一一年に店を閉めました。

私が初めて「エルブリ」で食事をしたのは一九九七年で、不思議なテクスチャーの驚くべき味のものが、ほんの一口分ずつ次々と出てきたのには、面食らいました。何十もの料理からいくつかを挙げると、マツモのスープと卵の黄身、パッションフルーツの〝パルマの《パルメザン》〟宝石、ゴルゴンゾーラの球体、カボチャ油のキャラメルなどです。白状すると、「いつ食事が始まるんだ？」と思いました。ここのコース・メニューは、〝本当の食事〟と言うよりも味見の領域でした。しかしすぐに私は気づきました。フェランの天分は、まさにこのアイデアにあり、私たちを食事の概念から連れ去り、未知の体験をさせてくれていたのです。

彼は〝分子〟料理の巨匠と言われることもあり、常により高度な実験に打ち込もうとしていました。ですから先程の私の感想は、自分の感覚による、そもそも彼にとってはいわれのない批判でした。実際、食べに行けば行くほど（少なくとも年に一度は行っていました）、フェランの仕事に惹かれていきました。彼の仕事が、驚異的かつ印象的なほどに進化し続けているのがわかりました。

インスピレーションのパラドックスを説明するために、彼はそれを訊きたがる人に、シェフのジャック・マクシマンの言葉でフェランのモットー「創造はコピーではない」を繰り返していました。私たちはこのテーマについて終わりなき議論を戦わせました。壁を越え、確立されたコードの外で創作する彼の自由さに、私は魅了されました。そして彼は、料理を味わう私の能力に興味を持ちました。二〇〇六年のル・アーヴルでのフェスティバル・オムニヴォール《雑食》の講演会で彼は、私が「世界一の口《こう》蓋《がい》」を持っていると主張したほどです。彼にとってそれは重要なことを意味していました。シェフは料理ができる以上に味の鑑定ができなければならない、といつも彼が言っていると聞いていたからです。この能力は、何よりもまず、飽くなき好奇心の結果です。好奇心によって、味の素養を絶えず成長させてきたのです。このことが、妻ヴァレリーを苛立たせることもあります。「何だって！　気持ち悪いけど、味見ぐらいしたっていいじゃないか」と、私はヴァレリーにアイスランド旅行のときに言いました。フレッシュチーズのようなものの中でマリネされたアザラシの肉片を、私が食べようとしているときでした。つまり私は、もちろんわかりきったことですが、躊躇なくその奇妙なものを食べたということです。正直言ってひどいものでしたが、食べなければ、私の食べたものリストから除外されてしまいます。クジラの肉も試しましたが、いつまでも消えない思い出になるほどではなかったので、もう一度その体験をしたいとはまったく思いません。

確かなのは、私が何かを味わうときは、とても注意深く味わってから、感じたことを的確な言葉にするようにしている、ということです。

フェラン・アドリアの料理の場合も同じです。このことが私たちを、かつてない食の会話へと引き込みました。夜の果てまでも、関心事について、エスプーマのテクスチャーについて、話し合うことができました。エスプーマはサイフォンで作ったムースで、フェランがその先駆者であり、あらゆるタイプの食品に適用していました。彼は「食べ物の味を再発明したい」と言っていました。「エスプーマは、そのための〝マイック〟（マジック）なんだ」と、素敵な訛りで続けました。

それからスプーンかグラスを差し出して、ヨーグルト、キャラメル、フォワグラなどのエスプーマを味わわせてくれるのです。それは実際〝マイック〟であることを裏付けていました。

彼はいつも私を厨房に呼んで、創作したもののブラインド・テストを好んでしていました。出されたものの正体を当てようとしても、うまくいくとは限りません。たとえばある料理はブリオッシュの味を思い起こさせるのに、ブリオッシュとの共通点は何も無かったりします。それが正確に何だったかというよりもむしろ、彼の料理が私の中に生み出した感動を思い出します。発見、視座、新しい可能性にかけては、フェランの右に出る者は一人としていません。美食の世界は、アドリア以前とアドリア以後に分けられるほどで、今も数えきれないほどのレストランで、彼の影響は続いています。今ではエスプーマを作るのは誰の目にも普通のことですが、「エルブリ」以前は存在していなかったのです。

フェランはおそらく、私の記憶に最も焼きついたシェフです。新しい探検の場を開いてくれたからです。当時の彼の働き方は羨ましいもので、とても感心していました。レストランを一年のうち半分閉めて、バルセロナの工房で創造に没頭していたのです。レシピはどれも、味、情動、感覚、料理技術について深く思索されたものです。フェランはあらゆる先入観から解放されて、すべてを再発明していました。彼のおかげで私は、飲み物の領域もまた創造の場なのだと理解しました。料理とスイーツに優劣をつけることなく、その間に橋をかける手助けをしてくれました。料理の分野で名高い材料をスイーツに使い、そのまた逆も、鮮やかなお手並みでやってのけていました。常に私はこのことを高く評価していました。もっとも私はすでにスパイスの仕事でそれを着手していましたが、フェランの実例は、この分野でもっとやれるのだとおしえてくれました。もちろんコピーはせずに、フェランが私の中に湧き上がらせてくれた感動を出発点にして、創造するのです。実際に私たちの仕事においては、「創造はコピーではない」のですから、他の人の仕事で見た小さな要素から着想を得て、違うように使ったりもします。このことは、ジュール・ルナールの言葉を思い出させます。「あるアイデアがオリジナルだと思えるのは、そのアイデアを誰から借りてきたのか、もはや誰もわからなくなったときからである」創造はある種の連鎖の結果です。

このように、かなり前にレストラン「ルカ・カルトン」で、アラン・サンドランスによる、見事なバニラ風味のオマール海老を味わって以来、たとえばカルパッチョなどの魚料理に使われるバニラを特に高く評価しています。また、エリック・サペによるバニラ風味のトマト・サラダ（三〇七ページのレシピを参照）も大好きです。キュキュロンにある彼のレストラン「ラ・プチット・メゾン」で味わいました。私はこの料理を、コルシカ島で過ごす夏のヴァカンスの間によく作ります。一か月前にオリーブオイルにバニラを入れて香り付けするのを忘れないようにすれば、他に何もしなくても、素晴らしい出来になります。このレシピには、バニラのノートのプーリア州産オリーブオイルを使います。友人であるオリヴィエ・ボーサンのおかげで見つけました。このオリーブオイルから、バニラとオリーブオイルのマカロンを思いつき、またこのマカロンから、ブラック・オリーブとオリーブオイルのサブレを着想しました。さらにこのサブレから、オリーブオイルとドライ・ブラックオリーブの入ったジャンドゥーヤ（ナッツ・ペーストとチョコレートを混ぜたもの）のボンボン・ショコラを作る気になりました。私の仕事の世界では、すべてが意味を持ち、それこそがとても大切な考え方なのです。

センスとサクラ

フランスの言語は冗談好きです。〝センス〟という言葉は、〝意味〟と、いくつか（五つ）の〝感覚〟を意味し、私の仕事の源になっています。

妻はよくこのことを、冗談半分、疑い半分で指摘します。「本当に全部に〝センス〟を込める必要があるの？」洞察力のあるヴァレリーは私をからかいます。私がやっつけで仕事をしたりしないと、よく知っているのです。私には、常に新しい次元をつけ加える必要があります。

〝センス〟は、フォションでパティスリーの糸口をつかんだときに、私の中で開花した概念です。

〝センス〟は、人生の醍醐味です。

〝センス〟がないものすべては、私の埒外で、それは本能的なものです。マーケティング会議で私は文字通り〝ブチ切れる〟ことがありますが、それは場所を埋めるためだけにそこにいる人を見つけたときです。マーケティングを避けて通ることはできませんが、力強いアイデアに支えられ、ブランドを創造性と差異性に加えて卓越性と独創性へと導かなければ、存在理由はありません。

そうするために、私がかつてないほど興味を持っているのは、〝センス〟と文化の可能性のあるものを提供し、個人の成長と各々の創造の能力に貢献することです。

二〇二一年に「ジャポニスム」のコレクションを発表したのは、東京オリンピックの話題性に結びつけたからではありません。その過程は、日本への愛に、この国が私に与え、そしておしえてくれたすべてのことに、由来しています。このときのためだけに店舗に三つの抹茶ケーキを送ったなどということではなく、三〇年にわたるピエール・エルメ・ジャポンのメゾンの系譜をさかのぼる豊かな仕事を、私のチームと実現したのです。それはブランドの本質的なアイデンティティに関わっています。

また、このコレクションの構想から発表まで、協力してくれた人たちとはすべてを共有しました。このシリーズのコード・ネームは、準備中は「パリ＝東京」でしたが、会議と試食を重ねるうちに、広義でのアートがやり取りの中であまりに出てきたので、一九世紀末の絵画の潮流であった「ジャポニスム」と名づけることにしました。

日本では、すべてが美的で、調和していて、繊細で、洗練されています。それは、ほんの小さな包装から、禅庭はもちろんのこと、最も名高い作品に至るまで、行き渡っています。日本が持つ美への愛着に敬意を表するために、日本のさまざまなことについてよく考えます。昔と現代の着物、満開の桜の下でのヴァレリーとの散歩、草間彌生《くさまやよい》の有名な水玉のカボチャに感服する機会に恵まれた直島の旅行などについてです。驚嘆、香り、興奮が表面に立ち上ってきて、味とデザインのアイデアが湧くのです。タルト（柚子、抹茶、ワイルドストロベリーとシソ）とケーキ「日本庭園」のために、桜や梅の花を図案化して、ホワイト・チョコレートで作りました。「デペイゼ」という名のチーズケーキは、抹茶に、グリーンレモンの皮と米酢と生のおろし生姜で味付けした小豆を組み合わせました。私はこれに糖衣の点々で同心円的に飾ることを想定しました。最初の試作品を見た研究開発チームのシェフ・パティシエールのマノン・ドゥルエが叫びました。「不思議だけど、草間彌生の作品を思い出したわ！」

あまりに当を得ていたので、すぐに家に帰って、直島から持ち帰った日本の偉大な芸術家によるカボチャのレプリカの写真を撮りました。この写真を即座にケーキの焼き型の業者に送って、そこから着想して試作してもらうためです。その結果は、美しく美味しく仕上がったばかりでなく、このコレクションを介して私達が繰り広げたかった物語と関連づけることもできました。

このような例は何十もあり、人びとが考えるのとは違って、創造が何もないところからは出てこないことを証明しています。逆に創造とは、育てるものです。いつも必ず、新しいケーキに自分を投影するように導いてくれる何かがあるのです。アイデアは至るところから突然現れ、創造欲は私から決して離れません。日々の生活で、家で、オフィスで、工房で、市場で、旅行で、さまざまなところで、私と共にあります。仕事をしているとき、展覧会に行っているとき、エッセイや小説を読んでいるとき、映画を観ているときなど、毎秒毎秒、創造欲は豊かになっています。私は〝役に立たない〟と言われることをするのが好きです。私達を根本的に豊かにしてくれて、いつかはキラリと光るものになります。これが創造性を培《つちか》う方法です。長い間、直観をたよりにしていましたが、今では理解した上で育てています。目にしたすべてのものが、注入されるのです。思い出は、それが味覚のものであれ、視覚、嗅覚、触覚、聴覚のものであれ、そこにすべてを蓄えています。マラケシュにあるクトゥビアの塔のそばの通りにあるモザイクに感心して、私は写真を撮ります。美が感動させるからです。六か月後にそこから、ラ・マムーニア・ホテルでの専売品のタブレット・ショコラのデザインを、生み出すことになるとは予想だにしていません。

最近私は、マニラ空港の壁の窪んだ模様を注意深く観察しました。とても空気感のあるこの網目模様は、おそらくある朝、チュイール（丸瓦の形のアーモンド・クッキー）かクッキーの形になってよみがえるのだろうなと思いました。蒸し暑いブラジルの農園でカカオ豆をかじるとき、この瞬間に生まれた感覚を心に留めます。時が来れば、新しいケーキへと導いてくれるでしょう。コルシカ島の香り立つ密林を歩くとき、キャラウェイタイムのレモンの香りを連れて帰ります。じきに、マカロンになることでしょう。

このように意味と感覚は、仕事にとりかかる方法と密接に結びついています。おぼろげな記憶、ほんの些細な逸話、歴史などから生まれた私のケーキは、第一に味覚、次に当然のことながら嗅覚、美を捕らえる視覚、手に取ったときの触覚、そして最後に、より驚くべきことには、聴覚、これらすべてを呼び覚ますものです。実際にテクスチャーは、口の中で内的な音を起こすのと同時に、サブレ、ムース、焼き菓子を噛めば、テクスチャーによって違う音を生み出します。無限に感覚的です。

何年か前に、少年時代の思い出から、ケーキ「ヴィーナス」が生まれました。出発点は、オート＝プロヴァンス地方の市場で買った見事なマルメロでした。この地方の生産者の屋台でマルメロを選んでいたとき、甘美な香りが私の鼻をくすぐりました。マルメロは程よく熟していて、その香りは、中学校の年月を過ごしたアルザスのマリスト修道会の寮に、一瞬で私を連れて行きました。施設の中庭沿いの庭園に、マルメロの花が咲いていました。秋たけなわに実になって、爽やかで甘いいい匂いがしてきて、文字通り私を酔わせるのでした。もっともマルメロを家でコンポート皿に置いておくと、数日後には確実に、部屋がアロマキャンドルほどいい香りに包まれます。

この果物のもうひとつの魔法は忘れがちです。生のものは想像どおりですが、調理するとこれは格別で、バラのアロマを放出します。このときから、バラとマルメロの組み合わせは、私にとって自明のこととなり、デザイン画を描き始め、この礎石に基づいて、建築家が家を建てるようにケーキを組み立てました。マルメロの果肉のきめの粗さを和らげるために、このダンスの三番目に登場させたのはリンゴです。リンゴは、マルメロ、バター、バラのシロップと一緒に一〇時間ゆっくり煮込んで、味と甘さを運ぶコンフィにして、ケーキの基礎を成すサブレを覆います。その上に、バラの風味のマスカルポーネ・クリームを載せれば、全体が軽くなります。仕上げに、薄切りのリンゴそのものを巻いた〝リボンたち〟でケーキを飾ります。少しの酸味とカリカリした感じは、抽象画の花の蕾を想起させせます。難点は、リンゴの果肉が空気に触れるとたちまち酸化してしまうことです。私はすぐに、その何年も前にアラン・デュカスの元で働いていた日本人パティシエに味見させてもらった、驚異のリンゴを思い出しました。千雪《ちゆき》という品種は黒くならないのです。いくつかの試作と試食の後、「ヴィーナス」という名前が頭に浮かびました。このお話をしたのは、私のケーキの作り方を具体的に説明するためです。

味の建築

私自身が創作したものを発売してからは、ずっとこんなふうにして働いてきました。最初のうちは、直観的でした。二〇〇二年か二〇〇三年頃になってようやく、経験に基づいて体系的な過程を実現するようになりました。そこでそれに言葉を乗せて、〝味の建築〟という表現を自分に課しました。建築のたとえは、おのずと出てきました。その理由はまず、もしパティシエにならなかったら、建築の分野に魅力を感じていたからですが、それよりも建築と多くの共通点があるからです。建築家が設計図を描くように、私はすべてのケーキのスケッチをします。ケーキの〝基礎〟を成す味や構造、そして、(サブレ、パイなどの)生地や、(バター、マスカルポーネなどの)クリームの〝材料〟を開発し、それらのスタイルやデザインを決めます。

味の建築は、作曲にもたとえることができます。作曲家は音符のまとまりを楽譜に書きますが、私は味を編曲します。またあるいは、映画監督にもたとえられます。ひとつのアイデアや、ひとつのやりたいことから出発して、自問します。ヘーゼルナッツとレモンの組み合わせはよしとして、どのようにしたら踊ってくれるのだろう、と。さまざまなシナリオが可能ですから、ケーキのストーリーを描かなければなりません。そして、デザートの要素(味わい、テクスチャー、温度など)の間の釣り合いと相互作用を監督します。この〝登場人物〟(この場合はレモンかヘーゼルナッツ)は、出演させるべきだろうか。だとしたらどのタイミングで、あるいは出演させても無駄だろうか。どの味を最初のシーンで、二番目のシーンで、現れさせようか。テクスチャーのシナリオはどのように展開させようか。どのようにして味わいを明らかにしようか。オーソドックスにミルク・チョコレートとヘーゼルナッツを混ぜたらどうだろう。フランボワーズとピーマンとレッジアーノ・パルメザン・クリームを組み合わせたタルト「タンゴ」のように驚かせてみようか。アボカドのコンポートからバナナを通過させ、ブラック・チョコレートの味と角切りグレープフルーツの砂糖漬けの間で味蕾を迷わせるケーキ「インカ」のように、さまざまな展開を繰り広げるのはどうだろう。

情熱的で、止むことのない喜びあふれる仕事ですが、何年かの経験を要します……と、優しく遠回しな言い方をしてしまいました。当然ですが、味の建築の訓練に従事するためには、パティシエのすべての基本レシピの習得が不可欠です。頭の中のアイデアを集めて、その結果の予測をするだけでもです。どの生地のテクスチャーが、希望どおりの濃密さをもたらすのか。どのクリームが、探し求めた衝撃を生み出すことができるのか。どのジュレが、酸味か苦味が程よくきいたケーキを引き立たせるのか。口蓋をよく訓練し、当然ですが、原材料について可能な限り知識を持つことも重要です。私が考案するオート・パティスリーでは、〝ザ・イチゴ〟、〝ザ・バラ〟、〝ザ・コーヒー〟のようなものについて、もはや話題にすることはありません。何十、いや、何百もの味のイチゴやバラやコーヒーが存在するからです。各々の生産物には、その起源、産地、植物の種類、栽培方法、内在的に感覚を刺激する性質、季節性、などに由来する多くの側面があり、枚挙にいとまがありません。それこそがこの四五年間、生産物についての教養を深めることなく一日たりとも過ごしはしなかった理由です。味の建築は、人生をかけた仕事なのです。

驚きとバターの黄金

〝味の建築〟の仕事は、フォションで礎石を据えました。この工事現場での仕事はラデュレで続行し、もどかしくてイライラしながらも二〇〇パーセントの力で打ち込み、ついに私のメゾンを作りました。

一九九〇年代の終わりになってもまだ、フランスのパティスリー界は、美食と同じように不変の規範に頼っていました。私には重要なオーソドックスな品々に対する敬意があっても、そこから解き放たれたいと思っていました。専門外の花やスパイスの分野に入り込むことで新たな地平が開け、真新しい自由に創造力が刺激されました。自分の最初のパティスリー店が世界の向こう端で日の目を見たのも、偶然ではないかもしれません。

当時の共同経営者のシャルル・ズナティと共に、パリでの店舗の計画の融資を認めてもらえるようにずっと努力していましたが、何度も何度も断られ続けました。銀行員たちは、街角のケーキ屋さんの典型から頭を切り換えることができず、私達の高級なマカロンのコンセプトを何も理解しませんでした。そこに日本で店を開くという機会がタイミングよく訪れ、またそれは、〝別のやり方で〟やりたい、枠からはみ出したい、違った考え方をしたい、という私の願望に完全に一致していました。

数か月で、東京のブティックのための手はずがすべて整いました。物事の明確な形が簡単に浮かびました。それはおそらく私にとってちょうどいい時期だというサインでした。アイデアをリストにし、レシピを準備し、新しい味の組み合わせを増やしました。とにかく驚いたのは、日本のパティスリーの専門家と日本にすでに住んでいたフランス人パティシエたちから、こう突きつけられたときでした。

「日本人が好むものを作らなければならないよ。そうしないと決してうまくいかないから。たとえばイチゴのショートケーキとか、ロールケーキとかね。ケーキは全部フランスより甘さ控え目で、大きさは小さめだよ」

それを聞いたときの私の頭の中を想像してみてください。私は二重に打ちのめされました。ひとつは、私の思考方法に「～しなければならない」は存在しないからです。これは創作に矛盾します。もうひとつは、もしも言われたとおりに日本人がそのようなケーキが好きなのだとしたら、日本人はもうそのケーキを知っていることになるからです。だったらいまさらイチゴのショートケーキやロールケーキを提供することに、何の価値があるというのでしょうか。客の感覚を満足させることには賛成ですが、客が好きか嫌いかをあらかじめ想定することには反対です。私は市場調査さえしようとはしませんでした。創作の段階では、マーケティングという観点からの問いかけは一切自分にしません。ベンチマークは興味深いものではありますが、悪い意見でいっぱいの投書箱でもあります。私の考えでは、他が何をしているのか見るのはもちろん有益ですが、それは他に抜きん出るためです。そして自分自身の足跡に踏みとどまって、そこから歩みを進めるためです。そのために絶えず自問します。「私は、他とは違う何をもたらすことができるのだろうか？」自らのため、そしてターゲットとなる客層のために、プロジェクトを立ち上げる度にこの問いを発するべきだと思うのです。

　今回の場合は、ホテルニューオータニの中にある一四平方メートルの店舗のプロジェクトでした。この巨大なホテルは、一九六四年の東京オリンピックのために建てられました。皇居のそばで、四〇〇年前の壮麗な庭を有する日本の首都にあるホテルです。

　優雅で洗練されているニューオータニは、私が綿密に計画を立てたコンセプトを実現するための夢の場所でした。二五年後には単純に思われるアイデアも、当時はよく革命的だと紹介されていました。それは、これまでにない味わいの季節のパティスリーを、高級で洗練された商品として提供するというものです。宝石のようなケーキのための現代的な宝石箱に、美しいだけではなく美味しいケーキを入れて、高級宝飾店のようなサービスで提供することを、私は求めました。おそらくもうこのときに私は、オート《高》・パティスリー《級》について思い描き始めていたのです。

この最初の画期的なブティックでは、もちろんマカロンに賭けましたが、「イスパハン」や、「キャレマン・ショコラ」や、ヘーゼルナッツ・プラリネのミルフィーユなどのケーキにも賭けていました。そして、この文脈からはより意外性のあるクイニーアマンにもです。この菓子はブルターニュで発明され、〝バターの黄金〟と言われています。実際にこのパン生地には、たっぷり（本当にたっぷり！）のバターとたっぷりの砂糖が入っています。私はクイニーアマンをフォションにいるときに、チームのパティシエの一人アルノー・ラレールのおかげで発見しました。ブレスト市出身の彼は、現在はとても偉大なプロフェッショナルで、国家最優秀職人章受章者の一人です。私は若手が地方からやって来る度に、その地方の名物のスイーツを作るように頼んでいました。正直に言うと、プラムのファール（ブルターニュ名産の卵菓子）のときはパスしました。しかしクイニーアマンは、バターとカラメルになった砂糖の味の神髄であり、そこに現実を超えた味わいを発見しました。いささか素朴なこの家庭のデザートを、どうしたら昇華できるのか想像できませんでした。材料はシンプルなのに、うまく作るのがとても難しいのです。つまりそこには、私が好むすべてがありました。いくつかの修正の後、特にサクサク感を際立たせるため、独自のサイズで製造することにし、それを販売しました。以来クイニーアマンは、ずっとレパートリーであり続けています。東京に降り立ったとき私は、スーツケースの中にクイニーアマンを入れて持って来ていました。このときまだ日本で知られていない、シンプルかつ複雑なとても美味しいこの菓子を、日本人が好むのだろうかと自問していました。結局、このブルターニュの名産品は日本人のお気に入りの〝デニッシュ〟のひとつになりました。当時《ル

・モンド》紙の記者だったフィリップ・ポンスの記事によると、私が日本で最初にクイニーアマンを広めたパティシエらしいのです。アルザス人なのになんということでしょう。

ニューオータニでのブティックのオープニングの日を思い出すと、胸が熱くなります。それに先立ってマスコミへの発表会を企画し、記者たちの記事によってオープニング時から大勢の人が押し寄せました。シェフ・パティシエのリシャール・ルデュ（現在は日本のピエール・エルメのメゾン代表）をはじめとして全員が四方八方走り回っていました。三つの立方体の陳列棚に分けて収められたケーキも、包装材も、すぐに足りなくなりました。完全に許容量を超えていました。ここで笑い話をひとつ。私達のマカロンを〝もなか〟の失敗作ですか、と訊いてきた、とてもシックなマダムたちがいました。事実、薄いウエハースのような皮の間にあんこをはさんだこの和菓子は、マカロンの形に似ているので、マダムたちの驚きは理解できます。そんなことから、私達のパティスリーの展開を説明するために、よりいっそう力を入れることになりましたが、それは当然のことです。私が携えて東京にやって来た、型にはまらない個人的な創造は、日本ではすでに定着していたフランスの伝統的なパティスリーを根本的に変えました。

その後は、夢の中の出来事のように展開していきました。ケーキは好評で、客はリピートしてくれました。私の仕事と、料理と菓子の偉大な文化を持つ日本人のテイストには、明らかに親和性がありました。日本人は、創造やノウハウに深い興味を持ち、味覚にも美にも細部にまで特別な注意を払います。すべてがとても力強く、すぐに私に訴えかけてきました。

このときまだ私は、日本でどんな素晴らしい冒険が待っているのか想像もできませんでしたが、自分の第二の国を見つけたことはすぐに理解しました。

日出る国と亀の血

初めての来日は一九八八年のことで、当時は、一九六四年からその場所に根を下ろしていたフォションにいました。来日する前に、日本に好奇心を持ち、とても惹かれていたのは、フランスのパティスリーが日本で優れた地位を得ていたからです。日本については、テクノロジーや日本式の働き方などの数え切れないほどのルポルタージュを見ていましたが、日本に足を踏み入れたときの衝撃はそれ以上でした。八〇回以上も日本に行っているのに、日本に行く度にその衝撃は増すばかりです。日本は魅惑的な国で、ずっと前からよく知っているはずなのに、いつも何も知らないという印象を受けます。日本語で書かれたものが読めず、場所を覚えることができないのですから、不思議なことではありません。私は日本語を話せませんが、ずいぶん前から知っている素晴らしい通訳兼翻訳者の小川カミーユさんに任せきりだからです。あまりにいつも一緒に仕事をしているので、カミーユさんが私の代わりにインタビューにほとんど答えられるほどです。

最初の頃は、仕事のためのほんの短い滞在でした。少しずつ、日本を探索する時間を取るようになり、当然のことながら、生産物を発見することから始め、穀物、緑茶、ワサビ、イチゴ、ナシ、リンゴ、ミカンなどの農園を訪れました。料理については、異なるカテゴリーの品とレストランについて学び、理解しなければなりませんでした。鉄板焼き、寿司と刺身、あらゆる種類の串料理と人気のフォンデュ、天麩羅、蕎麦、お好み焼き、ラーメンなどです。日本の文化のすべてがそうであるように、料理は極めて洗練されていて、日本料理店「青柳」の小山裕久さんのような巨匠たちから強い印象を受けました。小山さんの魚の包丁さばきは究極の芸術ですが、東京や他の場所の若い創意ある料理人たちからも同様に驚かされました。

その探究心から私は、ときに極端な体験をすることがあります。とても上品な私のビジネス・パートナーたちが、ピータンのような卵を私に食べさせた店でのことです。この卵は、中国のものとはまるで違いました。硫黄やアンモニアの臭いが弱くなってはいたのですが。この店で私の驚きが極限に達したのはこの後、料理長が目の前で亀を切って、その生き血を入れたグラスを差し出したときです。「さあ、お飲みください。とても精力がつくんですよ」と、料理長は小さな笑みを浮かべながら言いました。おそらくこう言わなければ、フランス人がこれを飲む勇気は持てないと思っていたのでしょう。

私は好奇心旺盛ですし、食べられるものはすべて食べるとの誓いを立てていたので、気持ち悪いからといって飲まないわけにはいきません。ですからこの生ぬるく、甘くて味のしない亀の血のグラスを飲み干しました。本当に大嫌いでした。亀の肉は、幸いにも火が通って出てきました。味のしない仔牛肉を思い出しただけで、特に興味を引くものでもありませんでした。

年が経つにつれ、よりよい生産物を求めて、日本列島の各地を巡るようになりました。日本では、環境負荷の低い有機農法で作られた生産物は比較的に稀で、どこで作られているのかがあまりはっきりしません。それでも特別な生産者は存在し、北海道の生産者たちに出会う機会に恵まれました。北海道が〝日本の食糧庫〟と呼ばれているのは、米と小麦を栽培しているからです。北海道では素晴らしい蜂蜜を見つけました。日本のチームが使っている蜂蜜のほとんどがそれです。

ワサビと歩み

二〇一九年、日本の外務大臣から、「日本の食材の魅力を世界に伝えることに尽力」した貢献を称えた「外務大臣表彰」を授与される喜びにあずかりました。数多くの日本の味わいを愛する私は、どの味わいとの出会いも正確に思い出せますし、それらを実際にフランスや他の国に広めることをずっと続けてきました。とても感動したのは、日本人がそれを明言してくれたことです。しかし実のところ、大して努力を要することではありませんでした。高品質な日本の品々はあまりに卓越しているので、ただ単純に見過ごすことができなかったのです。たとえば日本の米は世界の食べ物の中でもお気に入りのひとつになりましたし、煎茶は毎日飲んでいます。

すべては柚子から始まりました。この柑橘は野生のマンダリンとイーチャンチーの雑種で、その味わいは天下一品です。レモン、グリーンレモン、グレープフルーツ、マンダリンなどのノートを放ち、爆発します。日本ではどこにでもありますし、ソースにも、マリネにも、ケーキにも、飴にも使われます。一九八〇年代に私が初めて味わったのは、そもそもこうした形でした。一目惚れしてもう首ったけになり、すぐにこの独特な味わいを中心にした仕事をしたかったのですが、問題は当時のフランスで柚子を見つけるのが不可能だったことです。私は柚子に惚れ込むがあまりに、何が何でもこの味わいをチョコレートに組み合わせて「アジュール」という名のケーキを作る決心をしました。そこで私がしたことと言えば、……柚子無しで作ったのです。この魔法の柑橘がないことを取り繕うために、その味わいを再現してみようと、オレンジとグレープフルーツとマンダリンを蒸して、一緒に混ぜ合わせました。私は頭にひとつの考えが浮かぶと、足元に置いて放っておくことはしません。本物の柚子に値しないにせよ、正直に言ってそんなに悪い出来ではありませんでした。

少し後になって、パリにできたばかりのレストラン「ノブ」のシェフのおかげで、協力者を紹介してもらい、柚子を手に入れることができました。このようにして私は、柚子をフランスで知らせ始めました。すると高級日本食料品店が柚子を売り始め（一つ一二ユーロ！）、それから農業従事者のミシェルとベネディクト・バシェスがペルピニヤンに近いエウスで栽培を始め、それに続いて他の農家でも栽培するようになりました。今ではモノプリ（フランスの大手スーパーマーケット）で見かけることもあります。つまり柚子が我が国で市民権を得たのです。

初来日の際に、逃すには惜しい食の儀式を発見しました。茶道です。それまでに知っていた茶とはまったく異なるものです。抹茶は、緑茶の茶葉を石臼で挽いてとても細かい粉末にしたものです。他の茶とは異なり、この茶は熱湯に浸さずに、竹製の泡立て器の茶筅《ちゃせん》で湯と混ぜてからいただきます。代々伝わる作法による、思いがけない翡翠色の泡立った液体を、最初は好きになれませんでした。ヨウ素、植物、草の味わいがあまりに強すぎると思いました。抹茶とうまく付き合って好意的な判断を下すのに数年かかり、抹茶を使って仕事をするにはさらなる時間を要しました。

時が経つにつれ、最初に考えたこととは逆に、抹茶は他の味わいとうまい具合に合うことに気づきました。抹茶と栗の味を結びつけたマカロンが、その根拠になりました。これら二つには、最後に口の中に苦味が残るというとても強い親近性があるからです。抹茶はまた、パッションフルーツの香りと一緒になると、とても引き立ちます。より硫黄の強いフランボワーズ、キャラメル（特にアイスクリームのとき）、ミルク・チョコレートの官能的なトリュフなどの香りともよく合います。藻のノートを持つこの特別な茶は、もちろん柚子のような日本の味わいと容易に合わせられます。そこで抹茶を柚子と合わせて、「茶道」という名のマカロンとケーキとパウンドケーキを作りました。小豆とも合わせてみたら、当然美味しくなりましたが、柚子と合わせたほどの驚きはありませんでした。

そしてもうひとつの緑茶が、日本を知るようになってから、生活に入り込んで来ました。それは煎茶で、毎朝の楽しみになっています。東京にある魅力的な創業一〇〇年の茶舗を訪れたときに、煎茶を発見しました。そこでは、茶の匂いを嗅ぎ、黒っぽい木製の棚にある茶缶に見惚れ、歴史を吸い込み、伝統的な着物姿の女主人の話を聴いて、何時間でも過ごすことができます。このようにして私は、煎茶が「光の茶」であることを学びました。煎茶は陰で覆われることなく、太陽光線の下で育つからです。予想に反して、それで高級品とはなりません。抹茶や玉露のような日陰で育つ茶の方が高級品とされるからです。また煎茶は一四世紀以来、湯に浸して飲む最初の茶であると聞きました。それ以前は、沙門たちは煮立ててから泡立てて茶を飲んでいました。日本にはとても多くの種類の煎茶があり、栽培量も煎茶が最も多いのです。

ほのかな苦味、海の香り、涼味のあるノートから、私は煎茶を飲むのが好きで、朝起きると必ず、同じく煎茶が好きな妻ヴァレリーにも用意します。茶匙で茶を量り、六〇度の湯を注いで二分間待ってから飲みます。私が好きなのは二煎目ですが、それは妻のためにいれます。日本式では妻がより上位だからです。亭主は最初に必ず湯こぼしをするものですが、白状すると、朝七時ではそれを怠ってしまいます。パティスリーには煎茶は滅多に使いませんが、何年も前に「海の庭園」と名づけたマカロンを作るのに取り入れました。ガナッシュに煎茶で香りづけし、レモンをかけたアンズダケの砂糖漬けで飾りました。このマカロンをかじれば、微かなヨウ素を感じる異国の海の素材に、ある不思議な感覚を覚えます。

蕎麦については、相矛盾する感覚があります。日本人はソバ粉を麺にします。蕎麦については大いに評価しますが、ソバ茶はまったく好きではありません。日本で好まれるこの茶は、炒ったソバの実を湯に入れて飲みます。ヴァレリーはソバ茶を何リットルでも飲みます（デトックスに多くの効果があるようです）が、私はあの味では飲みません。とはいえソバの実自体は好きなので、最近考案したケーキ「エステーラ」の土台に使いました。どうかしているのかもしれませんが、私にとっては「イスパハン」よりも上です。「エステーラ」は、ソバ粉（ブルターニュ地方では黒小麦と呼ばれている）、松の実のプラリネ、ハーブ（コリアンダー、セリ、ミント、セージ）のジュレ、松の芽と葉のクリームでできています。すべてが一体となって、未知の植物と森の世界へと味蕾を浸らせます。

また私はソバ粉をガレット・デ・ロワにも使いました。このときは、ソバ粉が気まぐれとは言わないまでも変化しやすいことを学ぶという、苦い経験をしました。マスコミ発表でのすべてのブッシュドノエルとガレットの試食の際に、妻が少々取り乱しながら飛んで来て言いました。「ねえ、ソバ粉のガレットが、何だか変なチーズの味がするわ。本当にまずいのよ！」

最初は、妻が私をかついでいるのか、あるいはコルシカ人だからブルターニュ産のものの良さがわからないのか、と思いました。味見しました。いつも（ほとんどの場合）ヴァレリーは正しいのです。ソバ粉は、確かにあまり洗練された味ではありませんが、私はその深みと大地の感じが好きです。しかしそのときは、まるで酸っぱくなった小麦粉のようでした。おそらく早めに酸化してしまったのでしょう。すぐに試食用のガレットを下げ、即座にソバ粉の納入業者を変えました。それでもソバの可能性を探究し続けています。中でも炒ったソバの実で作った塩味のシガービスケットは、テンサイとザクロとホタテと共に、パリのレストラン「ボーパッサージュ」やマラケシュのラ・マムーニア・ホテルの「ラ・ギャルリー・マジョレル」で供されています。

数えきれないほど日本を旅して、一九九八年にまたひとつ素晴らしい生産物を見つけました。富士山の中腹の農園で見つけたワサビです。静岡県にあるこの地方のワサビは世界一と言われています。

当時のフランスでは、アルザス人が好むホースラディッシュの親類のようなワサビについて、ほとんど何も知られていませんでした。せいぜい、寿司に付いている緑色の辛い薬味というぐらいでした。エメラルド色の栽培地を歩き回ったのが目に浮かびます。その景色は壮麗で、後景には頂上が雪に覆われた聖なる山がありました。あまりの美しさに不意を突かれてしまい、足がぐっしょり濡れているのも忘れるほどでした。ワサビは半水生なのに、長靴を履くのを忘れていたのです。

「ワサビは渓流の純水を好みます」と、ワサビ栽培の名人、望月佑真さんが話してくれました。「低すぎず高すぎない山の中腹にワサビは自生します。涼しく穏やかな気候と、柔らかな日照を求めるため、ここでは理想的な花が咲きます」と、鑑定眼と詩情を持ち合わせた望月さんは説明してくれました。「ワサビは全部が食べられます。根は、木に鮫皮を貼ったおろし器で回すように擦りおろして、薬味にします。茎と葉は、生でも火を通しても食べられます。花はとても柔らかく、ハートの形をしていて淡い真珠の輝きで、どんなサラダも繊細に引き立たせることができます」私は感嘆していました。爽やかで、手を加えずとも、ワサビはただそれだけで素晴らしいのです。それなのにより一層素晴らしいと思えたのは、望月さんが植物の基本的な情報をおしえてくれたときです。「ワサビの根は深くにあるほど、下の部分が甘くなるんです」と、望月さんははっきりと言いました。この言葉で閃きました。「甘い」という言葉が、私のチャクラを開いたのです。

日本人に尊ばれているこの生産物の味わいを定義するのは困難です。甘いと同時に、強く、苦く、辛く、他の要素もあります。マスタードのように鼻まで上ってきて、嗅覚を力強く刺激します。これをパティスリーに導入しようと思いました。それまでにパティスリーに使われたことがあるかどうかについては、考えませんでした。ワサビが本来、甘くないものと一緒に食されるという事実に考えを及ばせることもしませんでした。私には、試してみなければならない、との確信だけがあったのです。

手始めにワサビとグレープフルーツのシャーベットを、それからイチゴとワサビのマカロンを作りました。爽やかなのは当然です。ワサビは爽やかさにかけてはいちばんの食材です。もちろんこの手の創作のときには、ここぞとばかりに辛辣な意見をぶつけられたり、嘲笑されたり、鼻が曲がると言われたりします。「ワサビのマカロンなんて、ちょっと狙いすぎじゃないの？」「何て変なアイデア！」

バニラとオリーブオイルのマカロンの試食のときにも、同じようなことが聞こえてきました。「これはダメだ。本当に何でも出せばいいってもんじゃないよ！」

ここだけの話ですが、この組み合わせは絶品なんです。このような好奇心の欠如に対しては、何もできることはありません。正直に言うなら、自分の味覚と直感に自信を持つためにかなり学んできたので、このような柔軟さの欠如、さらに言うなら文化の欠如は、私にはどうでもいいことです。商品に確信を持つとき、心から美味しいと思えるとき、皆に気に入られなかったとしても、それはまた別の話で、批判されても受け流します。ですから食べようかとためらっている人に、ただ単にこう応えます。「決して食べないでください。美味しいと思いかねませんから」

その味わいがこれほどまでに独特な国を発見すると、味の領域におけるあらゆる先入観を捨てねばなりません。若くして、私は決して味に対する先入観を持たないと決心しました。ですから大いなる興味をもって、和菓子の中心である（チリコンカンを思わせる）小豆を発見したのです。初めて小豆と出会ったのは、和菓子を食べたときです。美味しいと思ったかって？　美味しくはありませんでした。まずかったかって？　まずくもありませんでした。ただ単にこう思いました。「どうってことないな」またもや私は間違っていました。日本文化における数々の品のように、小豆もまた、理解し学習して親しくなっていくべきものだからです。すぐに打ち解けたりはしてくれず、説明なしには理解できず、時間をかけることでしかその姿を表してくれない、日本のこういった品のひとつなのです。

今では小豆は、好ましいと思われるように調理したい食材のひとつです。とても早いうちに、私は東京から小豆を持ち帰りました。一九九八年にフレデリックと一緒に生活していたアニエールの家では、料理に関することがすべての中心で、飽きもせずに小豆をひきたてようと頑張っていたのを思い出します。小豆には味がないので、より鋭い味わいをぶつけて目覚めさせることが不可欠のように思われました。そこで私は、あんこと、抹茶のアイスクリームと、グレープフルーツの角切りとで作ったデザートを考案しました。それから少しして、そこに生の生姜、グリーンレモンの皮、米酢を加えました。柔らかい酸味が小豆によく合うからです。その二三年後に、それらを混ぜ合わせて再解釈し、チーズケーキ「デペイゼ」を作りました。

私にとって、日本の小豆は基本の食材になりました。考慮しているのは、その味わいよりもテクスチャーです。小豆は、日々更新している生産物についての私の〝頭の中の図書館〟に入っていて、ときどき参照します。数か月前に、ショソン・オー・ポム（半月形アップルパイ）をお手本にして、ショソン・オー・アズキを、協力関係にあるブリドール社のために考案しました。私達はブリドール社と共に、フランスと世界、とりわけ日本の高級ホテルに多彩なデニッシュ類やクロワッサンなどを提供しています。このとき、ひとつのアイデアが頭をよぎりました。小豆を日本という世界から出してしまおう。イチゴのタルタルと組み合わせようか。きっとうまくいくから、やってみるしかない！

このアプローチは、白みその場合も同じです。白みそは、塩をかけた大豆を発酵させてペースト状にしたもので、東京で初めて本物のみそ汁を飲んだときに、私の味蕾が惹きつけられました。白みその味もテクスチャーも好きですが、スイーツの創作に織り込むには、時間がかかりました。つまるところ、その甘さが躊躇していた理由で、ついにこの味わいを、少しひっそりとチョコレートと合わせることになりました。その結果は興味深いものでした。白みそは自らの正体を明かすことなく、チョコレートを引き立てたのです。とりわけ、パウンドケーキに小さな賽の目状にして入れると、独特な感覚をもたらしました。それから白みそをレモンと合わせて、「詩人たちの庭園」と名づけたマカロンに使い、さらには、白みそにチョコレートと、真ん中に賽の目状のサブレ生地をひとつ入れた、より多様な要素の「禅庭」を作りました。繰り返しますが、それを言ってしまえば、狙っているように思われることでしょう。しかし白みそのパティスリーを白みそが入っていると知らずに味わうとき、納得がいく出来だと思うしかないのです。

胡麻に関しては少し違っていて、日本を知る前は、夢中になったりはしませんでした。胡麻の味は、最悪にも最高にもなりえます。

最悪のものは、品質が悪く重い雑味が出ます。しかもすぐに酸化し、包装に記載されている消費期限はいつもあまりに緩いので、意識したところで役に立ちません。

最高のものは、かなり素朴で不思議な苦味があるのに美味しくて、強い味わいと多様な可能性を表現します。この小さな種子を巡る私の旅の出発点は、最高品質の胡麻を作り出す日本の職人の工房を訪れたときでした。私が見たものは、プロの職人たちが選別して炒ることによって、彼らの言葉を借りれば、胡麻に「命を吹き込む」作業です。甘美な詩情を持つとても雄弁な概念です。私はそこで白胡麻、金胡麻、黒胡麻を味わいました。これらの色の違いは、熟し具合や炒り方に対応しているのではなく、植物の品種によるものです。こんなに種類があるなんて、胡麻に対する考え方を改めたくなりました。このときから、胡麻についての仕事がだんだん増えていきました。

金胡麻のプラリネを作ったことを思い出しましたが、私のお気に入りはずっと黒胡麻で、かなりの数のスイーツを作りました。黒胡麻のアイスクリーム、キャラメルと黒胡麻のマカロン「開けゴマ」、マカロン「アンフィニマン・セザム・ノワール《無限に黒胡麻》」、ライス・プディングの黒胡麻のアイスクリームとマロンのコンフィ添え、黒胡麻のシュークリームなどですが、全部は思い出せません。

これら私に多くをもたらした日本の味の大黒柱以外にも、もちろん挙げることのできる生産物があります。

たとえばシソです。フランスの学名「ペリア・ド・ノンキャン《南京のシソ》」から、中国原産であることがわかります。ミントの仲間で、パセリとシナモンとまさに共通の香りを発します。日本では日常的に使い、串焼きや餅やおにぎりを包んだりします。初めて食したのは、一九八八年に築地の魚市場に立ち並ぶ食堂でした。かのクロマグロの競りで数十万円の値がついたのを見学してびっくり仰天した後に、朝五時にその食堂に入りました。そこで出されたとても美味しい刺身には、縁がギザギザの緑色の葉っぱが添えてありました。それがシソです。その味には耐えられず、「下品だ」と思いました。私の考えではこの言葉は、強烈で、洗練されておらず、目にも無粋な、この味わいをとてもよく言い表していました。それは、ローズマリー、セージ、タイム、ピーナッツのようでした（何年も前に、ピーナッツバターとフランボワーズのジュレをブリオッシュでサンドウィッチにした、アメリカの中学生風のケーキを思いついたのですが、今までのところ発売する決心がついていません）。

自分が頑固であることを認めてはいますが、とりわけ味の領域においては、断定し過ぎることのないよう注意しています。ですから五年前に、ある農業従事者が私にパリの屋上で栽培している赤シソを味見させようとしたとき、半信半疑のまま行ってみました。予想に反して、その美しい紫色の葉の赤シソは、バジリコ、シナモン、クミンの混ざった香気を発していて、青シソよりもはるかに興味深いと思いました。そこでこの赤シソを煎じてみて、ほんの微かな香りまでも抽出し、それを、ある種の苦味も持つワイルドストロベリーに合わせて、マカロンとケーキにしました。そしてまったく本能的に、オレンジと合わせてマカロンにしてみました。これは間もなく発売予定です。なぜかは説明できませんが、この組み合わせはうまくいきました。シソとの関係を持ったのはつい最近のことなので、他の展開はまだです。おそらく、これからもきっと……。

この日出る国のすべての味わいを発見するためには、一生では足りないように思われます。これがジャパン・エフェクトです。日本を知れば知るほど、日本は遠ざかっていきます。日本に行く度に、さまざまな生産物が呼びかけてくるのです。

目下のところは、梅干しに強い関心を寄せています。梅を塩漬けにした漬物の一種で、日本では普通に、広く食卓で見られるものです。この味をものにしようとしてはいるのですが、どのようにしたらいいのかよくわからず、それができるのかと挑発されているようです。この挑発がたまらないのです。最近、期間限定のレストラン「ＡＤＭＯ」で、アラン・デュカスのシェフ・パティシエールのジェシカ・プレアルパトが製作したデザートを味わいました。皿の上で、梅とソバ茶が引き立たせ合っていて、梅干しの仕事をしたいという私の気持ちをくすぐりました。とはいえ、信頼できる調達元をヨーロッパで探さなければなりません。

もうひとつ知られていない品について言及したいと思います。炒った大豆を小麦粉のような細かい粉にした、きな粉です。ロイヤルモンソー・ホテルのレストラン「マッヒサ」のために、日本から着想したデザートを創作しているときに発見しました。その味わいは、西洋の我々のものを参照しても比較はできません。それほど強い味わいではなく、ドライフルーツと焙煎のノートが展開します。マカロン、ビュッシュ・ア・ラ・ヌガティーヌ（薪形ロールケーキ）、イル・フロッタント、ロールケーキ、あるいはブロンド・チョコレートときな粉のガナッシュのミルフィーユなどに使うとき、効果抜群です。繊細さの小さな奇跡です。

最後は、酒蔵で発見した酒粕についてです。日本酒のもろみをしぼった後に残る白っぽいペースト状のものです。清酒の香りを発しますが、アルコールは清酒ほどではありません。日本では、粕漬けの調味料として使われます。この素材があまりに好きなので、「オリザ」という名のマカロンを作りました。しかし酒粕の味わいを描写するのはとても難しく、発酵した香りがすると言うぐらいがせいぜいです。それ以外のことがよくわからないのは、他の日本の多くの品々同様に酒粕は、これまでに知っているものを何も参照できないからです。

この〝ロスト・イン・トランスレーション〟の感覚は、味だけでなく、日本のすべての分野について言えます。私はこの印象が大好きです。好奇心旺盛ならとても刺激的なことですが、偏狭なら面食らってしまいかねません。日本に定期的に行くようになってから、数多くのことに驚かされました。

まず日本では、一人の芸術家が、頭領が、職人が、一歩も譲らぬ目つきで、自分自身の仕事に向かっています。すべては常に改善しうるとして、その分野で万人が認めるトップだとしても、日々努力を重ねています。たとえば私が、八五歳の大将が揚げた天にも昇るような天麩羅を味わい、大将に絶賛すると、こう答えたのです。「ああ、やっとまあまあになってきたかな」

これは見せかけの謙遜で言っているのではなく、ずっと進歩し続けるように各々が自らに課した哲学からです。当然ながらこのことは、ある種の伝統の永続につながります。各世代が、次の世代が自分たちよりも良くなることを、おそらく願っているのです。思いつくのは、六〇〇年間も同じ製法で作られている見事な包丁、一八七五年から存在する開化堂の金属の茶筒の工程、細尾の西陣織などです。細尾は一六八八年に京都で創業し、おそらく世界で最も美しい布を織っています。

数多くの日本人と仕事をするうちに、日本の職業規範が、我々のものとはかなり違うことにも気づきました。日本では、才能や経歴ではなく、成熟度で上下が決まります。年齢が、他のすべての長所に勝るのです。それで驚くような状況になることがあります。

いずれにせよすべての決断は、グループで下すのが必須です。たとえば最初の店舗をオープンしたとき、交渉の間も、行政の書類での名称もずっと「ピエール・エルメ・パリ」でしたが、ある朝、ホテルニューオータニの経営委員たちは、この名称ですら会議で決定しました。この名称は正式にすでに存在していたのに、有効だと認めるために、集団で承認しなければならなかったのです。

私はまた、日本人が「はい」と言うとき、それを承認しているという意味ではなく、よく理解しているという意味であることを学びました。これを知らないと、すべてが変わってしまいます。知識があれば、落胆したり偏見を持ったりせずに済みます。同様に、日本人が口約束をしたときには、契約書を交わす必要がないことを知っておいた方がいいでしょう。日本人が発する言葉は、大いに信用できます。ですから書類に署名させようとするなら、ある種の不信感を表していると取られかねません。

これらの慣例と風習は、西洋人の目には現実離れしているように映ることも多いでしょう。しかしそうではなくて、我々とは違うだけなのです。慣例と風習を理解しようとするのは、とても興味深いことです。このために、一九九〇年代、だんだんと定期的に東京を訪れるようになり始めた頃、谷崎潤一郎の『陰翳礼讃《いんえいらいさん》』を五回か六回は、繰り返し読みました。日本に興味を持つすべての人に読むことを勧めます。この作品は、陰翳、濃淡、ほぼ何もない状態を礼讃しながらも、日本文化の作法、儀式、言外の意味について、巧妙に解き明かしています。しかも谷崎はこの作品で、我々のフルーツペーストを連想させる和菓子の羊羹について、卓越した文章を書いています。羊羹は小豆から作られ、「瞑想的」な色をしているというのです。これほどまでの優美さに惹かれないでいられるでしょうか。

2005年

PIERRE HERMÉ

タルト　アンフィニマン・ヴァニーユ（2005年4月22日）

12 RUE FORTUNY　PARIS 17e

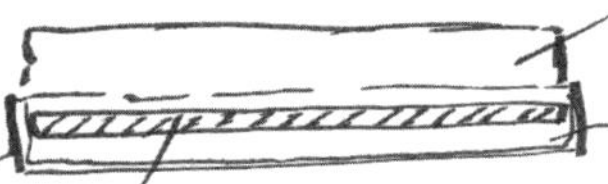

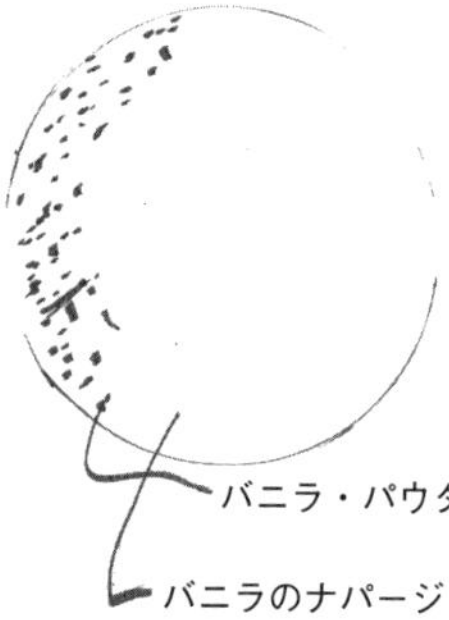

バニラ液

1L　ミネラル・ウォーター
4g　メキシコ産バニラ・ビーンズ
4g　タヒチ産バニラ・ビーンズ
4g　マダガスカル産バニラ・ビーンズ
500g　グラニュー糖
50g　年代もののラム酒

バニラ・ガナッシュ

225g　生クリーム
4g　メキシコ産バニラ・ビーンズ
4g　タヒチ産バニラ・ビーンズ
4g　マダガスカル産バニラ・ビーンズ
250g　イボワール・ココア
+4g　ノン・アルコールのナチュラル・バニラ・エクストラクト（2005年4月12日）

2005年4月7日

第七章
試　練

失敗とコカ・コーラ

ニューオータニでブティックを開くと、東京の太陽の下のこの美しい場所で、私達が頭角を現していることがすぐにわかりました。数か月後には、二つ目の店舗をイクスピアリに作る話が持ち上がりました。イクスピアリは、二〇〇〇年七月にオープンした巨大商業施設で、東京ディズニーランドのすぐそばにあります。ここに作ったパティスリー店とサロン・ド・テは、ディズニー社がスポンサーになり、アンドレ・プットマンがデザインしました。宝飾店「ティファニー」、レストラン「アラン・デュカス」、ファッション・デザイナーのポール・スミスの店などが軒を並べる、吹き抜けのグレイシャス・スクエアに面していました。私が過去形で語ったのは、二〇一二年に閉店したからです。あまり利益が上がらなかったのは、おそらくロケーションが合っていなかったからですが、このような場合に決断するのは簡単です。うまくいっていない？　収益が少な過ぎる？　じゃあ幕引きだ！

企業家には失敗がつきものです。耐え抜くのが特別に難しいような失敗もありますが、そこからは必ず根本的な教訓を得られます。

フランスでの最初の店舗のときがそうでした。苦しみの中生まれてすぐに、消えてなくなりそうになりました。

私のパティスリー店が東京で大成功している間にそれと並行して、同じものをパリで作ろうとしましたが、なかなか資金援助をしてくれる協力者を見つけられませんでした。私は、アメリカのウェッグマンズ・フード・マーケット、ハーゲンダッツ、リンツなどのメーカーのアドバイザーの仕事をしていて、会社は繁盛していました。しかし誰も、私の考えるオート・パティスリーのコンセプトについてきてはくれませんでした。共同経営者は、数えきれないほどの銀行にその計画のプレゼンテーションをしましたが、どれもが徒労に終わりました。

そしてある日のこと、当時の妻のフレデリックが、シャンゼリゼのそばのマルブフ通りで開店準備をしているレストランが、彼女に料理の監修を願い出ていると話しました。ここで彼女について説明しておかなければなりません。私は彼女の料理に対する情熱と才能に感嘆し、本を出版するように勧めました。その中に一九九八年に出版された『デリス・ディニシエ《秘伝の絶品料理》』があります。この本に載っているレシピはどれもこれもが創意に富むもので、誰もが知っているような大量消費品から着想を得ており、中でも評判だったコカ・コーラを使った鶏肉料理で、フレデリックは有名になりました。後のレストラン「コロヴァ」の経営者たちが、この評判からフレデリックにメニューを考案させようと考えたのです。コース料理はレストランの名にふさわしいものでなければなりませんでした。「コロヴア」は、スタンリー・キューブリックの映画『時計じかけのオレンジ』に出てくる六〇年代のバーと同じ名前です。店を展開したのは「バン・ドゥーシュ」のオーナーのユベール・ブコブザですから、店が流行る見込みは十分で、グラマラスになりそうでした。しかも共同経営者は他ならぬ、テレビの司会者で製作者のジャン＝リュック・ドラリュでした（この二人は数か月後に、有名レストラン「ノブ」をパリに進出させるために、ロバート・デ・ニーロと手を組みました。「ノブ」は「コロヴァ」の目と鼻の先でした）。

ですから自然に、フレデリックと私はある夜、ユベール・ブコブザとジャン＝リュック・ドラリュと夕食を共にしました。食事の間に、私はパリにブティックを開きたいという願望について話しました。彼らはすぐに反応し、「一緒にやりましょう！」と、叫びました。その熱心過ぎる態度には、警戒すべきだったのです。

しかし私はパリの計画が進行しないことにうんざりしていましたから、翌朝そのことを、共同経営者のシャルルに話しました。シャルルの精神状態も同じでした。「やろう。突き進もう！」とシャルルは言いました。

それこそが聞きたかった言葉でした。いずれにせよ他の解決策はありませんでした。慎重さを欠きながらも、この機会に飛びつきました。今は亡きジャン＝ピエール・コフのような親切で思慮深い友人が、きな臭い噂のあるブコブザを警戒するようにと言ってくれたのですが、ブコブザは夢中になっているようでしたし、何しろ口が達者でしたので、まんまと巻き込まれてしまいました。私たちは道を誤ったのです。

初めのうちは、すべてが順調でした。レストラン「コロヴァ」は、二〇〇〇年にオープンし、空前の大成功を収めました。人びとは流行りの装飾を眺めたり、そこで見られたりするために行列しました。パリ中の人が、フレデリックが作り出したカプリス・デ・デュー（フランスで最も親しまれている白カビのチーズ）のトリュフ添えや、オマール海老のホットドッグなどを中心に、美食の最先端を気取ってテーブルについていました。私達はと言えば、ブコブザとドラリュの二名と、五〇パーセントずつの分け前にして（重大な過ちでした）、メデリス社を作り、パリで最初の店舗をボナパルト通りに開く綿密な計画を立てていました。ボナパルト通りはパリの栄えある六区にあり、サン＝シュルピス広場とつながっています。

製造工房は一五区のヴォジラール通りにありました。ブティックは、二〇〇一年八月についに日の目を見ました。ヤン・ペナーズがデザインし、私が思い描いたようなオート・パティスリーのコードで展開されました。ショーケースは四つの四角いアルコーヴのみに現れ、そこにケーキが埋め込まれているようでした。内装は、幾何学模様と暗い色で占められ、パティスリーが引き立つようにしました。全体が、宝飾店の世界を思わせました。このブティックが客を喜ばせたことに疑いの余地がないのは、津波のように押し寄せた人びとに応対したからです。フランス・ドゥー（フランスの主要なテレビ局）の『特派員』という報道番組が、この目覚ましい成功の一因であったことは確かです。初めのうち放送関係者たちは、フランスのパティスリーの現場の状況報告を主題にした演出を検討していました。しかし一緒に長い時間を過ごし、子ども時代を過ごしたアルザスへと赴き、私の仕事の様子を撮影するうちに、私自身を、私の人生を、私の作品を、そして私の計画を主題にした番組になったのです。その結果、放送後、何週間、何か月経っても、朝から晩まで店の前に行列ができていました。

私達は馬車馬のように働きました。評判が評判を呼び、あちこちからケーキを納入するように求められました。また「コロヴァ」にも、二〇〇二年の初めにケーキ・カウンターを開きました。それから数か月後に、レストランの負債が四八〇万ユーロに膨れ上がり、営業停止になることを知りました。悪いことはそれだけではありません。不渡りが出て、三六〇万ユーロを失った「ノブ」と、「メデリス」の破産を申し立てなければなりませんでした。私達のパティスリーは飛ぶように売れていたというのにです。それに付け加えて「コロヴァ」は、私達に二〇万ユーロのつけを残したのです。

人生で最悪の時でした。思い出すのは、二〇〇二年九月某日の早朝、ヴォジラール通りの工房で、私のチームに向かってこの不可解極まりない事態の説明をしたことです。このような場合には、私自身とてもつらい思いをしていたとしても（ああ、いかばかりの苦しみか！）、自制します。まわりくどいやり方をしても無駄で、ぐずぐずと迷わずに切り出さなければなりません。

「みなさんに悪い知らせがあります。私達は破産を迫られています」と、従業員全員に現実を突きつけました。

一同が茫然自失とした後に、もっともな質問が出ました。

「でもエルメさん、店はいつも混み合っていて、毎日何百ものケーキが売れているのに、どうしてそんなことになるんですか？」

「本当に残念なのですが、共同経営にしたのが悪かったのです」と、私は弁解しました。「レストラン『コロヴァ』と『ノブ』は、軽率な出費が多すぎました。そもそもあの共同経営者たちは、契約どおりに、パティスリー店に資本還元をしていませんでした。ですから私達は控え目に言っても、ひどい困窮状態に陥っているのです。しかし私達は獅子のように勇猛に戦い抜くことを約束します」

そして私達全員が一丸となってそうしたのです。いまこそ肝を据えるべきときでした。

この朝、ひどく心を動かされたことを覚えています。目の前にいるのは、二〇〇パーセント仕事に打ち込んでいる素晴らしい人びとで、仕事を失うおそれがあったのに、不平を言ったり恨んだりするかわりに、私への支持を表明し、解決策を探し、当を得た提案を述べてくれました。納入業者たちも同様に、寛大さと理解を示してくれました。私は死ぬほど恥ずかしかったのですが、しかしそれと同時に、何の心構えもしていなかったこの状況に立ち向かい、ここから教訓を引き出さなければなりませんでした。

この状況はあまりにも不条理で不公平でしたから、かえって私達のパティスリー店を存続させようとの決心を強固にしました。私達はユベール・ブコブザとジャン＝リュック・ドラリュとの長い戦いに挑み、債権の一部を放棄させました。裁判所の選任による管財人に訴えて、再建計画を実施し、数か月のうちに、私達の活動に収益性があることが認められました。少しずつ収益を上げていき、国に、納入業者に、そして元共同経営者たちに、返済していきました。ジャン＝リュック・ドラリュは私の持分を二束三文で買い取ろうとしましたが、断りました。理由は簡単です。彼はケーキの作り方を知らないのですから。私達は再交渉することなく、すべての借金を一〇年かけて完済しました。私はそこから抜け出せることを、ずっと信じていました。そしてそうなりました。最後の小切手にサインしてドラリュ夫人に渡したのは、ジャン＝リュックが亡くなった数か月後のことでした。安らかな眠りにつかれますよう。

結局この災難は、私を著しく強くしました。

このことで、共同経営より最悪なことはないと学びました。その証拠は目の前にありました。高品質で高収益なものを構築しても、共同経営者たちが同じ精神状態で働かないことには、うまくはいきません。ここで、ユベール・ブコブザ（二〇一八年没）を侮辱するつもりはありません。二つのレストランのせいで、彼とジャン＝リュック・ドラリュが、あらゆることにおいて錯乱状態にあったのを、彼自身がマスコミに対して認めていたのですから。過剰人員、気まぐれな経営、ずさんな管理、横領……。それは少なくとも、企業家としてやってはならないことのすべてを観察する機会を与えてくれました。以来私は、金銭的な契約をするときは、相手を二度、いや一〇度は検討します。

そしてそれは、勇気と固い決心があれば、復活できることも私に示してくれました。状況は極めて込み入っていましたから、投げ出してしまうこともできたでしょうが、そんなことは露ほども考えませんでした。とはいえ私は大きな打撃を受け、長きにわたって苦しい人生を送りました。それでもこのことに関しては、他と同様に何も後悔していません。この試練がなかったなら、残念だったと言うことさえできます。もしこの経験をしていなかったなら、たぶん私は後々もっと軽率で、もっと脆かったでしょう。おそらく私は才能あるパティシエでい続けはしたでしょうが、世間知らずで、根が正直なので、他人を疑うことはしなかったと思います。このエピソードは、私にある種の人物たちの暗い側面を示し、ビジネス・スクールよりも確実に、ビジネスの奥義をおしえてくれました。

経営とオランジェット

実を言うと私は、〝ビジネス〟という言葉を、いい意味では使いません。なぜなら私は今も、これまでも、そしてこれからも、決してビジネスマンではないからです。むしろ自分を、ブランドを確立し、スタイルを創造する企業家ととらえています。ビジネス・プランの類は、私にはこの上なく退屈です。厳密な意味での実業には、まったく食指が動きませんが、自分の人生を支配するために、すべてを理解する必要があるのなら、多大な努力を払ってでも取りかからなければなりません。営業活動の管理に情熱を燃やすことは決してありませんが、それは物事を徹底的にやることを可能にはします。それよりも関心があるのは、創造とマーケティングと経済を結びつけることです。「コロヴァ」の予期せぬ出来事が、私に自覚を促しました。中でも教訓となったのは、パティスリーにとどまらず、ブランドを世界の売場で展開したいのなら、これからは、創造とマーケティングと経済の三者を活動の中心にしなければならないということです。出発点が同じだとしても二つのモデル・ケースがあるなら、同じように進むわけではありません。

この問題については、かなり仕事をしましたし、二〇年以上もの間ずっと続けてもいます。それは、以下の基本的な条件に基づいています。

・私達のヴィジョン――因襲的な基準から解放されて、斬新な味わいを創造することで、パティ

スリーに卓越した次元を与えること
・私達のアイデンティティ――革新的なノウハウを持つ、高級な創作メゾンを具現化すること
・私達の価値――品質、創造性、美、細部に払う注意
・私達の使命――感動と、五感を刺激するユニークな体験を提供すること

これらすべてをクラスター図や必須グラフにしてくれるマーケティング部の人たちの言うように、大まかにはこれがブランドの〝プラットフォーム〟のすべてです。企業が大きくなるにつれ、主軸の路線が見えなくなっていくおそれがあるからです。自転車の車輪が、繰り返し小さな衝撃を受け続けるのと似ています。実際に会社の成長と共に定期的に新規採用をするようになると、異なる知識、経歴、性格を持つ新入社員たちがやって来ます。それは素晴らしく豊かなことです。私達がホルマリン漬けにされることのないよう、進化させてくれるからです。しかしそれで、強力でなければならないブランドの本質が損なわれるなら、その限りではありません。そのために常に、メゾンのチームに私達の企業文化を丹念に伝えることに、しっかりと焦点が当てられています。たとえば、マーケティング部に新人が来たとして、ブランドのＤＮＡを浸透させるために、三六〇度どこでも見てもらえる観察期間が設けられています。この期間に新人は、製造工房や店舗で、研究開発部のパティシエたちや購買部門の人たちなどと共に過ごします。この初めの数週間の恩恵が、個人的な文化、才能、ノウハウに加わって、より容易に、より気楽に、メゾンに溶け込むことができるようになります。

パティシエとしての仕事は、他の多くの仕事同様に、すべてが人次第です。

私が最初に責任者の地位に就いたとき、経営の概念はまったくありませんでした。学んだことがなかったからです。それで本能的に実践し、惨事になりました。私の頭には、独創性とケーキの品質という固定観念しかありませんでした。それ以外のことは、どうでもよかったのです。一切妥協せず、怒りっぽく、何かとうるさく、まさに最悪です。しかし、そんなことではうまくいかないと、すぐに気づきました。問題を分析するために、必要に応じて距離を置き、私の経営方法は良くないと実感しました。私は要求し、批判し、叫んでいました。一言で言うなら、すべてを求めながらも、自分からはほとんど何も与えなかったのです。人の最高を引き出すためには、まずは自らの最高を差し出すべきだと理解しました。

それを始めたのは、フォションでした。この大きなメゾンに入り、組織化されたチームと対面し、その人たちがそれぞれどうするつもりなのかを感じ取りました。古い習慣を持ち、それを覆すようなことは一切しない人たちの何人かを目覚めさせましたが、他は定年退職してしまいました。若者も大勢いて、やる気がある人たちもいました。そんな人たちには、徹底的に後押しをしました。パリのパティスリー店に試食に連れて行き、飲みに誘って、彼らの野望、願望について議論しました。つまり、かなり違った人たち同士であっても、むしろそうだったからこそ、チームワークを養おうとしたのです。結果はすぐに出ました。シェフなら誰でも、自分のチームの働きとその相乗効果について重責を負うものです。

従業員たちにやる気を出してもらうために、彼らのことを的確にとらえようと努力しています。それは従業員全員のためです。なぜなら第一に、彼らに本当に興味を持っているからです。彼ら一人一人の視線の、性格の、経歴の背後にあるものを知りたいと、知る必要があると思っています。そして第二に、共有と尊敬を実践し、心と体を仕事に捧げ、従業員に対して熱心に仕事の本質についてばかりでなく人生の苦楽についてもおしえるなら、ほとんど間違いなく同じように返してくれるからです。それは私達の工房では万事がいつも極めて順調に進んでいるという意味ではなく、それが問題が起きたときの助けになるということです。

従業員たちの仕事に対する敬意が私にとっての本質的な価値ですから、彼らに対して必然的に、どんなことにも率直でなければならないということになります。必要性から率直になっても、微妙な時間を生む原因になることもあります。従業員たちに、もっと注意を払うように、もっと積極的な態度で臨むように、もっと私の指摘を考慮するようにと、求めざるをえないときがあります。彼らの成長と進歩を促すように、そうしています。オランジェット（オレンジの皮の砂糖漬けをチョコレートでコーティングした菓子）やマカロンが美味しくできたとき（ほとんどいつもそうなのですが）、最初に私がそれを強調し、対面でも電話でもメールでもはっきりと言います。しかしケーキやマンディアン（ナッツ類とドライフルーツが入ったチョコレート）が失敗したときも、私は見逃さずに正面から言います。そうしないで、従業員たちに私の意見を信用させることができるでしょうか。

人をしかりつけるのは非生産的で、傷つけてしまうならなおさらだと思います。一緒に問題の原因を突きとめれば、皆がその恩恵を受けられるのです。レシピでうまくいっていないところを探しながら、準備、調理、商品についての新しいデータを組み込みます。このようにして日々、皆が共に安心して学んでいます。

極端に要求水準が高いだけに、公正であるよう心がけるのは、私にとって重要なことです。誤解している人がいるのですが、それは完全主義者だという意味ではありません。事実私は完全を嫌っています。完全が指し示すのは、あまりに機械的で強迫的な観念です。完全を追い求めると、膿がたまるように病気になってしまいます。私は細部への注意をたよりにするのを好みます。そのほうが、より生き生きと、より活発に、より鋭く、私の要求を満足させるような極めて高品質の水準に到達することが可能です。

従業員たちは私の要求を理解していて、それが仕事の鍵となります。そもそも多くの場合それこそが、彼らがピエール・エルメ・パリのメゾンにやって来る理由なのです。彼らは、私の指摘がポジティブであれネガティブであれ、決して根拠のないものではないと知っています。それどころか根拠に裏打ちされたものです。説明に、議論に、建設的な批判に、多くの時間を費やすのは、私が従業員たちに、それだけのことをする義務があるからです。交換し合い、養成し、伝承する広がりの中に大きな重要性があると私は見ています。このことがおそらく、メゾンを支えているミカエル・マルソリエ（専門知識のコーディネーター。彼は私のメモリーの一部です）、リシャール・ルデュ（日本のピエール・エルメの代表取締役社長）、サブリナ・ズズ（経理部長）、エヴリーヌ・プロン（グラフィック・スタジオの責任者）、クリストフ・ドラピエ（日本のエグゼクティブ・シェフ）、セバスチャン・クラヴリ（製造担当副社長）たちが、私の傍らで二〇年以上も進歩し続けた理由になるでしょう。彼らが忠実でいてくれることは光栄ですが、それよりも彼ら個人が、仕事で才能を開花させたことをうれしく思っています。メゾンの評判が高まるにつれて、彼らをより惹きつけることになります。私達は常に一生懸命になって、仕事の創造性、卓越性、情熱についての協力関係を強固にしようとしています。私達の関係は全面的に率直で、誠実で、建設的です。

しかしながらコロナ禍以来、多くの会社がそうであるように、新規採用が難しくなりました。ですから若い社員たちの心をつかみ、もっとやる気を出させるような新しいアイデアを懸命に考え、人事部長と共にその仕事をしています。メゾン創設以来、単にパティシエとして入って来た人たちが、日本支社の代表となったリシャールにならって、輝かしいキャリアを積むのを見てきました。企業のトップとして、このような機会が、新入社員たちにもあり続けてほしいと願っています。

パウンドケーキと発展

企業家として、そして一人の人間としてのこれらの冒険は、貴重な体験となりました。二〇〇〇年代の初めに、元共同経営者のシャルル・ズナティと協力することで、私の名前のブランドは大きく成長しました。私たちは、行きあたりばったりで直感的に長い間仕事をしていましたが、それはそれでうまくいっていました。パリで最初のブティックは基礎がぐらついた後に、自分たちの色を取り戻しました。二つ目のブティックがヴォジラール通りに出来たのは、二〇〇四年のことです。この間、日本での拡大が続きました。二〇〇〇年にイクスピアリでパティスリー店がオープンした五年後に、東京の青山に旗艦店を開きました。三〇〇平方メートルの場所に、サロン・ド・テ、チョコレート・バー、ケーキ・カウンターなどがあります。このときはまだ、ここが世界最大の店舗でした。この店のオープンが、超特急での成長の始まりを意味しました。実際、二〇〇六年から二〇一二年の間に、日本に一〇もの店舗と販売所をオープンし、販売拠点は二〇以上に達しました。

ビジネスは拡大し可能な限り発展し、すべてが世界一のパティスリー店へと進んでいました。以来、この指数関数的成長を管理することになり、すぐに、より多くのケーキを供給する方法を考えなければならなくなりました。パリのヴォジラール通りの工房はもはや小さ過ぎました。仕上げ作業はボナパルト通りの店舗の地下でしていましたが、その下の地下三階で、必要な量のチョコレートを製造するのにずいぶんと苦労していました。それと同じ問題が日本でも持ち上がりました。それに加えて、行程のこの段階の鍵となる、絶対確実な事実がありました。驚異的な成功を収めたマカロンのほうが、私の署名入りの「オート・パティスリー」に比べて、同じものを作るのも、輸出するのも、容易だということです。マカロンには、日持ちがするという利点もありました。このことを強調しておきたいのは、タブーについての誤解をとくためです。マカロンのテクスチャーが最高の状態に到達するには、冷凍するといいのです。いったん冷凍してから解凍する過程で、生地と中のクリームが相互に浸透し合って中心まで柔らかくなり、外皮に軽いサクサク感が残ります。しかもマカロンの長距離移動が可能になります。

このようなさまざまな要素から、熟考の末、製造工場を作るという結論に至りました。そこで、マカロン、パウンドケーキ、チョコレート、菓子などを作るのです。理想の場所探しが始まりました。二〇〇七年に、パリのアルザス館の館長ベルナール・ケンツに、思わずその計画について話したのは、おそらく偶然ではありません。館長は、私をオーラン県経済活動委員会（元アルザス開発局）に取り次いでくれました。この地方で開業したい企業に寄り添う機関です。その関係者の案内で、ミュルーズ市のそばのヴィッテンハイムにある元チョコレート工場を訪れ、そこに製造工場を設立することに決めました。初めのうちは、私達のノウハウを伝授する責任者として、パリのチームのメンバーたちに行ってもらっていましたが、時が経つにつれて、ヴィッテンハイムのスタッフの八割がアルザス人になりました。

この工場の買収には、もちろん金銭的なリスクが伴いました。しかしさらに先に進むためには、それを避けることはできません。いちばんの取引先の銀行は、簡単に出資してくれました。事実、工場によってある段階を越えることになりました。この製造拠点のおかげで、新たに店舗をフランスと海外に作ることができました。これらの販売拠点では、マカロンとチョコレートとパウンドケーキしか提供しないので、現地に工房もパティシエも必要ありません。そうして、パリ、ストラスブール、ニース、ドバイ、タイ、カタール、サウジアラビア、韓国、マカオ、イギリス、香港、しかもアゼルバイジャンにまで、店を開くことができました。

これらの実験的な試みの中には、まだ開いている店もありますが、さまざまな理由で続けられなくなった店もあります。経済的、政治的な不測の事態によって、アゼルバイジャンのバクー店や、韓国のソウル店などは、閉店しました。

この成長拡大が私の心の一部を占めていたとしても、手に余ることが決してなかったのは、当時はシャルル・ズナティが十分に仕事を引き受けてくれていたからです。私にとっては、パティスリーの創造よりも大切なものは何もありません。客の喜びと感謝に勇気づけられて見つけた豊かな土壌に、大量のケーキ、マカロン、チョコレート、アイスクリームなどが育つのを見てきました。

このようにして少しずつ、私の仕事に二つの主な道筋が描かれていきました。

エモーション・イスパハン

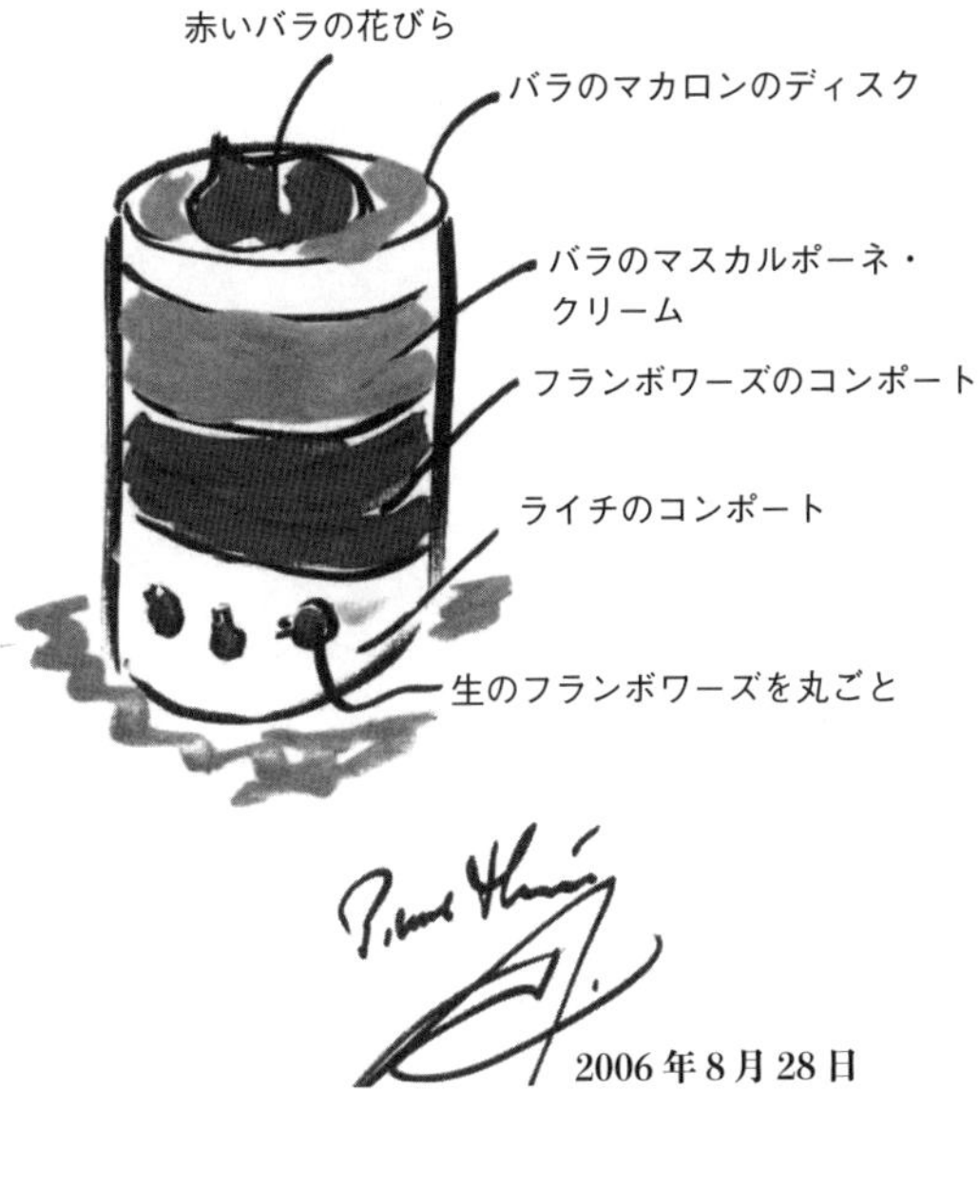

第八章

探　究

味と解釈

第一の道筋は、味わいの組み合わせの飽くことなき探求です。初めから取り組んではいましたが、少しずつこの分野からは遠ざかっていきました。調和した味わいの組み合わせを作っただけでは満足できなくなってしまったのです。成功したと思ったなら、今度はそれを違った方法で解釈して楽しみました。すべての始まりは、やはり多くの源の「イスパハン」です。このマカロン＝ケーキの発売後まもなくして、二つのテクスチャーのジャムの、少し複雑なレシピを思いつきました。バラ入りライチのジャムをフランボワーズのジャムで覆ったものです。

このちょっとした技術的な快挙を成し遂げるために、私の〝妹分〟で古くからの友人クリスチーヌ・フェルベールの力を借りました。熟練のパティシエールで、ニーダーモルシュヴィアにある家族経営の店で世界一のジャムを作っています。ある日ブラッド・ピットがこの小さなアルザスの村にヘリコプターでやって来て、全種類のジャムを買っていったほどです。注文したジャムの仕上がりは、美味しいばかりでなく美しく、二つのオパールの色のテクスチャーが、赤とヌードピンク色の繊細なグラデーションを成していました。そこで「イスパハン」の味を他の形でも解釈したくなりました。シャーベット、クロワッサン、そしてもちろんパウンドケーキとチョコレートも……。時間が経つにつれ、この展開はより私を熱中させていきました。新しい一つの味から、異なる種類のさまざまなスイーツを作ることが、仕事のひとつの方法になっている最中でした。最初は無意識に実現していたこの製作方法は、だんだん構造化されていき、私の創作の仕事における研究の指針として、重要な地位を占めるようになりました。そこに枠組みを与えるべきときが来ていました。

フェティッシュですよね？

ココ・シャネルは言いました。「流行は廃れるけれど、スタイルは決して廃れない」

私の作ったアイドル的な味を出発点に、各々の異なるブロックを書いていきながら、自分のスタイルを見つけました。あとはもう名づけるだけです。セクシーでエレガントな言葉〝フェティッシュ〟が、二〇〇六年にシャルルとブレインストーミングしているときに浮かびました。「フェティッシュ」は私の代表作でメゾンの主軸となるシリーズのことです。熟考され、構築され、四〇年近く前に始まり、新しいものを進化させ組み入れながら、ずっと続く仕事の一環を成しています。言わば、首尾一貫していて、印象的で、仕事において匹敵するものがないような、現在のパティシエの財産です。

ひとつの「フェティッシュ」の誕生は、私が理想的だと思う味の方程式から常に始まります。

▽バラ＋フランボワーズ＋ライチ＝イスパハン
▽クリームチーズ＋オレンジ＋パッションフルーツ＝サティーヌ
▽イチゴ＋ピスタチオ＝モンテベッロ
▽イチゴ＋ルバーブ＋パッションフルーツ＝セレスト
▽サクランボ＋ピスタチオ＝モザイク
▽ミルク・チョコレート＋パッションフルーツ（＋ロースト・パイナップル）＝モガドール
▽ミルク・チョコレート＋ヘーゼルナッツ＝プレジール・シュクレ
▽チョコレート＋キャラメル＝プレニチュード
▽カシス＋バニラ＋スミレ＝アンヴィー
▽栗＋緑茶＋パッションフルーツ＝サラ
▽栗＋ナシ＝オマージュ
▽ブラック・チョコレート＋柚子＝アジュール
▽ココナッツ＋パイナップル＋生のコリアンダー＋グリーンレモン＝ヴィクトリア
▽ソバの実＋松の実＋フレッシュ・ハーブ＋松葉＝エステーラ

▽オレンジの花＋ハチミツ＋レモン＋オレンジ＝アトラスの庭園
　など など

各々の味の出発となる〝媒体〟は、ケーキであることが多いのですが、他もあり得ます。「モガドール」の場合はマカロンでしたし、「イスパハン」の元は、アントルメの「パラディ」でした。

もともと「フェティッシュ」は、異なるタイプの素材の味を再解釈したコレクションです。そしてそれらの素材がファミリーとなり、異なる〝タイプ〟へと展開していきました。フェティッシュ・サントノレ、フェティッシュ・ババ、フェティッシュ・ミルフィーユ、フェティッシュ・パウンドケーキ、フェティッシュ・タルトなどです。

このような方法で仕事をすることがメゾンにとって確固としたものとなり、定番品を季節や私の要望によって、〝活用させる〟ことを可能にしています。

しかし〝活用させる〟という言葉には、限界があります。私を代表する味を〝翻訳する〟と言うほうが好ましいのです。なぜなら、ケーキ、マカロン、スムージー、アイスクリームなどを、同じ味の組み合わせから作るために使われる技術は、それぞれ著しく異なるからです。

実際にどの味を〝翻訳する〟ときも、ほとんどゼロからのスタートです。白状すると、満足のいく「イスパハン」のパウンドケーキが完成するまでに、長い間苦しみました。初めにライチを入れてもうまくいきませんでした。生地が水っぽくなり過ぎるからです。そこで、シンプルにライチをレシピから取り除きましたが、誰もそれに気づきませんでした。ライチがバラと同じ香りと味の痕跡を残すからです。

それでも私は、最良の解決策を探し続け、とうとう見つけました。それは、納入業者が素晴らしいドライ・ライチを味見させてくれたときのことです。そのドライ・ライチをパウンドケーキに取り入れて、以来パウンドケーキは、「イスパハン」と堂々と名のるのにふさわしくなりました。

それと並行して、この香りをボンボン・ショコラの形に翻訳したくなりました。すぐに暗礁に乗り上げてしまいましたが、切り抜けなければなりません。三つの味（バラ、フランボワーズ、ライチ）から、チョコレートを加えた四つの味へと移行するには、元の味を変えないようにするための細やかな調整が必要です。なぜならこの味は、チョコレートになると（さらにブラック・チョコレートだと）、ケーキと同じ方法では本領を発揮しないからです。ケーキには、甘みの強いバラのクリームと、ライチを切ったものと、生のフランボワーズが入っています。つまり、各翻訳は、技術的な、そして味覚の障害に乗り上げて砕けてしまわないような、高みに行く必要があります。「ヴィクトリア」のケースのように、うまくいかないこともありますが、それもまた、味の冒険なのです。

私はケーキに必ず名前をつけます。人の名前をつけることもあります。多分最初は、ラデュレでカードに情報を記入するためだったと思います。以来、名づけるのが遊びになりました。名前は、本から、詩から、感動から出てきたりします。とても気に入っているのは、「スリアン」や「ドリアード」のように神話にまつわるもの、「アリア」や「セレスト」のように独特の響きを持つもの、「ココロ」（日本語）や「オルチュ」（コルシカ語で〝庭園〟の意）のように何かを思い出させるものなどです。好きな言葉を見聞きしたときは、携帯電話にメモします。フランケット《ざっくばらん》、オンド《波動》、タリスマ《魔除》ン《け》、グット・ド・シエル《空の雫》、サレント（イタリアの地方名）、ココラ（ルーマニアの村の名）など、数十のストックがあります。これらの言葉は、ケーキと一緒になって意味を成して欲しいと思っています。次のケーキの名前は「パラドックス」になるかもしれません。この概念は、相反する要素が共存することで新しい意味を与えるものだからです。高級服のデザイナーがストリート・ファッションを手がけたり、有名シェフが露店のシュシュ（ピーナッツの砂糖がけ）を新しい解釈で作ったりするようにです。それは、現代の贅沢についてのある種の考え方であり、基準を変えて、別の場所へと連れて行くものです。パティスリーにおいては、「おいしくない」と評判の味との組み合わせで、素晴らしく美味しい何かを作り出すことにありますが、そのためのアイデアはまだ思いついておらず、寝かせているところです。追い求めないときに、見つかることも多いのです。

今あるケーキに話を戻すと、「モンテベッロ」という名前を、地図を開いて選んだのを思い出します。第二次イタリア独立戦争中の一八五九年に戦闘が行われた、ロンバルディア地方のコムーネです。この名前がとても美しいと思ったので、完成したばかりのケーキに名づけました。その数か月後、偶然にも、目を引くばかりの洗練された客がブティックに現れて、こう言いました。「私はモンテベッロ伯爵です。近々ヴェネツィアで結婚するのですが、私の名前のこの美味しいケーキを、その場で作ってはいただけないでしょうか」私達は喜んで引き受けました。

ケーキ「オマージュ」は、ガストン・ルノートルの記念に名づけました。ルノートルで働いていたとき、彼の洋梨とマロンのグラッセは、本当に大きな新発見でした。私は長い間この味をケーキにしようとして、大変な苦労をしました。というのも、洋梨がケーキに馴染みにくいことを差し引いても、思い出の再現というのは、ことのほか難しいものだからです。ついに満足のいく仕上がりになったとき、当然ですが「オマージュ」と名づけました。

人の名前からケーキを名づけることもあります。「サラ」の場合がそうで、かなり初期の仕事仲間の子どもの名前です。「エラ」も典型的な例で、このケーキが私の「フェティッシュ」の仲間入りをしなかったのは、元妻とサイコ・ドラマを演じる羽目になったからでした。このケーキを私は、魅力的な女優エルザ・ジルベルスタインを喜ばせるために考案しました。私は友人の家で、彼女と夕食を共にしていました。彼女とはたくさん話をして、電話番号の交換をし、デザートのときに彼女は、私が彼女だけのためにケーキを作ることを約束させました。私がいそいそと作っていたことは、認めなければなりません。オリーブオイルの生地、生のものと火の通ったさまざまな赤いフルーツ、レモン・クリームで作った、とても官能的な（うれしい偶然……）ドーム型のケーキです。当然このケーキに私は「エルザ」と名づけました。まだこの魅惑的な女性に知らせる前のことです。自分の名前のケーキが無かった当時の妻は、このことをまったく受け入れられずに、激しく嫉妬しました。あまりに怒るので〝Elsa《エルザ》〟を一文字変えて〝Ella《エラ》〟にして、事態を収拾しなければなりませんでした。

「フェティッシュ」についての締めくくりに言うと、私達だけが象徴的なケーキを提供しているパティスリーのメゾンではありません。しかしおそらく私達だけが、そうでなくとも私達が最初に、味わいというものを高く評価して中心に据えたのです。その証拠に反例を挙げましょう。有名なダロワイヨの「オペラ」は、確かにカルト的人気のケーキですが、ケーキとしてしか存在しません。しかし私達の「モガドール」や「サティーヌ」や「プレニチュード」のようなフェティッシュのシリーズには、さまざまな形が存在します。パウンドケーキ、ケーキ、マカロン、ジャム、チョコレート、飲料、菓子パン、アイスクリームなどです。

味わいと無限

創造の観点からの第二の道筋は、最良の方法で独自の味わいを引き立たせることにあります。そんなことは明白のように思われますが、私はそれができるパティシエをほとんど知りません。自分自身の組み合わせや味を前面に押し出し、商品に使われるそれぞれの素材の特定もするのです。おそらく、卓越した結果に到達するには、何年も探究する必要があるからでしょう。私が最初にこの課題に取り組んだのは、バニラです。バニラについての話は長くなります。

バニラ・ビーンズと人生

パティシエの息子だからというばかりでなく、我々のほとんどがそうであるように、バニラの味は、始まりであり子どもに戻らせてくれるものです。それはホットミルク、最初に食べたデザート、お家のアントルメなどを思い起こさせます。一言でいうなら、子ども時代の甘い幸福感です。しかし私が本物のバニラと出会ったのは、見習いを始めてからでした。父は、その時代の大多数のパティシエたちがそうであったように、バニラ・エッセンスしか使っていませんでした。一九七六年にルノートルで、立派な肉厚のバニラ・ビーンズを初めて見たとき、私は仰天しました。その存在すら知らなかったからです。このときから、自分の味蕾と思い出を同時に超えるような私の理想の完全なバニラの味を見つけるまで探し続けました。それに辿り着くには二九年かかりました。

この間、数えきれないほどの産地のバニラを見つけましたが、中には知らなかったものもありました。私はずっとマダガスカルとレユニオンのバニラを使っていました。一時はタヒチのバニラに夢中でしたが、しまいには使わなくなりました。強く豊か過ぎるからです。私はそれを「ガーターベルトを付けたバニラ」と呼んでいました。どんなことをしてでも私を誘惑しようとして、強い自己主張をしているように思われました。つまり私のほうからバニラに取り入りたかったのです。バニラは私をうずうずさせますが、こちらの目的を達成するには、とっつきにくいものでもありました。不思議なことに、二〇〇五年のパリのボーブール（ポンピドゥー・センター）でのイヴ・クラインの作品展で、この問題が打破されました。展覧会から出てきたとき、私は動揺していました。クラインの作品の神秘的なブルーにのめり込み、彼がどのようにこの色を創造したのか理解したいと、強く思いました。そして、モンパルナスのエドガー＝キネ大通りに店を構えるエドゥアール・アダムという人物が、この画材の業者であることを知りました。一九五四年から一九五五年の間に、クラインは自分のブルーを作るために、アダムに売場のすべてのブルーを見せるよう頼みました。この芸術家は、ペルシアン・ブルーと、プルシアン・ブルーと、いくつかのコバルト・ブルーを選り分けて、酢酸ビニールと一緒にエシオン・アルコール液の中に入れて、何でも屋の日曜大工のように混ぜ合わせました。クラインはついに出来たウルトラマリン色を見て喜び、うっとりしました。この連続した小さなタッチによるアプローチの啓示は、私にアッパーカットを食らわせました。この方法で私のバニラを作らなければならなかったのです。直ちにこのことをジャン＝ミシェル・デュリエに話しました。彼は香りとアロマの偉大な鑑定家で、私の途方もないプランに対して、とても率直に接してくれました。

「バニラを昇華させるタルトを作りたいんだ。でもそれには、地球上のすべてのバニラを探す旅をすることになる。手伝ってくれないか」と、彼に尋ねました。

「心配しなくていい」と彼は答えました。

その数か月前に私は、ロランス・カイエ＝ラルスボーに出会っていました。彼女はソーシングのエキスパートで、驚異的な知識を持ち、ジャン＝ミシェルと私に、世界中のバニラを味わわせてくれました。メキシコ（原産地）、マダガスカル、レユニオン、コモロ連合、ウガンダ、コンゴ、インド、トンガ、タヒチ、パプアニューギニアなどのものです。熱帯雨林のつる植物である蘭の花の実でしかないこの香辛料に、これほどの種類があるとは知りませんでした。

私の極上バニラを作るために、調香師が香水を作る手法を、あるいはクラインがモノクローム作品を描く手法を、少し取り入れたいと思いました。何にでも合うマスカルポーネ・クリームを基礎にし、これらすべてのバニラで香りづけしました。試食してみると結果は上々でした。燻《いぶ》したような、革のような香りのする、ほとんど動物的なウガンダ産、チョコレートの香りが強いコンゴ産、繊細で花の香りのするパプアニューギニア産などがありました。私の鼻と口蓋を頼りに、徐々に三つに絞られました。

▽花とチョコレートの香りのする、メキシコ産
▽カンゾウとドライフルーツのアロマで、森の香りがする、マダガスカル産
▽肉厚で力強く、微かなアニスの香りがする、タヒチ産

この三つを同じ分量で混ぜ合わせると、ズバリ私のバニラが出来上がりました！

この過程で学んだことがあります。その何年か前に、タヒチ産バニラは風味が豊か過ぎるので使うのをやめていましたが、もう一度注目してみると、基礎の香りとして、ミックスしたバニラを増幅させるのに不可欠なことがわかりました。

これを出発点に、私のバニラの味を進展させることができました。このバニラにラムとシダーのタッチを組み合わせてマカロンにしました。ゲランの「スピリチューズ・ドゥーブル・ヴァニ

ーユ」から思いつきました。バニラだけの威厳のあるタルトが、脳裏から離れませんでした。このタルトを、とても純粋で、一枚の白い紙の上でバニラが官能的に開花したようなものにしたいと思いました。サブレ生地、バニラの抽出液で浸したスポンジ、マスカルポーネ・クリームで作ったタルトが、「滋味豊かな精髄」（ラブレーの言葉）と言われるなら、それほどうれしいことはありません。それこそが唯一の目的だったのですから。

このタルトには、五〇〇グラムのクリームにつき一二グラムのバニラの実（バニラ・ビーンズ六本分）を使用します。これは一般的なカスタード・クリームに使う量の六倍です。「惜しみなく愛は与う」ものです。タルトが出来上がったのですから、あとは名づけるだけです。こんなふうに凝縮した味を、どうやって言葉にしたらいいのでしょうか。「バニラ一〇〇パーセント」、「ピュア・バニラ」などを提案されましたが、平板でやぼったいと思いました。やがて、より詩的に思えるアイデアが湧いてきました。そのアイデアとは、「アンフィニマン（無限に）」と「ヴァニーユ（バニラ）」を結びつけて得た美しいタンデムです。タルト「アインフィニマン《無限に》・ヴァニーユ《バニラ》」の誕生です。

バニラを巡るこの作業から、他も同じ方法でやりたくなりました。コーヒー、レモン、ヘーゼルナッツ、イチゴ、マンダリンなど、さまざまな産地と種類があり、探し回る甲斐があります。その品質に見合った創作に翻訳するのが目的です。生産物に対して批判的で分析的な視線を向けるなら、かなり遠いところに行くことになるかもしれず、〝無限に〟遠いところとさえ言えるかもしれません。なぜ「無限に」か、おわかりいただけたと思いますが、それは、原材料のいちばん良いところを引き出したいという私の望みをうまく表しているからです。この副詞アンフィニマン《無限に》は、ある独特な味を巡って構想される私のすべての創作を意味しています。

この分野での私の仕事の進め方は、生産物の知識を徹底的に身につけ、謎を解明しようとし、真髄をとらえることにあります。それにはいつでも、数々の出会いがつきものです。

コーヒーについては、「ラルブル・ア・カフェ」（フランスのコーヒー・メーカー）の創業者イポリット・クルティィの鑑定の恩恵を大いに受けました。コーヒーはとても高貴なのに、パティスリーでは軽々しく扱われることが多いのです。エクレアやルリジューズに、品質の悪いインスタント・コーヒーやコーヒー・エッセンスが使われているのを何度見たことでしょうか。一般的に、コーヒーの味わいは世界中で知られていると思われがちですが、実際はまったく理解されていません。一〇年ほど前に、それを苦い経験から学びました。イポリットにタルト「アンフィニマン・カフェ」を試食してもらったときのことです。私はそれを長い間、良質のコーヒーで作っていました。少なくともそう信じていました。

「いいレシピですね」と、彼は礼儀正しく始めました。

何かがうまくいっていないのだと、はっきりわかりました。

「でも？」と私は尋ねました。

「でもこのタルトには、私がコーヒーに求める精緻さもニュアンスも感じません」と、彼は続けました。

この後すぐに、コーヒーのノウハウのすべてについておしえてくれるようにお願いしました。産地、農園、実、焙煎、淹れ方などについてです。彼とは、多くの仕事を一緒にしました。この教育で私の知識は豊かになり、コーヒーによって味蕾の上で生まれた新しい感動から貪欲になって、この力強く繊細な香りをめぐるパティスリーの新しいシリーズを作りました。イポリットは、コーヒーという黒い金についての偏見に過ぎない私の〝知識〟を、完全に一変させました。

初めに、コーヒーのアロマを開花させるのに有効な唯一の方法が、水、牛乳、クリームなどの冷たい液体（最高でも三五度まで）に浸すことだと知りました。なぜならコーヒーはすでに焙煎されているので、もう一度火を入れる必要はないからです。

また、グリーン・コーヒーの発見もありました。コーヒーの種は、コーヒーの果実〝チェリー〟の果核の中にあります。グリーン・コーヒーとは、焙煎前の種に他なりません。驚くほど硬く、かすかに植物のアロマを放出し、とても甘く、苦味のないコーヒーの味を表します。私はそれを、レユニオン産の尖ったブルボン種のコーヒー豆と組み合わせて、マカロンにしました。レユニオン産はとても珍しく、赤い果核が繊細に香ります。イポリットはまた、他の第一級の豆も味わわせてくれました。ブラジルのＩＡＰＡＲのレッドは、丸く力強く、チョコレートの香りがします。この豆を、コーヒーの味が完全に再現可能と予想されるパウンドケーキに使いたくなりました。そこまで到達するためには、大変な苦労をしました。砕いた豆をぬるいバターに浸し、それをオーブンから出したばかりのコーヒーのパウンドケーキに染み込ませて、ようやくできました。残念なことに店ではまったく売れず、商業的には大失敗でした。ホット・チョコレートと一緒に食べると本当に美味しいのに、残念です。

タルト「アンフィニマン・カフェ」は、同じくブラジルのＩＡＰＡＲのレッドで作りましたが、幸運にも大成功を収めました。このタルトは、私の出発点のアイデアにかなり忠実だったと言わなければなりません。生クリームがコーヒーの上に浮いているウインナー・コーヒーから着想し、とても贅沢で甘さ控えめのこの特別なコーヒーを称えて作りました。「アンフィニマン・カフェ」は、サントノレ、エクレア、モカケーキ、クロワッサン、サブレ、アイスクリームなどにもしました。

一度コーヒーに興味を持ったら、もうやめられません。飲み物としてのコーヒーにも強い関心を持つようになりました。バリスタたちと、私達のエスプレッソ、私達のカプチーノ、私達のカフェラテ、私達のカフェモカなどを創作し、彼らの仕事に敬意を表するための特別な場所をオープンしました。豆挽きも、計量も、抽出も、すべてが無限に入念に行われます。パティシエがする方法と同じです。

出張とセドラ

パティシエは文化的な仕事です。私はおそらくそこに最も情熱を燃やしています。生産物を求めてビオトープまで出かけて行き、生産者に会うほど勉強になることはありません。私の使命のひとつは、オート・パティスリーの職人、そして主唱者として、自分が使う生産物について新しい知識を獲得するために、道を切り開くことにあります。

このアプローチのため、私はフランスの地方から世界の果てまで旅行します。シェフのロマン・ムデールのおかげでリンゴの素晴らしい生産者を見つけたタルン＝エ＝ガロンヌ県から、特産品の甘い柑橘類を求めてコルシカへと向かい、その間にコーヒー、ホオズキ、サワーソップの農園を歩き回るのが楽しいコロンビアに寄ります。コロンビアには頻繁に行き、コーヒーについての勉強をし続けています。この分野の私の知識はまだ不十分だと思うからです。

柑橘類については、完成しつつあります。情熱をもって、ずっと柑橘の勉強をしてきましたし、見事な柑橘をすでにアジアで発見しています。私のコルシカへの（そして一人のコルシカ人女性への）愛は、このテーマをきわめて豊かにしてくれました。余談ですが、妻ヴァレリーと出会ったのは、コルテの近くのソヴリアにある糖菓店「サン＝シルヴェストル」を始めたマルセル・サンティニのおかげです。ずっと前から彼は私に最高品質の柑橘類の皮の砂糖漬けを納入していました。彼から二〇一三年に、ヴァレリー・メルメなる人物が組織したコルシカの料理のイベント「アルテ・グストゥ」の後援を頼まれ、喜んで引き受けました。その数年前からヴァカンスをボニファシオで過ごしていて、この島純正の生産物の真価を認め始めていました。生産物に出会いに行き、もっと知ることに喜びを感じていました。

そして、もうひとつの出会いがありました。思いがけずふいをつかれた、センセーショナルな出会いでした。バスティアに到着したとき、マルセルとヴァレリーが料理のイベント会場で私を待っていました。マルセルは私をヴァレリーに紹介し、私はこの太陽のような女性を見ると、とてつもない力によって雷に撃ち抜かれたようにして、ナノ秒で一目惚れをしました。幸いなことに相手も同じでした。この年のアルテ・グストゥ・フェスティバルは、私の最も美しい恋物語の始まりとなったのです。

この愛の歴史は今も続き、そしてこれからもずっと続くと確信しています。ヴァレリーは魂の伴侶だと強く思うからです。

彼女は私にたくさんのものをもたらしました。そのひとつに、彼女が生まれたコルシカの扉を大きく開いてくれたことがあります。私たちは二〇一七年に結婚し、コルシカに家を買い、できるだけ長い時間を過ごしています。コルシカは私の一部になりました。大地は力強く、その土壌までもが独自性に満ちて、我々に羊を、そして何よりも柑橘をもたらしてくれます。この美しい島の東部の海岸沿いのサン＝ジュリアーノには、国立農業研究所と国立農業開発研究国際協力センターの立派な柑橘類の観測所があるからです。私はかなり頻繁に訪れて、木々や果物に見惚れ、柑橘類について本当にすべてを知っている研究所の技術者たちと、観測所についての意見交換をします。ここの柑橘類が世界でも特異な集まりになっているのは、アルジェリア戦争後の一九六〇年代にフランス人が本国へ持ち帰った柑橘の栽培の遺産です。ここの一三ヘクタールの土地には、何百種類もの柑橘類が植わっています。セドラ（すべての柑橘類の〝祖先〟）、クレマンティヌ（オレンジとミカンの交配種）、オレンジ、レモン、グレープフルーツ、ライム、柚子、ブッシュカン、スダチ、カボスなど……。ここで働く研究者たちは、この驚くべき遺伝子遺産の世話をし、保護し、広める責任を負っています。彼らはまた、自然交配を進めていますが、これは魅力的な〝ゲーム〟です。なぜなら品種間で無限に交配させ、新種を作り出すことができるからです。味という点では、毎回必ず成功するわけではありませんが、非常に興味深いことです。コルシカの土地は、ある種の柑橘類に土地独特の特徴を与えます。コルシカのレモンがそうで、島の粘土質の腐植土に開花しますが、他の地中海産のレモンは逆に石灰質の土地で育ちます。コルシカのレモンは糖度が高く、アロマが強いのです。今から数年後までには、かの名高いクレマンティヌになならって、コルシカのレモンが地理的表示保護を獲得することが望まれます。

私はこういった情報を、現地で吸収するのが何より好きです。生き生きとしていて、インスピレーションを与えてくれる情報だからです。木からもいだ果物を味わうとき、アイデアがひとりでにやってきます。コルシカとわがコルシカ人女性が、特にインスピレーションを与えてくれることを白状せねばなりません。妻ヴァレリーはカレープラントの香りをまとっています。このホットでスパイシーなアロマに、セドラの酸味のある甘みを組み合わせてマカロンを作り、もちろん「ヴァレリーの庭園」と名づけました。

ピスタチオは、とても好きな食材です。南仏で友人のオリヴィエ・ボーサンから多くを学びました。オリヴィエはロクシタンの創立者で、彼の住む南仏地方の生物多様性の素晴らしい推奨者です。農業従事者たちを援助して、観光収入の犠牲になることを余儀なくされ、ラベンダー畑にするためにこの数十年間に引き抜かれた樹木を再植しています。

ピスタチオの木は、ラベンダーへの転作のために、多くを引き抜かれた種のひとつです。その損害は甚大でした。ピスタチオの木は、寒い冬と酷暑を経験して、南仏の土地に順応していきます。その原産地であるイランのようにです。私はピスタチオについてかなりのリサーチをし、農園を探検しにペルシャの地へ行くのを夢見ていますが、今のところ機会がなく実現していません。いつか行くことはわかっています。イスファハンの知事が招待してくれています。知事に会ったのは、二〇一六年にパリのエコール・デ・ボザールでのことです。ケーキ「イスパハン」の成功が、その名の元となったイスファハンを広めるのに一翼を担ったことから、知事より名誉市民の称号を授与されました。私はとても感動し、神話のような建築のこの都市を、よりいっそう探訪しに行きたくなりました。その折には、ピスタチオの生産者たちに会いに行きたいと思っています。

ピスタチオは、イランの特に北東部で、何世紀も前から栽培されています。夏の終わりに、木の先端に房状に実がなり、聞いたところによると、木の下にいると、ピスタチオの〝音楽〟が聞こえるのだそうです。殻が開くときの小さな弾ける音が、収穫の合図です。それは完全なる詩です。ゆっくりと舌が焼けるように熱い紅茶をすすりながら、この瞬間を体験するのを私は夢見ています。理想のピスタチオはイラン産なので、なおさらです。シチリアのピスタチオは美味しいのですが、ケーキに入れると茶色くなってしまいます。私の客はそれを好みません。また、カリフォルニアのピスタチオは美しい緑の色調ですが、味はおいしくありません。集約栽培されているからです。イランのピスタチオは、コストパフォーマンス、味、色、すべてが最適です。

この手のことは、問題の中心まで掘り下げないと知り得ません。私にとっては、基礎知識です。まずは味の観点から、最高の材料を探すことなしには、オート・パティスリーと名乗ることはできないからです。また、経費と営業の面でも極めて重要です。年に二五〇〇キロものピスタチオを使っているのですから。

冒険とカカオ

味の探求での最大の冒険は、疑いの余地なくチョコレートを巡る冒険です。私にはその義務があります。チョコレートはパティスリーにおいて、バター、砂糖、塩、牛乳、バニラ、アーモンド、小麦粉、卵、生クリームなどと同じく、主要な材料です。古くからパティスリーに使用され、私にとっても四〇年近く、味の仕事における主軸のひとつです。チョコレートは私をはるか遠くまで行かせてくれ、私は可能な限りいちばんいい方法でそのお返しをする努力をしています。

貴重なカカオ豆に興味を持つことで、アロマの不思議な世界を発見しました。産地、栽培方法、天候によって、チョコレートの種類は微妙に違い、まるでワインのようです。そもそもカカオ豆には、大きく三つの「品種」（あるいは種類）があります。生産量の多い順に言うと、フォラステロ、トリニタリオ、クリオロです。

仕事を始めたばかりのかなり昔に、チョコレートがこれほどまでに美味しいのかとわかったのは、うれしい驚きでした。思い出の中のチョコレートとは天と地ほどの差がありました。当時はチョコレートがごちそうだったにせよ、私が今日好むようなカカオとはいかなる共通点もありません。小さい頃は、父が成形してくれたチョコレートを美味しく食べていました。感謝祭のウサギや待降節の聖ニコラウスの形をしたチョコレートは、私を幸せにしてくれました。型から取り出した後に、型から漏れて天板に張りついたままになっているミルク・チョコレートを食べるのが特に好きでした。

その後、見習いのときのルノートルではリンツやカカオ・バリーのチョコレートを使っていました。これらのメーカーは、メゾンのために特別なブレンドを開発していました。今ではごく一般的なチョコレートだと思われていますが、多くの品の質が向上したように、チョコレートもこの三〇年間というもの、目を見張るほど進化しています。生産者、買付業者、注文の多い職人たちのおかげです。

そういえば、私が初めてカカオと出会ったのは、熱帯雨林の中ではなく、ワインの生産地としての方がよく知られているタン＝レルミタージュです。この地に根付いて一〇〇年になるメゾンのヴァローナは、ソーシングから商品化まで、カカオのすべてのルートを押さえています。一九八四年に、フランソワ・クレール社（現在のサン＝クレール社）で働いていたとき、ボスと一緒にヴァローナ社の工場に招待されました。カカオ豆が、タブレットや、コーティング用のチョコレート（より精製され、よりさらっとしていて、カカオバターが豊かに含まれているので、パティスリーにとてもよく使われる）に、変化する過程をしっかり学ぶためです。その味見をした最初の瞬間に、私とチョコレートとの関係は決定的に変わりました。

当時ヴァローナは、カカオをブレンドしたチョコレートしか作っておらず、カカオの含有率は最大で六〇から六四パーセントでした（その二年後にようやく、世界で当時いちばん苦かったガーナ・チョコレートをカカオ七〇パーセントで作り、パティスリーの世界に革命を起こしました）。それ以前に味わったチョコレートはどれも粗野な感じで、それらと比べてヴァローナのチョコレートは、繊細で、力強く、明快な味わいでした。

なぜチョコレートはいつも異なる産地（トリニダード・トバコ、ドミニカ共和国、ジャマイカ、マダガスカル、ガーナ、コートジボワールなど）のカカオ豆をブレンドして作るのか尋ねて学んだのは、ひとつには、比較的コンセンサスが得られやすい味を作ることができるからで、もうひとつは、一定の味の質が保証されるからです。カカオは農産物ですから、その味は、気候や栽培条件などによって収穫の度に変わります。また、収穫が少なかったり質が悪かったりしたことが判明したときに、他の産地のもののアロマが同じ特徴であれば、補うことができるからです。

　カカオが天候不順に弱いというのは、とても印象的でした。自然がチョコレートに自らの法を課しているという事実に、私は魅了されました。反対に、コンセンサスを得る味を求めることは、私にとっては平穏過ぎて、あまり面白くはありませんでした。このようにして一九九〇年代の初めに、フランソワ・プラリュに目を向けるようになりました。このショコラティエの巨匠は、革命的な仕事を企てました。彼が世界中から探し出したカカオ豆から、カカオ七五パーセントまで推し進めた産地別の純粋なチョコレートを誕生させたのです。各々の特徴を力強く表しているこれらのチョコレートを味わって、私は恍惚となりました。サオトメ島はスパイシーな香り、ジャワ島はバナナの香り……。試食するうちにはっきりわかったことがありました。私はもう二度と、チョコレート・ケーキは作らない。しかし、各産地のカカオに適した方法で昇華させて、これまでとは違うチョコレート・ケーキを作る。

　この仕事をラデュレで始め、「チュアオ」ケーキを作りました。森とフルーツの香りがするチュアオ（ベネズエラの村）の一級のクリオロ種のカカオとカシスを合わせたもので、以来ずっと作り続けています。このことはブレンドを否定するものではありません。それが美味しいなら、私が最初に使います。その証拠に、ヴァローナが一九九三年にエクアドルとガーナのカカオを合わせて「ジヴァラ」を発売したとき、この濃密なミルク・チョコレートで私は「ケーキの上のサクランボ」を作り、それが代表作の仲間入りをした「プレジール・シュクレ」になりました。

私の頭の中には、チョコレートのための二つのボックスが収納されています。ミルク・チョコレートは、純粋に美味しいスイーツで、特にヘーゼルナッツと混ぜたら、完璧な組み合わせです。一方ブラック・チョコレートは、アロマのさまざまな側面が、ワインのように、テイスティングの喜びへと導きます。私が自分のバニラの味を作ったのは、どのバニラも単独では満足できなかったからです。チョコレートはその逆で、各々の個性がどれも興味深く、その違いを際立たせたくなります。

三五年間、ヴァローナと、そして途切れることなくそこにいる私の担当者たちと、頻繁に協力し合いながら、この仕事に力を入れています。今やヴァローナは、単一産地のチョコレートのための産地を拡張していて、自社のソーシング担当が発見するごとに、とてもきめ細やかに進めています。すぐに〝ベネズエラ産カカオのみ使用〟とかいう話題ばかりになり（「フランス産ワイン」と言うのと同じことです）、葡萄畑のように、農園が前面に押し出されるようになりました。ワイン愛好家は、「ヴォーヌ・ロマネ」について話すだけでは満足しません。この原産地表示を持つワインには、それぞれ独自の特徴があるからです。ですからこう明示されます。「ヴォーヌ・ロマネ」／ル・クロ・ゴワロット（区画）／プリューレ＝ロック（生産地）／二〇〇六（ブドウの収穫年度）。チョコレートもほぼ同じです。私はたとえば、好んで以下のことを強調します。産地（ブラジル）／地方（バヒア州南部沿岸）と農園（パイネイラス）。

パイネイラスを例に挙げたのは、ここのチョコレートを使って、たくさん仕事をしているからです（ケーキ、マカロン、単一産地のタブレット）。ここで思い出されるのは、ペルーのモロポン地方のアスプロボ農業共同体によるものです。ここのカカオ豆は、その品質が著しく低下するまではとても気に入っていました。また、マダガスカル北部アンダジベのミロ農園で栽培されているマンジャリ・カカオは、ほのかな酸味があり、ガナッシュなどに使っています。それからメキシコのいくつかの農園の豆を混ぜた単一のカカオ六四パーセントのチョコレートを使って、ボンボン・ショコラのコーティングをしています。このチョコレートは、香り、力強さ、苦さのバランスが絶妙だからです。特徴が際立ち過ぎないので、プラリネやガナッシュの主張を邪魔せずにコーティングをしつつも、一定の存在感があります。

どうして私自身のチョコレートを作らないのかと、訊かれることがあります。答えは明白です。それは単に、私の仕事ではないからです。一度カカオ豆が、発酵、乾燥、焙煎、粉砕、攪拌、精製などされてしまえば、私にはカカオ豆とチョコレートの味の関係を確立することはできません。〝ビーン・トゥー・バー（豆からタブレットへ）〟の仕事には、ソーシングから焙煎まで、とても正確なノウハウが必要です。私はそれをものにしていませんが、ヴァローナ、プラリュス、マルコリーニ、ベルナション、デュカスなどのメゾンは、職人の技術を守りながら、完璧に実現しています。これらのメゾンは、カカオ豆を粉砕する前に焙煎しますが、あまりうるさくないメーカーは逆に、焙煎する前に粉砕します。それでは味が変わってしまいます。

私がチョコレートを〝ビーン・トゥー・バー〟方式で決して作るつもりがないもうひとつの理由は、私達が使うチョコレートの量は年に一二〇トンで、莫大だからです。そもそもヴァローナは、すべてのさまざまなカテゴリーを一緒にした中でも最も大きな納入業者のひとつであり、もはや〝パートナー〟と呼ぶ方がふさわしいぐらいです。一九九〇年代から、良い関係で仕事をしていて、常に意見交換をしています。私達はヴァローナが準備するカカオ豆に合わせて、ケーキやボンボン・ショコラを作ります。逆にこちらから特別なリクエストをしても、彼らはいつも聞いてくれます。

この緊密な協力関係は、一九九〇年代から二〇〇〇年代に差し掛かるときに始まりました。私はひっきりなしに彼らに、こんなものをこんなふうに作るためにと、正確なブレンド、単一の産地のものなどを、せがんでいました。彼らはついに私のために、特別な等級のものを作ってくれました。それは第一級の、素晴らしいチュアオのものでした。私は自信を得て、若者が言うように調子こいて、アクセス不能のものを思い切って頼んでみました。ポルセラナです。このクリオロ種はベネズエラ原産で、豆が白く、最高に甘く、極めて傷みやすいのが特徴です。当時この種は絶滅が危惧されていたほどでした。ポルセラナの生産を支えるために、熱帯雨林の奥地で実験的な農場の指導をしている一人のドイツ人に、ヴァローナが協力していたことを知りました。

「その情報は間違いではありませんが、生産量があまりに少ないので、取引先に売ることはできないのです」と聞かされました。もうおわかりでしょうが、私は粘り強いのです。それでとうとう、いくばくかのポルセラナのチョコレートを手に入れました。それらが花の形をしていたのを思い出します。もっといいこともありました。その数年後の二〇〇八年に、当時のヴァローナの私の担当者と共に、現地へと赴いたのです。

それは、カカオの産地への最初の旅でした。あらゆる観点から見てこの体験は、常軌を逸していました。ベネズエラの殺人発生率は世界記録を保持していて、私達は重装備の護衛に絶えず囲まれていましたが、そんなことでは少しも安心できませんでした。それでも私のカカオに対する情熱は、不法武装集団、ドラッグのギャング、誘拐の危険性への警告よりも、強かったのです。振り返ってみると、こう思います。私達は完全にどうかしていたけれども、危険を冒したことに悔いはない。それほど素晴らしい旅だったのだから。私達は、何が何でもポルセラナの種の純度を守ろうと戦っている有名なペドレガル農園を訪れました。この農園の耕作者たちは、気が遠くなるような作業をしていました。彼らは森の中の暗闇に入って行き、手作業でカカオの花を受粉させていました。その目的は、ポルセラナが他の種と交配しないようにするためです。カカオは自然発生的に、そうなってしまう傾向にあるからです。この複雑な耕作で生まれたカカオで作ったチョコレートは、とても上品な苦味で、その繊細さ、甘さ、香りのニュアンスにおいて、人生で一度も味わったことのないようなものでした。残念なことにヴァローナは、ずっとそれを提供することはできませんでした。しばらくすると、ベネズエラ政府が農園を没収し、以来放置されているのです。悲しく無惨な植物の宝の損失です。

このベネズエラ旅行のとき、ずっと護衛されながら、北部海岸のチュアオまで進みました。伝説のカカオの地へと向かうこの素晴らしい小旅行が実現したのは、四年ごとに選ばれる農業組合長のおかげでした。チュアオの住人たちは、一七世紀からカカオ栽培で生活しています。そこに辿り着くには、海を渡る以外ありません。そこへ通じる道がないからです。私達は、オレンジ色のプラスチック製のモーターボートに詰め込まれましたが、ボートは武装した護衛たちの、そして私の重さにあえいでいるようでした。私達がたどり着いたのは、植物で覆われた山々に囲まれ、ココナッツの木々に縁取られた楽園の海岸でした。蒸し暑さに参りながらも、暗く深い森を通り抜けて行きました。森にはバナナの木の陰に、カカオの木が生えていました。それから村の広場に出ました。青と白色のひとつの教会を中心にして、広場は鮮やかな色の家々に囲まれていました。真っ白な広場には、乾燥させるためにカカオ豆が環状に置かれていました。すべてが俗塵から離れている印象で、信じられないほどの美しさでした。同行者と共に私達は、協同組合の人たち、収穫者たち、組合役員たち、カカオの乾燥担当の女性たちと出会いました。私はそこで、バックパックから小さな保冷パックを取り出しました。私は彼らのカカオを何年も前からケーキやスイーツへと加工していたので、パリから中にプレーンのガナッシュとカシスのガナッシュの入ったボンボン・ショコラを持ってきていました。チュアオの生産者たちにどうしても味わってもらいたかったのです。私は鼻高々に、彼らが私のチョコレートに感嘆するのを想像しながら、録画させていました。しかし実際に起こったことは、まったく違っていました。

「ありがとう《グラシアス》」と、収穫者たちは唇の端で囁くように言うと、私に背を向けて仕事へと向かいました。私のチョコレートに対して彼らは無反応で、現実とは思えませんでした。

乾燥担当の女性たちはと言えば、私を見ながら忍び笑いをしていました。誰も二度と手に取りたがらず、目に見えて溶け出しているチョコレートに、私はしょげかえるような様子だったに違いありません。

「お口に合いませんか」と、組合長に訊きました。

「いえいえ、美味しいですよ。でも私達はカカオをこんなふうには食べないのです」と、彼は答えました。

パシッと顔に一撃を食らったようでした。彼らの無感動な様子に打ちのめされて、がっかりしながらも意気消沈することなく、このことについてもっと知りたいと思いました。

「私達はカカオを生で味わいます。粉砕して水に入れ、上澄みを移しとります」と、組合役員が説明してくれました。私が彼らのカカオから作ったものは、彼らにとっては少なくとも奇妙に見えていたのだそうです。
「ああ、そうなんですね」と、私は口ごもりました。

この日は、謙虚になるためのよい戒めとなりました。しかしそれだけではありません。このことは、味の文化の重要性を認識させてくれました。彼らがカカオを調理し愛好する方法は、我々のそれとはまるで無縁ですが、それもまたいいのです。

その何年か後に、ブラジルのバイーア州イリエウス市のそばにあるパイネイラス農園を訪れました。またヴァローナのチームとの旅になったのは、二〇一三年のこの頃、私は彼らと単一産地のタブレット・ショコラを開発していて、特別な農園を探していたからです。私達はイタカレの海岸沿いに泊まっていましたが、農園はイビラピタンガの奥地にありました。農園は当時も今も、ブラジルのとあるファミリーのもので、このファミリーはブラジルに多くのカカオ農園を所有しています。ここはチュアオとはまるで違っていました。巨大な生態系があって、農業従事者たちは、自分たちの子どもと一緒に生活し、子どもはそこの学校に通っていました。都合よく私は、何キロものチョコレートを持って来ていました。今度は皆が気に入ってくれ、私の名誉は保たれました。その日一日楽しく過ごしたことを思い出します。子どもたちは、私のカカオの木を植えるのを手伝ってくれました。いい木だったので、立派な実をつけると思います。そのことについてよく考えます。特に、私達が年に八トンから一〇トン程度輸入して、タブレットやマカロンにするチョコレートのひとかけをかじるときに。

他のカカオ産地の探検も私を待っていますが、コロナ禍のせいでベリーズ行きは三年延期しています。また、エクアドルにも行かなければなりません。友人のピエール＝イヴ・コントがアシエンダ・エレオノール農園を買ったからです。彼も私のようにカカオの調理法に情熱を持ち、私たち二人がメンバーになっている、かの有名な「クラブ・デ・サン《一〇〇人のクラブ》」でランチをしているときに、彼は私にそのことを知らせました。

「一緒にチョコレートを作るのに興味はある?」と、彼は私に訊きました。

「愚問だよ！　あるに決まってるよ！」と、私はほとんど子どものようにはしゃぎながら、答えました。

二人の友情関係から、チョコレートのように魅惑的なものを生み出すというアイデアは、ただ単に素晴らしく思われました。私たちの最初のタブレットを作るまでに、乗り越えなければならないいくつもの段階があったとしてもです。実際カカオを、負担目録に合致した倫理的な有機栽培で生産するには、雑草、バクテリア、化学薬品など、私たちの仕事の範疇を超える偶発事に耐えなければなりません。そこで私はヴァローナを巻き込んで、この手の工場では最初のものを設立してもらいました。通常は、ヴァローナの専門家たち自身で自分たちが一緒に仕事をしたいと思う農場を選別しますが、このときは私が開発をお願いしたので、彼らの過程が複雑になりました。それでもつきあいの長さと、何よりもカカオの原産地の領域内にあるアシエンダ・エレノールの豆の品質にかんがみて、了承してくれました。

ヨーロッパ規格に加えてヴァローナの基準もパスすれば、私達はカカオ豆を輸入することができます。そのためにひとつずつ、障害を乗り越えていきました。最も厄介なのは、カドミウムの含有率です。亜鉛に近い重金属のひとつで、エクアドルのような火山灰地に、微粒子が存在することがあります。〝許容〟できるカドミウム含有率については、長い間、ラテンアメリカとアフリカというカカオ産出国間での諍いの原因でした。ＥＵによる厳しい基準でアフリカのカカオが奨励されるようなロビー活動をアフリカがしていると、ラテンアメリカは疑っていました。それが何であるにせよ、健康と品質にかかわる問題に関しては、きちんと規制に従うのが私達の役目です。ヴァローナの専門家たちは、友人が農園を広げていくために、カドミウムの含有量がより少ない区画を特定する手助けをしてくれました。

ピエール＝イヴ・コントとヴァローナが手に手を取って生み出したこのカカオが、収穫されるのを見るのは大きな感動であり、何年も待った甲斐がありました。今度は私の役目です。砂糖と硬さの関係のちょうどいいところにカーソルを合わせて、最良の方法でその味を際立たせるのです。

いちばん大きな情熱のひとつであるチョコレートについての仕事を、やめることは決してないでしょう。チョコレートは香りのニュアンスの上に、溶解し凝固するという驚くべき物理的特性を持っています。複雑で、魅力的で、生き生きとしている素材であり、そのランクの高さに応じて加工するために、見極めて、手なずけることが必要です。チョコレートに対しては、しっかりと向き合わなければならないのです。

2016年クリスマス

PIERRE HERMÉ

ビュッシュ・オマージュ

12 RUE FORTUNY PARIS 17e

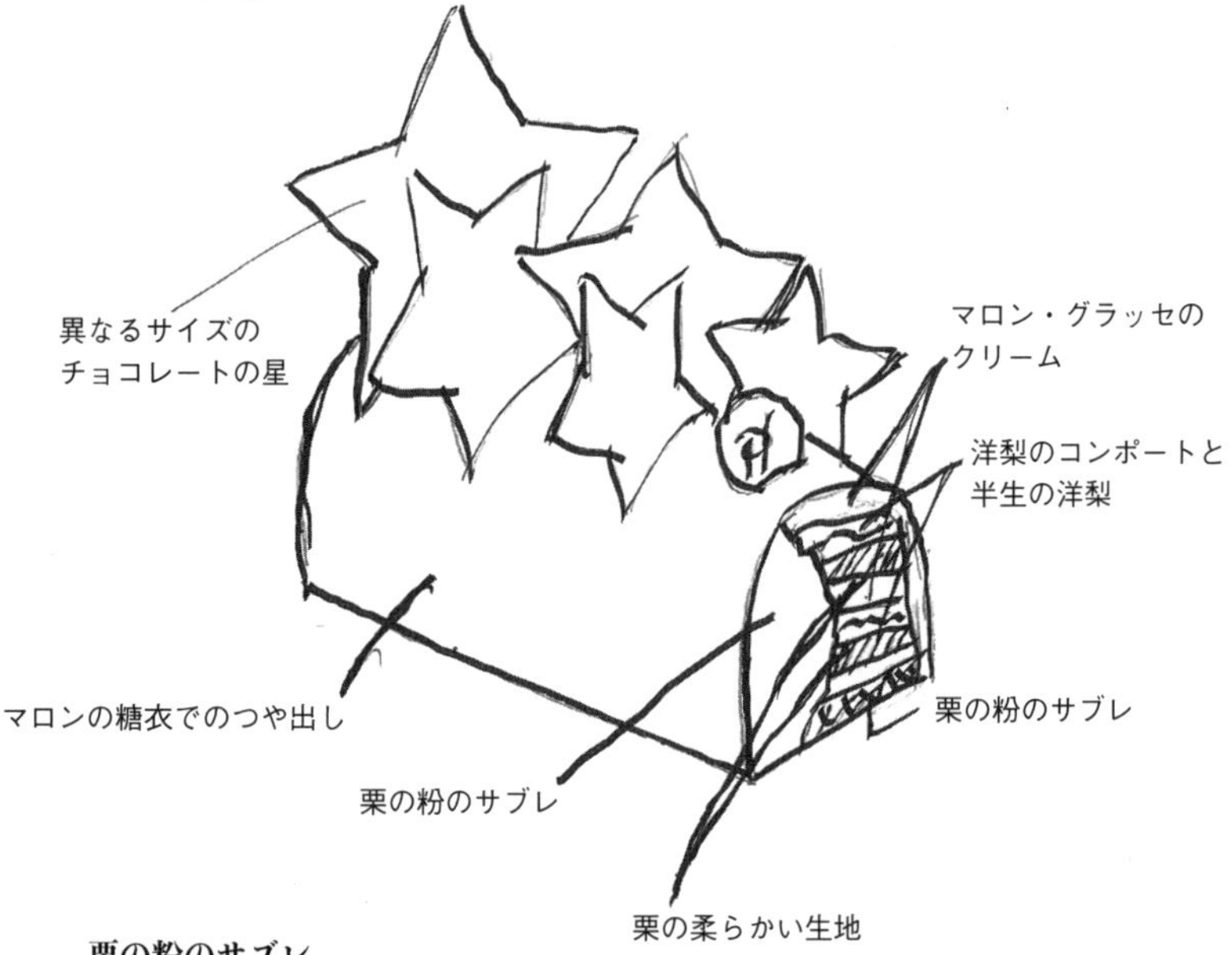

栗の粉のサブレ

400g 減塩50%バター

150g バター

190g 粉砂糖

3g 塩の花

20g 固ゆで卵の黄身

530g 栗の粉（150°Cで炒る）

100g ジャガイモのでんぷん粉

2016年2月26日

第九章　情　熱

口蓋と弁舌

私は常に食べることを愛してきました。それは見てのとおりですので、〝体重〟について再考してみます。記者たちからインタビューのときにいつも訊かれるのは、好きな味、好きな料理についてです。これらの質問には、文字通り答えることができません。好奇心が強すぎて、口蓋が新しい味に貪欲すぎて、ひとつだけに留めてはおけないのです。私の主義として、何に対しても凝り固まった考えを持つことはありませんから、好きな味を決めることはできません。いちばん興味があるのは、次に味わうものです。

同様に、私が創造したケーキの中でのお気に入りも存在しません。「イスパハン」や「アンフィニマン・ヴァニーユ」を食べて思わず、「うわっ、何て美味しいんだ！」と言うことが度々あってもです。ここでもまた、いちばん興味があることと言えば、次に味わうものなのです。

〝理想の〟食事についても同じです。あまりに多くの可能性があるので、定義上存在しません。それは確かだとしても、味に関して人生でいちばん驚いたのが何だったのかならば、お話しできます。みなさんの予想に反して、こういった驚きはとりわけ甘くない料理の領域で起こりましたが、二人の優秀なパティシエによる例外があります。

―サン＝エヴ・ケーキ。ルレ・デセールの会員、ジュラ県サン＝クロード市のパティシエ、ベルナール・ピュジェによって作られました。このダクワーズ・ケーキは、選りすぐりのナッツとバタークリームのプラリネと、稀に見る薄さのヌガティーヌの一片による完璧な仕上がりで、私にいつまでも消えることのない思い出を残しました。残念なことにこのメゾンは閉店し、ベルナールは一〇年前に定年退職しました。

―白トリュフのデザート。「エレーヌ・ダローズ」のパティシエ、カーク・ウィトルによって作られました。蒸した生地、マスカルポーネ・クリーム、アーモンド、強い味が巧みに抑制されたアルバの生トリュフをベースにしたこれらの取り合わせは、冷たさから熱さへと変化し、私を夢中にさせます。私はずっとカークとエレーヌに、こんなものを発明してみたかったと言ってきました。以上、相違なく署名いたします。

記憶にある限りの昔から、私はどうしようもなく美食に惹かれていました。最初の給料の大部分はレストランで遣いました。シェフたちはいつも私を驚かせ、はったりをかけ、刺激し、私は多くのシェフたちと友情関係を結びました。出会いの数だけ、たくさんのテーブルでの思い出を、ひとつひとつ手繰り寄せることができます。

このようにして一九九〇年代の初めに、モナコの「ルイ・キャーンズ」で、アラン・デュカスの料理に出会ったときは、本当に張り手を食らったかのようでした。アランのことはずっと前から知っていました。私がルノートルで働いていた一九七六年に、彼はアントルメの部の研修生だったからです。私が本当の意味で彼の仕事を知ったのは、元妻フレデリックのおかげです。フレデリックはアランと一九八二年か八三年に出会っています。彼はジュアン・レ・パンのホテル・ジュアナのシェフでした。この若く輝きに満ちた人物は、二八歳にしてミシュラン・ガイドの二つ星を獲得しました。ホテルのレストランでは初めてのことです。

アラン・デュカスの料理のヴィジョンに夢中になったフレデリックは、レストランに通い詰め、彼と親しく料理について会話をするようになりました。彼が唯一の生存者となった飛行機事故で一年間入院していたときも、フレデリックはかなり定期的に病院に見舞いに訪れていました。彼女は食べ物を差し入れ、二人は何時間も、世界中の料理、素材、レシピについて語り合いました。彼らの実り多い料理に関するやり取りについては、フレデリックによって後年、『ラ・キュイジニエール《料理人の》・デュ《女性》・キュイジニエ《料理人》』（ベラン社、一九九五年。アラン・デュカス出版社より再出版、二〇一一年）に描かれています。多くの食通たちのカルト的作品で、私にとってもそうです。私はこの本を定期的にずっと使っています。特にアラン・デュカスの好物であるアンズのタジンの優れたレシピを見るためです。初めてアランの料理を食べたのは、フレデリックと一緒で、モンテカルロの「ルイ・キャーンズ」の壮麗な広間でした。シェフはわずか三年でミシュランの三つ星を獲得していました。イチジクの葉に包まれたシタビラメ、栗の葉に包まれたヤマドリダケに、とても感動したのを覚えています。

それから定期的に彼の料理を食べに行くようになりました。アラン・デュカスが高級料理へのかなり新しいアプローチを提示していたからです。彼は地中海地方の田舎の素材を使って、革新的な料理を実現していました。彼の手にかかれば、それらが調和することもあるにせよ、根菜が黒トリュフを圧倒し、漁師の質素な食べ物である干鱈の内臓が、高級ホテルの料理の中にあっても際立って見えるのです。型に収まらず洞察力のあるアラン・デュカスは、卓越したものを目指して、何でも大胆にやっていました。それがむしろ彼を成功へと導いたのです。

贅沢な料理に関して、もっと定番のものについては、パリにあるベルナール・パコーのレストラン「ランブロワジー」のショソン・オー・トリュフ（トリュフの半月形パイ）を思い出します。この規格外の料理の端正さは絶対的で、私にこの料理をおしえてくれた人物とずっと結びついています。そのとてつもない女性ロクサーヌ・ドビュイッソンは、奇抜かつ裕福でした。彼女はこのショソンに、世界八不思議と名付けましたが、それも大げさではないと思います。彼女は写真家ロベール・ドアノーと仲が良く、アンリ・キャトル大通りにある美術館兼アパルトマンは、彼女が収集した店の看板でいっぱいでした。ロクサーヌ・ドビュイッソンは、くるおしいほどにパリを、自分の生き方を、自分の美食を愛していました。

彼女は毎日、高級なレストランでランチをし、自分のテーブルに料理やパティスリーの専門家たちを招待していました。最も繊細な料理と最高のボトルを、本物の料理愛好家たちと共有するためです。

彼女自身は、シャンパン「ドン・ルイナール」しか飲まず、ナイト・ブルーのロールス・ロイス・ファントムでしか移動しませんでした。小説に出てくるようなキャラクターという一面以外に、恐るべき口蓋と、料理法への深い知識を持ち合わせていました。自宅では定期的に、「シェフたちの軽食屋」なるものを開いていました。シェフたちが各々、自分の得意料理を持ち寄るのです。デザートに心からの愛を捧げていた彼女は、私と何人かのパティシエたちにおやつを頼んでいました。私たちの仕事のために多くのことをしてくれましたが、中でも料理人とパティシエの友好関係を発展させてくれました。当然のようにシェフたちから代母と慕われていたこの偉大な婦人は、リエーヴル・ア・ラ・ロワイヤル（野兎を血で煮込んだ料理）のような、フランスの美食を代表する料理を好んでいました。

この料理目録の金字塔を、私も何度か味わう機会がありましたが、ジョエル・ロブションとフレデリック・アントンによるリエーヴル・ア・ラ・ロワイヤルを思うと、今もその衝撃がよみがえります。同じ感覚が私の心にやって来る料理を挙げると、「レスペランス」（ベズレー村）のマルク・ムノーによる鳩の珍味、ニースのホテル・ネグレスコのジャック・マクシマンによるズッキーニの花の詰め物料理、パリの「ル・ヴァンテアン」のポール・マンシェリによるラム酒で香りづけしたアンコウなどです。

より最近では、パリの「ル・グラン・レストラン」のジャン＝フランソワ・ピエジュによる素晴らしいトリュフのコースを大いに楽しみました。最も秀でたシェフの一人で、ワイン愛好の仲間でもあります。

感動し印象に残っていて、先に挙げたシェフたち同様に高く評価している偉大なシェフたちのリストとしては、ヴァランスにある「メゾン・ピック」のソフィー・ピック、スペインにある「サン・セバスチャン」のマルタン・ブラサトゥギ、アメリカのニューヨークにある「ベルナルダン」のエリック・リペール、オーストラリアのシドニーとシンガポールにある「テツヤズ」の和久田哲也、スイスのクリシエ市庁舎にあるレストランの故フィリップ・ロシャ（フレディ・ジラルデが引き継ぎました）が挙げられます。彼らのレストランで、数々の素晴らしい食事をしました。

中でもパリにある「マルサン」のエレーヌ・ダローズは、私の心に特別な位置を占めています。彼女に出会ったのは一九九〇年代で、当時彼女はモナコでアラン・デュカスのアシスタントをしていました。その後、パリのアッサス通りに自分のレストランを開き、私はそこによくランチに行き、とても仲良しになりました。彼女の料理は、本人と同じように、度量が大きくて大好きです。料理の味は力強いのに、常に正確です。彼女の作る「牡蠣のタルタル――ベルンのバタービーンのホワイトソースとキャビアを添えて」には特別な愛着があります。この料理は、海の幸と山の幸の料理の極みであり、深みと新鮮さの間の理想的なバランスを表現している一品です。

とても親しい友人であるブリュノ・ヴェルジュスの経歴は驚くべきものです。医学部を卒業後、企業の社長になったものの、彼の永遠の情熱である美食にとらわれて……私たちは親しくなりました。彼と出会ったのは一九九二年で、ずっと一緒に何百ものレストランを巡り続け、何千もの料理とワインを味わいました。完全に独学の規格外の料理人で、現代の食の真の思想家でもあるブリュノは、記者になり著作業を経て、パリにレストラン「ターブル」を開きました。そこでは、彼が誰よりもよく知っている特別な素材を昇華させています。私は彼の哲学が好きです。素材に対して最大の敬意を払って調理するというもので、それがミシュラン・ガイドの二つ星をもたらしたのです。的確できらめくような彼の料理にしてみれば、当然のご褒美でしょう。思い浮かぶのは、極めて素朴な野菜料理、〝ほぼ生きている〟状態の生で出されるオマール海老、ケッパーが少々入ったチョコレートとキャビアのタルトです。キャビアがチョコレートに理想的な塩気を与えている、私が発明してみたかったデザートです。

食に関わる最も大きなショックは、海外の最新の料理に対してが多く、分子料理のこともありました。

それはもちろん、私がすでにお話ししたフェラン・アドリアのレストラン「エルブリ」でのことです。

この忘れることのできないレストランが閉店してからは、スペインのジローナにある「エル・セラール・デ・カン・ロカ」に好んで行くようになりました。シェフのジュアン、ソムリエのジュゼップ、パティシエのジョルディは、ある意味フェランとアルベール・アドリアの独創の〝弟たち〟なのですから。

イギリスのブレイにあるヘストン・ブルーメンサルのレストラン「ザ・ファット・ダック」でのディナーの思い出は、信じられないようなものでした。出てくる料理は私の頭をひねらせるほど、途方もなく予想外でした。同じようにとても面白い発見をさせてくれた料理人たちを挙げると、ドゥニ・マルタン（スイス、ヴヴェイにある同名店）、アンドーニ・ルイス・アデュリス（スペイン、サン＝セバスチャンにある「ムガリッツ」）、キク・ダ・コスタ（スペイン、バレンシアにある同名店）、ルネ・レゼッピ（デンマークにある「ノーマ」）、ラスムス・コフォード（コペンハーゲンにある「ゼラニウム」）たちです。そしてもちろん、昔からの友人で、エネルギー溢れる天才ポール・ペレがいます。彼は中国、上海にあるレストラン「ウルトラヴァイオレット」の企画経営者です。そこでは知的な演出と共に料理が提供されます。どこだかわからない秘密の場所に連れていかれて、五感を完全に没入させるのです。前代未聞の体験です。

他の方法で、影響や刺激を与えてくれたシェフもいます。アラン・パサールの場合がそうで、私たちの関係は、ブリュッセルでの始まりの大騒動以来、かなり改善しました。彼の野菜の世界へのアプローチから、野菜を使ってパティスリーの仕事をしたくなりました。彼の手によるグリーンピースやニンジンを中心にした料理の精緻さ、新鮮さ、繊細さは、本当にキャンディーのようで、これらの野菜の宝石のスイーツ・バージョンを作りたくなったのです。このようにして、グリーンピースとミントのマカロン、そしてニンジンのマカロン、オレンジとシナモンのマカロンが誕生しました。

もうひとつ、私を開眼させたのは、ムジェーヴにある「フラコン・ド・セル」のエマニュエル・ルノーの料理です。このレストランを見つけたのは、ヴァカンスでこの地を訪れていたときのことでした。彼の才能と創造性があまりに印象的だったので、八方手を尽くして、その後一週間に三回も食べに行ったほどです。彼の料理からはストレートに影響を受け、彼のヘーゼルナッツとアスパラガスのフィナンシェを食べた後に、その勢いでアスパラガスとヘーゼルナッツ・オイルのマカロンを作りました。この組み合わせは私にとって、それほど当然の成り行きだったのです。

また、純粋に美食を追求するレストランとは別に、申し分なく食事ができて、喜んでもう一度行きたくなるようなレストランがあります。いくつか挙げるなら、まずシェフ、アルベルト・エレの「フォゴン・ウルトラマリノス」（パリ）で、ここで本物のパエリアを見つけました。それから、スペインのバスク地方ゲタリアの「エルカノ」は、バレンシアガ美術館の向かいにあり、海の幸を堪能させてくれます。ここでは、信じられないようなエビと、類まれなイシビラメのホワイトビネガーソースを味わいました。

そして「バラタン」です。

卓越した、素晴らしい「バラタン」は、パリでのお気に入りのレストランで、一九九七年から、年に一〇回以上は通っています。この店を見つけたのは偶然からでした。あるとき私は、パリの二〇区の小さな通りにある友人が経営するビストロで、その友人と待ち合わせをしていました。着いたときに彼は来ておらず、バーテンダーが私に言いました。「バラタンにいらっしゃいますよ。隣の店です。バラタンは彼にとっては別館なんです」ラケル・カレナが「バラタン」を開いたのは、その二年前になります。彼女はいつもレンジの後ろにいて、パートナーのフィリップが熱心にホールの仕事とワインを担当しています。

私はすぐにこのレストランが好きになりました。完全に独学で学んだシェフが作った、素材を生かした料理が特に気に入りました。ラケルは市場の地図をすべての人に公開し、何十人もの若いシェフたちにインスピレーションを与えています。イナキ・エズピタルトは、彼女と半年間キッチンで過ごした後に「ル・シャトーブリアン」をオープンし、以来二〇年間ずっと成功し続けています。私が来るとわかると、ラケルは私が知りうる限り最上のカタロニア風トリップ、仔羊の脳みそ、仔牛の胸腺、イシビラメなどを用意してくれます。

三番目の妻バルバラとの結婚式のディナー・パーティーは、「バラタン」で行いました。私の五〇歳の誕生日も「バラタン」で、少しイタズラっぽい仕掛けをして祝いました。私はサプライズ・パーティーをされたくなかったので、誕生日だった月曜日に、親友たちを自宅でのディナーに招待していました。彼ら全員が向かっているときに、「料理をする時間がないから、やっぱり二〇区のジュユ＝ルーヴ通り三番地で待つことにした」とのメッセージを送りました。最もグルメな友達連中は、それが「バラタン」だとわかっていましたが、この店は月曜定休なので、気をもんでいました。彼らは私が店を貸切予約していたなどとは夢にも思わず、私の方が逆にサプライズ・パーティーを仕掛けたのです。「バラタン」での多くの夜がそうであるように、この日も忘れられない夜になりました。私はこのレストランが本当に好きなので、たくさんの人を紹介してその良さを発見してもらいました。その中には、現職の大臣たちも含まれ、彼らはパリ東部の地味な路地にあるこのレストランを見て、運転手たちに、ここでいいのか、と尋ねるのでした。フェラン・アドリアやジャン＝ピエール・コフともよく行きました。私がフォションにいた頃は、ジャン＝ピエールはフォションをかなり批判していました。私がどんなふうに働いているのか見に来るようにと彼をメゾンに招待し、味をテーマにして多くの意見交換をし、私たちは〝メシ友〟になりました。当時の私たちはいつも安食堂で、料理と素材についてばかり話していました。

バリグールと鍋

これまで私は一度も、厳密な意味で料理を習ったことはありません。しかしずっと料理するのは好きでした。食べられるものすべてに情熱を持っていますから、素材、技術、そして調理用具にもこだわります。買物や市場に行くのも好きです。私とはぐれたかったら、日本のデパートの食品売場に私を連れて行ってください。いろいろなものを探し回りながら何時間でも過ごしていますから。

家で毎日の食事を作るのは私です。ヴァレリーとかいう〝かわいい使用人〟と一緒にです。妻はとても料理が上手で、特に仔牛のオリーブ煮（三〇六ページのレシピを参照）は絶品ですが、料理に熱心ではありません。白状すると、独断で私が鍋の優先権を獲得しました。私たちは良い素材のものしか食べません。高級品とは限りませんが、きちんと育てられている本物の自然食品を好みます。家に帰ると、外出しないときは私がレンジに向かって、ヴァンサン・フェルニオのレシピを元にした、仔牛肉とコルシカのハムで作ったスパゲッティ・ボロネーゼ（三〇四ページのレシピを参照）、半熟卵とチコリ炒めのオレンジとレモン添え、アーティチョークのバリグール（ベーコン、野菜、ハーブ類の白ワインの蒸し煮）、牛のリブロースのマッシュドポテト添えを作ります。また、カニのキッシュ、ハムとコンテ・チーズのキッシュ（三〇三ページのレシピを参照）を作るのも好きです。当然私は、仔羊のクリーム煮やポトフなどの伝統料理の信奉者でもありますから、元妻フレデリックの本のレシピに従って、圧力鍋で作ります。他にも小さな儀式があります。春にはアスパラガスとグリーンピースのリゾットを、冬には白トリュフのリゾットと黒トリュフのリゾットを必ず作ります。

デザートについては、例外を除き家で作ることは自分に禁じています。仕事の一環で味見のためのケーキがあまりにたくさんやってくるので、家で作るのは避けています。作ると食べてしまいますから。ヴァレリーと私のためのデザートが欲しいときは、フルーツ・カクテルを選択します。このルールにはもちろん、例外もあります。私はパティシエなので、コロナ禍のロックダウン中に、名付け子のリリーとジルと一緒にインスタグラムのライブ配信をしながら、チョコレート・サブレ（三〇一ページのレシピを参照）を作りました。そして二人の母親カロリーヌ・ロスタン＝レヴィ＝ヴァイツの誕生日には、いつもモモのタルト（三〇〇ページのレシピを参照）を作ります。彼女の誕生日は、私たちが共にコルシカでヴァカンスを過ごす八月だからです。このタルトはまさにルノートルのタルトに他なりません。良質な敷き込みパイ生地に、アーモンド・クリームと程よく熟した黄桃で作ります。レモンのパウンドケーキ（二九八ページのレシピを参照）、クレープ（二九六ページのレシピを参照）、そして友人のシュジー・パラタンのチョコレート・ケーキ（二九五ページのレシピを参照）を作ることもあります。このチョコレート・ケーキは義理の両親も大好きで、とても簡単に作ることができます。少し焼き時間を短くすると、本当にとても美味しくなります。

体重とパウンドケーキ半切れ

情熱。

美食。

飽くなき好奇心。

以上が私の体のラインを作った爆発性カクテルの材料です。私に体のラインなるものが存在していればの話ですが。信じる信じないはご自由ですが、生まれたときは、早産ではなかったのに一八〇〇グラムしかありませんでした。しかしか弱い乳飲み児はすぐに、まるまると太った子どもになりました。

父方の家系の男性たちは、父も祖父も曾祖父も全員が肉付きが良かったそうです。常に痩せていた母は、この遺伝性肥満から私を守ろうとしたのでしょうか。もちろんそうです。世の母親が皆そうであるように、私の母も息子の健康に気を配っていました。

しかしパンとパティスリーの店で育てられているという事実が妨げになりました。私は常にたくさんのケーキを食べていました。特にクエッチ、ミラベル、リンゴ、ルバーブなどのタルトです。それで宿命的にまんまるになってしまいました。ですから母は、私がケーキを夢中になってガツガツ食べている現場を取り押さえると、猛烈に叱りました。幼い頃から母にかなり厳しいダイエットを課されていたことが、私の食に対する態度に深刻な影響を与えました。簡単に言うと、フラストレーションが溜まって、それに耐えられず、まだほんの子どもだというのに悪循環に陥っていました。食べることが大好きなのにその邪魔をされるのですから、隠れて食べていました。食べる量は増え、より早く食べるようになりました。結果、私は太り、食べるのを邪魔され……と悪循環は続きました。

子どもの頃の肥満は私を不幸にしました。子どもたちは互いに残酷で、学校でからかわれることもありました。

その後は、仕事でも私生活でも、太っていることが気にならなくなりました。若者ですから、あたかも太っていないかのようにしていました。日々の生活で困ることがあったとしても、目を逸らすことができていました。

しかし年を重ねて、体重計とのたゆまぬ戦いが始まりました。フレデリックと結婚していた頃は、共通の情熱である美食とパティスリーが、二人を狂気のスパイラルへと導いていきました。彼女は最初の料理本が出版されると、その後もまた何冊か料理本を書きました（その中には、『プロたちの最上の美味』と『アラン・デュカスの地中海』があります）。このとき彼女は家で仕事をし、ずっと料理をしていました。どれもが甲乙つけがたいほど美味しい彼女のレシピのすべてを、二人で試食しました。彼女は信じられないような素材の発見をさせてくれ、それで私が創作したものを二人で食し、それに対して彼女が公正に批評しました。その結果、各々が四〇キロずつ太ってしまいました。私は、身長一七三センチに対して体重が一七二キロにまでなりました。

ついにある日私は「ストップ！」と言いました。ますますエスカレートしていく食事と、二人の結婚生活に対してです。死活問題でした。食事の量を減らし、水泳とウォーキングを始め、かなりの体重を落としました。しかし正直に言えば、問題は解決していませんし、今後も決して解決することはないでしょう。なぜなら私には、こういう体型にならざるを得ない二つの理由があるからです。そのひとつは、とても太りやすい体質だということで、もうひとつは、大変な食いしん坊だということです。それがステップアップする妨げになったことはありませんが、ダイエットとリバウンドの時期を繰り返していることも事実です。食べ過ぎてしまう傾向が、味の情熱と結びついているわけではありません。時が経つにつれ、他のメカニズムが働いていることがわかりました。極度の時差ボケ状態、疲労、苛立ちから、家で代償を求めてしまうのです。

当然私は、フランスとナバラのすべての栄養学者に相談し、鍼《はり》、光線指圧、ホメオパシーなど、数多くのことを試しましたが、職業上、生活リズムの乱れと試食は避けて通れず、いわゆる適切な食事法とは両立できません。その証拠に、二〇二〇年春のコロナ禍のロックダウン中に外出が制限されると、二か月間レストランにもワインを飲みにも行けずに、砂糖を摂ってもほんの少しで、毎日歩き、睡眠時間も増えると、これまでのかなり長い期間のうちでいちばん体重が落ちました。現在は残念なことに何キロか戻ってしまいましたが、自重していますし、妻ヴァレリーがこの分野でありがたい支援をしてくれています。必要とあらば警鐘《けいしょう》を鳴らし、日々解決策を探してくれています。彼女は糸のようにか細く、二人の食生活を監視しています。それが長期にわたる健康問題にかかわると知っているからです。私だって知ってはいますが、その知識の飲み込みが悪いのです。

そうは言っても、踏みとどまる努力はしています。週に一度はローファット・プロテイン（カニ、鶏肉、魚）しか食べませんし、例外を除いては、一日五個のケーキの試食はやめて、今は一個しか食べません。日曜日の家族での食事では、パウンドケーキを半切れか、ケーキは一口のみです。ワインも高カロリーですから注意しています。美味しいワインだったら、私はいくらでも飲むことができます。私には口実があります。私の仕事とワインとの関係は、とても密接ですから。

ボトルと興奮

葡萄栽培者に会いに畑に行くほど幸せなことはありません。それがタン・レルミタージュ村のジャン＝ルイ・シャーヴのような、フランスの葡萄園の偉大な人物のときは、究極の幸せです。一九九三年から彼のワインを買っていて、毎年、レルミタージュの白を六本、赤を六本、サン＝ジョゼフを六本割り当ててもらっています。もっとお願いするのを控えているのは、好意につけこんでいる感じがしそうですし、何よりも彼を不快にしたくはないからです。感動的なやり取りから成る関係には、かなりの愛着があります。控えめで上品なこの人物が、どのようにして彼の区画の葡萄を栽培し、丹念にそのブレンドを仕上げるのかを聞くのは、ワイン術の歴史に直ちに入り込むことに相当します。ジャン＝ルイは一六代目の葡萄栽培者で、彼のファミリーは、レルミタージュの葡萄産地の領主として一四八一年から君臨しているのです。彼は葡萄園の背後に控える彼の有名な丘について、愛情と詩情をもって話してくれます。その説明によれば、葡萄の木の気持ちになってみるなら、土地がワインを決めるのだそうです。彼のそばにいると、その一言一言から学ぶことがあります。彼のワインが世界で最高のワインに数えられるのは、偶然ではありません。あらゆる意味において、何世紀もの仕事と耕作の結果だからです。

この葡萄栽培者が語るのは真実です。強調や見せかけの謙遜をせず、彼が描写するワイン同様にその言葉はシンプルで、的確で、本物です。彼の言葉が私の中であれほど反響するのは、おそらく私がまだほんの駆け出しのパティシエだった頃に、味に関する感動について、「とてもおいしい」以外の言葉で、うまく表現する必要を感じていたことからでしょう。エコール・ルノートルでは最高のケーキの作り方を学びましたが、それについての語り方については学んでいませんでした。

驚かれるかもしれませんが、この欠陥を意識するあまり、一八歳のときにワイン醸造学講座を受講する決心をしたのです。友だちと、「この講座は多分僕たちの味覚の能力を高めるのに役立つし、いい機会だ」と言い合っていました。私たちはワインの教育を通して、味について多くを学びました。ワイン醸造学者たちは、豊富な語彙と、正確で比喩に富む形容語句を使って、それをおしえてもくれました。この講座は、ワインを飲んで学ぶ以上に、ワインの理解と発見をさせるという事実をも超え、感覚や感じたことについて言葉に置き換えることの真の助けになりました。「ケーキの上のサクランボ」は私の仕事に橋を架けてくれました。そしてワイン醸造学のおかげで、ボルドーやブルゴーニュを表現することができるようになり、同様に広義での味の分析の能力が高まって、パティスリーのテイスティングでも新しい次元が広がりました。

当然のことながらこのことでまた、ワインに対する情熱は高まる一方でした。もはや決して探検がやめられない世界に、足を踏み入れたばかりでした。

一九七八年からワインを買い始めてはいましたが、本格的には、ワインのカーヴを作った一九八〇年代からです。現在ではおよそ二〇〇〇本のワインが貯蔵されています。中には資産価値があるものもありますが、今飲むべきなのか、五年後なのか、一五年後か……。

幸運にも私には、いつも相談に乗ってくれる目利きたちがいます。「バラタン」のフィリップ・ピノトー、南仏のオーベルジュの主人ギ・サミュット、いくつかの大きな葡萄農園の代理人で通称〝マ《愛》・プル《しい人》〟フィリップ・ノワイエ、そして、その名に値するソムリエのジャン＝クリストフ・ピケ＝ボ《飲》ワソン《みもの》です。彼は卸売業者でもあり、自然農法ワインを多く販売しています。そして幸せなことに、私は大勢の葡萄栽培者たちと素晴らしい関係を育んでいます。そのおかげで彼らの仕事を理解でき、ワインを割り当ててくれる人もいます。少しではありますが貴重です。カーヴにあるワインの八割は、栽培者を知っている葡萄畑のものです。主に買うのはフランス産で、いちばんよく知っているワインです。外国のワインの葡萄の品種、原産地統制名称、産地についてはまだあまり知りませんが、学びたいと望むしかありません。

私がワインを少量ずつしか買わないのは、多様性と発見を好むからです。赤、白、シャンパンは好きですが、ロゼはそうでもありません。私がひいきにしている地方はと言えば……

—アルザス。当然です。アルベール・マン、ヴァインバック、ツィント・フンブレヒトなどのドメーヌ（生産地）の多くのワインを高く評価しています。

—ブルゴーニュ。私が熱愛しているのは、フィリップ・パカレの美しいボトル、ラヴノーのドメーヌのシャブリ、プイィ・フュイッセ・ド・セシール・エ・フィリップ・ヴァレット、そして、プリユーレ＝ロック、コシュ＝デュリ、ドーヴネ、メオ＝カミュゼ、ジェイエ＝ジルなどのドメーヌの素晴らしいワインです。

—ロワール。伝説的なクロ・ルジャールのソミュール＝シャンピニー・ド・クラス・アンテルナショナルだけですが、挙げておきます。

—ローヌ。自然の驚異で造られたシャーヴ、グラムノン（欠点のない自然農法ワインの先駆者です）、ボノー、レイアス、ファイファリングかフォンサレットのファミリーのラングロールなどのドメーヌです。

—ラングドック。グランジュ・デ・ペール、ロック・ダングラード、クロ・デ・フェなどのドメーヌです。

—ボルドー。特に素晴らしいソーテルヌ（甘口の白ワイン）では、シャトー・ディケム（シャトー・ド・ファルグとシャトー・クーテのソーテルヌも注目に値します）、白ワインでは、シャトー・トロンコワ＝ラランドやシュヴァリエのドメーヌのものです。

—コルシカ。私の心の地であり、この地のワインには輝かしい未来があります。コルシカにいるときは、地産のワインを飲みます。定期的に葡萄栽培者を訪れて、議論をし、試飲します。パトリモニオにあるアントワーヌ・アレナのドメーヌは一八世紀から存在し、彼のおかげでここのワインを知りました。コルシカのワインの品質のレベルが毎年だんだんと高くなってきているのを確認し、素晴らしいワインを探し出しました。ナタリーとジェラール・クレジェス（ヴァクセリのドメーヌ）が造ったもの、クロ・カナレリ、コント・アバトゥッチなどです。ニコラ・ストンボニは、休みなくコルシカ島の生産物の販売を促進していますが、彼はまた比類なきワイン商でもあり、おそらくフランスで最も立派なシャンパンのカーヴをアジャクシオに所有しています。

私は何時間でもワインの世界の人たちと話すことができます。美食に似て、ワインの話題が尽きることはなくとも、この分野の〝宗教〟を信じているわけではありません。私は〝宗教指導者〟が嫌いです。ワインの性質やラベルについての俗物的な知識の信条を押しつけてくるからです。私にとって最高のワインとは、チョコレートのように、単に人が美味しいと思うものです。私はまた、ワインの前にひれ伏したりもしません。確かに貴族的な品ではありますが、ワインは生きていますから、がっかりさせられることもあります。コルク臭がしたり、香りが抜けていたり、炭酸ガスが充塡されていて発泡し過ぎていたりすることもあるのです。この場合は、迷わずボトルをオランジーナのように強く振ります。

「イン・ウィーノー・ウェーリタース（酒の中に真実あり）」と言われています。それが正しいのかはわかりませんが、私が正しいと言えるのは、ワインは謙虚さを強いるということです。私は何年も実践を積んでいるのに、ワインのテイスティングで間違え続けてしまうのですから。

だからといって、すべてのソムリエに信頼を寄せているわけではありません。むしろレストランでは、自分自身でワインを選ぶのが好きです。コペンハーゲンの「ノーマ」でのディナーは、思い出深いものでした。シェフのルネ・レゼピがチーム全員に囲まれながら、大歓迎してくれました。しばらくしてテーブルでソムリエが、これから出されるコース料理に合わせたワインのアドバイスをしようとしました。「すみませんが、ワインリストを見せていただけますか」と、私は言いました。彼はワインリストを持ってきましたが、その瞳にいたずらっぽい光が見えました。ワインリストを見た瞬間に、私が相手にしているのは計り知れないプロフェッショナルなのだと悟りました。このワ、イ、ン、リ、ス、トは聖書のように厚い本で、ヨーロッパ中の何百もの参照があり、ロマネ・コンティのような偉大なる古典から、アルデッシュのような手頃な有機農法ワインまでを取り揃えた、ワインリストの金字塔でした。そこで私は彼に示し合わせるように目配せをして、ちょっとした遊びを提案しました。二人で交互にワインを一本ずつ選ぶというものです。このタイプのソムリエは必ず、私がその場では選ばないような信じられないワインを発見させてくれるものだからです。まさにその通りでした。結局彼は、度肝を抜くような、多彩な、天才的なセレクションをしました。とはいえこの夜ワインを何本開けたのかは、明かすわけにはいきませんが。

高級ホテルとガゼルの角

私の生活様式には、とても敏感になる別の次元――ホテルが含まれます。妻とは美しく立派なホテルへの情熱を共有しています。パティスリー、美食、ワイン、さらに歴史、建築、デザイン、職人技、ノウハウ、美質、豪華さなど、私たちが特に愛するすべてを結集したものだからです。時間を超越した世界に行き渡るこの雰囲気が好きです。ここでは宿泊客たちは、ゆったりとくつろぎながらも要求は厳しく、スノッブであるかと思えば突飛な振る舞いに出たりもするのです。

一四年前に、ロイヤルモンソーを買収したばかりのアレクサンドル・アラールと契約したときは、その感激を隠しきれませんでした。彼は、自分が変身させようとしているホテルのすべてのパティスリーを、ピエール・エルメ・パリのメゾンが確保することを望んでいました。このホテルとの共同作業は、大きな挑戦でした。すべてを一から考案しなければなりませんでしたが、準備期間がありました。ホテルの改修工事が一年半の間行われる予定だったからです。現場に行くようになったのは、二〇〇八年六月二六日の〝取り壊しパーティー〟からで、これは、あらゆる意味で大騒動になりました。このプロジェクトの建築家のアレクサンドル・アラールとフィリップ・スタルクは、厳選した一〇〇〇名もの招待客にハンマーや棍棒を持たせ、壁を壊させたのです。二人の頭にあったのは、〝最初の礎石を置く代わりに壊せ〟です。この狂気の夕べの後に、ロイヤルモンソーの改修工事が始まりました。知っておかなければならないのは、大規模な改修が行われたのは、スタルクがこの場所に完全に新たな価値を与えようとしたからで、それはかなり必要なことでした。

このパリの伝説的なホテルの歴史を紐解くうちに、私はうっとりしてしまいました。一九二八年にパリのノートルダム修道会のアウグスティヌス会修道女たちの修道院跡に作られたこのホテルには、ウインストン・チャーチルやジョゼフィン・ベーカーのような著名人たちが度々訪れ、第二次世界大戦中には連合軍に占拠されます。一九八〇年代の終わりには、ミシェル・ポルナレフが八〇〇日間続けて一度も外出することなく泊まっていました。つまりこのアール・デコの傑作は、老朽化していたとはいえ、首都パリの伝説であり、そのための仕事をするのは幸せなことでした。

二〇一〇年の再オープン以来、シルヴァン・エルコリ総支配人の指揮の下、私達は仕事に不満を持ったり想像力を抑えつけたりすることなく、確実に任務を全うしていました。東京のホテルニューオータニには、ブティックがあって宴会のデザートを作るだけですが、ロイヤルモンソーでは、施設内のすべてのスイーツを作っていました。レストランのデザート、朝食のクロワッサンやデニッシュ類、他にも、評判の週末のブランチのクレープやパンケーキ、部屋でのお迎え用スイーツ、それにサロン・ド・テのケーキもです。経営陣が、卓越性と創造性に賭けることを望んでいたので、楽しんで仕事ができました。最初の頃、ホテル内のイタリアン・レストラン「イル・カルパッチョ」のために、少し無謀なデザートを思いつきました。甘いスパゲッティのイチゴ添えです。これは大人気メニューになりました。アレクサンドル・アラールと始めたこの冒険は、まもなくホテルを買収したカタリ・ディアール（カタール君主のファンドの不動産子会社）に引き継がれ、一二年間続きました。ホテルはコロナ禍で経済的に大きな打撃を受け、提携関係は両者合意のもと二〇二〇年に終了しました。

　この間、二〇一四年にザ・リッツ・カールトン京都での仕事を始めていました。日本のチームに、ロイヤルモンソーと同じような業務提携の申し出がありました。鴨川のほとりに位置し、芸者の置屋が建ち並ぶことで知られる祇園も近いこの高級ホテルには、日本の粋の極みが結集しています。洗練されたデザイン、明るい造作、目立たず完全に快適な設備など、私の愛するすべてのものがそこにあります。ここに開いたブティックでは、とても多くのマカロンがさばかれ、チームがそこでクロワッサンやデニッシュ類を作り、同様にレストランでのデザートも提供しています。日本では、北海道のパークハイアット・ニセコ・HANAZONOでの仕事もしています。ゲレンデに続く場所にあり、静寂で無機質な建物からは、ニセコアンヌプリと羊蹄山の絵に描いたような眺望が開けています。ここにとても美しいブティックとサロン・ド・テを開き、メイン・レストランのティータイムも担当しています。

これらの提携関係は、クリエイターとして、純粋に喜ばしいことです。私のスイーツの世界と豪華な施設との結びつきには、とてもワクワクします。マラケシュで、いやモロッコでいちばん有名なホテルのラ・マムーニアとの提携は、最も見事な例です。私はそれより前に、現在の総支配人で当時はシンガポールのラッフルズホテルの総支配人だったピエール・ジョエムに出会っていました。当時、ラッフルズホテルにパティスリーの販売所を作ることが議題に上がっていましたが、結局実現はしませんでした。しかし善良なアルザス人であるピエールは、私とまったく同じように、頭の中では実現させようと考えていました。このようなことがあって、彼がラ・マムーニアで指揮するようになってから、私たちは話し合いを始めました。

二〇一七年に私たちの計画が具体化しました。チャーチル（またの登場です）がその庭園を愛し、絵を描いて日々を過ごしたホテルです。このときはブティックをオープンし、ラ・マムーニアのすべてのパティスリーを引き受けました。アメニティー、ホテルからプールのある別館までの朝食とビュッフェ・ランチのパティスリー、モロッコ料理とイタリア料理とフランス料理のレストランと、バー「マジョレル」のデザートなどが含まれます。これら全部に加えて、パトリック・ジュアンとサンジット・マンクの指揮で行われた工事後の二〇二〇年からは、ラ・マムーニアの中にできた新しいスペースでの仕事にも参加しています。「マジョレル」のための料理のメニューを吟味し、サロン・ド・テを始め、それからメンゼの庭園のアイスクリーム・バーを担当し、シェフのジャン゠ジョルジュ・フォンゲリヒテンが考案したアジア料理とイタリア料理のレストランのデザートも作っています。このようにここは、ピエール・エルメのメゾンのノウハウが最も発展した場所であり、とても誇りに思っています。何しろラ・マムーニアは、何度か世界のベスト・ホテルに選ばれているのですから。ピエール・ジョエムはといえば、二〇二一年に独立系ホテルの世界一の総支配人に選ばれました。

この特別な場所で、ホテルのチームととても強い絆を結びました。またモロッコの生産物のおかげで、独創的な品々が生まれました。たとえば、スパイシーなモロッコのコーヒーから、「アンフィニマン・カフェ・マロカン《モロッコのコーヒー》」のタルト、マカロン、パフェを考案しました。また、アーモンドとオレンジとアムルー（アルガン・オイル、蜂蜜、ロースト・アーモンドをベースにしたベルベル人由来のスプレッド・ペースト）でガゼルの角から着想したケーキを作り、レモンとアムルーでパウンドケーキを作りました。最も人気の味わいは、レモン、オレンジ、オレンジの花、蜂蜜を組み合わせた「アトラスの庭園」で、ラ・マムーニアの象徴になり、私達のフェティッシュのシリーズに名を連ねています。パリや東京などでも人気で、私はこの味わいを、一〇種類以上の品に翻訳しました。パウンドケーキ、アイスクリーム、ミルフィーユ、タルト、チーズケーキなどです。

ラ・マムーニアは、歴史や逸話でいっぱいのホテルです。建築があまりに独特なので、その特徴のいくつかを味を通して翻訳してみました。モザイクの線描はチョコレートを、張り出しの格子窓はケーキの装飾を、私に連想させました。すべての感覚にとって魅力的です。

提携している各々のホテルの世界は、多くのアイデアと創造を生み出しています。ドイツのバーデン＝バーデンにあるブレナーズ・パーク・ホテルのためには、周囲の森の環境を反映させた「フォレ・ノワール《黒い森》」のケーキとマカロンを作りました。ローラン・タイエブのパリの施設（一三区の元ルーヴル郵便局とホテル・デ・トゥール・デュオの上に、ジャン・ヌーヴェルによって建てられたホテル「マダム・レーヴ」のためには、リンゴ、ドライフルーツ、ソフトキャラメルのタルト・タタン、イチゴと柚子のタルト「デュオ」、そしてとても濃厚なチーズケーキ「シュゼット」を作りました。

　サウジアラビアのホテルとの提携計画も進行中です。早くも、辛くてスパイシーな味わいの仕事ができることを夢見ています。

ジルの洗礼式のためのデコレーションケーキ

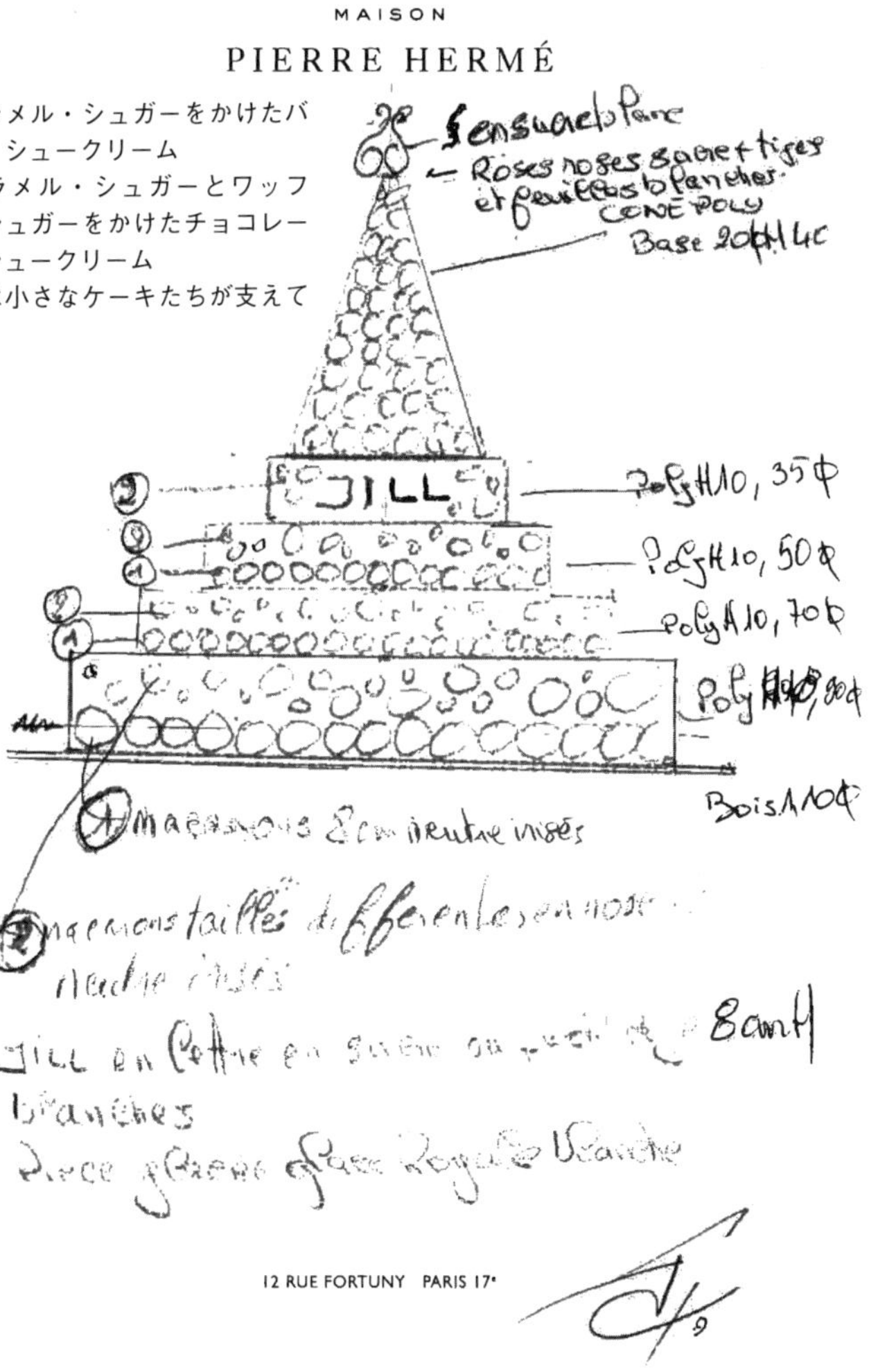

キャラメル・シュガーをかけたバニラ・シュークリーム
キャラメル・シュガーとワッフル・シュガーをかけたチョコレート・シュークリーム
台座は小さなケーキたちが支えている

第一〇章　対話

芸術と歓喜

数か月前にリスボンで、妻と私は造形芸術家ジョアナ・ヴァスコンセロスに会う機会に恵まれました。私はヴェネツィアのパラッツォ・グラッシで見た彼女の作品『触手』に感嘆していました。ジョアナは私たちをアトリエに招いてくれました。テージョ川沿いにある階段状の巨大な工場施設でした。彼女とはそれまで面識がなかったのに、何時間も話をしました。というのも、話せば話すほど、私たち二人には共通点が多く、同じような仕事の仕方をしていることがわかったからです。彼女も私も、自分のノウハウを中心にして企業を築き上げました。彼女も私も、自分にとって価値のある品を開発しています。彼女も私も、何十人もの人たちと仕事をしています。彼女も私も、アイデアを見つけて商品化し、同時進行で多くのプロジェクトを率いています。類似点は、創造の過程にまで及びます。アイデアが浮かぶと、ジョアナは手書きで記録します。デッサンして細部まで詰めて、作品製作の準備を整えると、そこで製作チームから販売チームへと引き継がれます。私がアイデアを思いつき、ケーキを作って販売する過程も、まったく同じです。

そもそも彼女がこの日に仕事をしていた作品は、陶製の巨大なケーキでした。それは、高さが二五メートルの例を見ない作品で、彼女に依頼したイギリスのロスチャイルド家の所有地での結婚式のために、その記念碑として考案され、新郎新婦がこの常軌を逸した作品の上に乗れるようにするというアイデアでした。このような〝記念碑〟を入念に製作するために、現地に行って作品を仕上げる前に、ボルダロ・ピニュイロやヴィスタ・アレグレのようなポルトガルを代表する陶磁器メーカーの職人たちにセラミック・プレートを作ってもらった、との説明をしてくれました。するとそのときジョアナはこう言い出しました。「いいアイデアがあるの。一緒にケーキを作りましょうよ」

「喜んで」と私は答えました。彼女がこの共同作業をどのように思い描いているのかはわかりませんでしたが、それが彼女の巨大ウエディング・ケーキのミニチュア版でないのはわかりました。それでは私にとっても彼女にとっても面白くはありませんから。私はコピーすることを面白いと思ったことはありませんし、それはジョアナも同じだと思いました。そこで成り行きを見守ることにしました。このようなスケールの芸術家といると、途方もないような驚きから逃れられないのです。

こんなふうに予想するのは、とてもワクワクします。かなり前からずっと、さまざまなジャンルの芸術家たちと出会ったり、コラボレーションしたりしたときも同じでした。芸術家たちとの冒険は、年を経るごとに当然広がっていきましたが、出発点はヤン・ペナーズとの「ケーキの上のサクランボ」を巡る仕事です。

自分の仕事が技術と美食の厳密な枠にとらわれないように、他の専門分野の人たちと交わりたいと常に思っています。「きみがぼくと違うからって、ぼくを傷つけるどころか、ぼくを豊かにしてくれるんだよ」アントワーヌ・サン＝テグジュペリは『城砦』でこう書いています。このとても美しい言葉は、共有すること、交流することの豊かさを表現しています。すべての世界は、混じり合うことでよりよくなるのです。ですから常に私は、あらゆる分野の芸術家たちと一緒にいて交流することを追い求めています。彼らと時間を共にすれば刺激になり、新鮮な空気を呼吸させてくれます。そこから常に面白いものが生まれるのです。私は何よりもまず、彼らの仕事を敬愛していますし、彼らのインスピレーションや製作方法、一言で言うならクリエーションについて、議論するのも好きです。クリエーションは彼らの人生の中心であり、私の場合も同様です。だからこれまでに、強烈な出会いに恵まれたのでしょう。

対話することで、創造性と思考を、何日も、何か月も、何年もの間、豊かにしてくれる芸術家もいます。また、その作品を入手して、自宅で静寂の中、作者との対話を深められることもあります。出会いが具体的なコラボレーションに通じることもあります。このようにして、二〇一八年に最も偉大なフランス人芸術家の一人であるベルナール・ヴネが、ガレット・デ・ロワのために、それまで作った中で最も小さな作品を作ってくれました。このときのフェーヴ（ガレットの中に入れる陶製の小さな人形など）は螺旋状で、彼の金属との永遠の戦いを示しています。シェフのピエール＝サン・ボワイエから紹介してもらった画家でグラフィック・アーティストのシリル・コンゴとは、議論するのが好きです。彼は特別に、二〇二一年のバレンタインのマカロンとチョコレートの箱のためのデッサンを描いてくれました。このような例は、他にもたくさんあります。ペーパー・デザイナーのマリアンヌ・ゲリーによって考案された王冠、ニコラ・ウシュニールによる二〇二二年のマカロンとチョコレートのコフレ用のカリグラフィなど……。

これらのコラボレーションのすべての出発点は、芸術家と私との関係で、旅、歴史、書物、その他さまざまなことを巡る会話です。画家やデザイナーの作ったものは、私の世界の要素について〝うわべだけ〟取り繕って作ったようなものでは決してありません。そんなものには何の意味もありません。私たちが共に冒険できるのは、実は同じ言語を共有しているからだと思います。あるる計画のアイデアが浮かぶと、芸術家たちは終始熱中します。そのためには、常に情熱的な多くの出会いと会合が必要なのです。

スイス人デザイナーのトマ・ブーグの場合がまさにそうです。彼の仕事を知ったのは、二〇〇八年のロイヤルモンソー・ホテルの改修工事のときでした。フィリップ・スタルクの求めで、彼はロイヤルモンソーで、貝殻で覆った素晴らしい壁パネルを作りました。二〇二〇年に、私は彼のギャラリーを訪れ、タカラガイや巻貝などの貝殻で作られた顔の前で、呆然として立ち止まっていました。その力強さたるや信じられないもので、私は彼に二〇二一年のイースター・コレクションのチョコレートの仕事を一緒にしないかと提案しました。彼はその挑戦を受けて立ち、完全にバロックな海の世界を構想しました。このコレクションの主要なポイントは、顔のついた卵でした。それはトマを大いに喜ばせました。というのも、卵には表《おもて》がないと言われているからです。彼はその逆を証明したくて、「卵の顔《おもて》」を作りました。この作品をチョコレートで作るのは、技術的な挑戦とまでは言わなくともかなり困難でした。それでも私たちは成功させ、結果は画家アルチンボルドの作品の顔を思わせる出来で、驚きでした。

サフィア・ワレスとも、一丸となって働きました。彼女は二〇二〇年にディオールのクリスマスのためのイラストを描き、その幻想的な世界を私はとても気に入っていたのです。そこで彼女に、二〇二一年のクリスマスのコレクションについて考えてほしいとお願いしました。私たちは、テイスト、私が前面に押し出したい味わい、私の仕事の仕方を中心に対話をしました。話が数珠繋ぎに広がっていき、私たちは森を深く愛したジョルジュ・サンドのクリスマスの物語を思い出しました。この物語からサフィアは生命の木のテーマへと導かれ、大いに創作意欲を刺激されたようでした。そしてそこから、木と花と雲が混じり合い、色とりどりの無限の渦巻きとなったフレスコ画を作り出しました。このフレスコ画は、数多くのデッサンから成り、私たちがそのうちのいくつかを取り出すと、サフィアはクリスマス商品の装飾のために、特別に手直しをしてくれました。私の方には、フレスコ画の〝切り抜き〟からタブレット・ショコラを作るというアイデアがありました。それらを集めれば、初めの作品に戻せるのです。ブッシュドノエルの装飾の配置、箱に載せる花、ショーケースの中の演出なども含めたあらゆる点でサファが、私たちの共同作業を一貫して満足できるようにしたいと思いました。自分もコラボレーションを提案されるときには、そうしてほしいと思うからです。

芸術家たちとの仕事が、違ったふうに展開することもあります。私が彼らの作品から着想を得て、斬新な創作を提案することもあります。二〇一四年のイースター・エッグ「シュプラマット」がそれにあたります。色付けしたチョコレート製のテープを使い、ベアート・ゾデラーの作品の金属製の

〝リボン〟に敬意を表しました。二〇二二年のイースター・エッグ「エグジュベラント」の中に嵌め込まれたいくつかのすべすべの小石は、ベアトリス・アルチュス＝ベルトランの彫刻への目配せでした。言うまでもありませんが、必ず芸術家あるいは権利所有者の承認を得てから行っています。数年前に、サウリューにあるレストラン「ル・ルレ・ベルナール・ロワゾー」の向かいの美術館で、フランソワ・ポンポン（一八五五～一九三三年）の動物たちの彫像に夢中になり、彼のウサギをチョコレートにする許可をもらいました。

共に仕事をすることを引き受けてくれた芸術家たちを、ここで全員挙げるのは困難ですが、やってみようと思います。漏れがなければいいのですが。すでに言及した芸術家以外を挙げます。フィリップ・ボードロック、ニコラ・ビュフ、マルジョリー・コラス、ヴァンサン・ブスレ、ルイ＝マリ・ド・カステルバジャック、ジャン＝フィリップ・デロム、ベルナール・カンタン、トム・シャノン、エクトル・サモラ……。

芸術への愛から私は、アレクサンドル・アラールのおかげで出会った造形作家ファビアン・ヴェルシャールへの〝メセナ〟の一役を買って出ました。彼の作品があまりに衝撃的だったので、当時ピエール・エルメ・パリのメゾンがあった東京、ソウル、ロンドンなどに行って仕事をするように提案したのです。異なるインスピレーションを得てもらうためです。実はちょっとしたアイデアを密かにもくろんでいました。彼がそれらの地で製作した作品から、商品の箱を考案するというものです。しかし、作品があまりに空想的で奔放過ぎることがわかり、実現しませんでした。一方この芸術家は、二年間世界中を巡りながら創作ができました。

もちろんイラストレーターたちも忘れてはいません。クロエ・フロワラ、ソルダッド・ブラヴィ、ニコラ・ヴィアルや、故ジョルジュ・ヴォランスキーなどです。ヴォランスキーは二〇〇五年に、私にちゃめっ気たっぷりのグリーティングカードを描いてくれました。裸の女性のおっぱいが、マカロンで隠されていました。他にも、部族芸術やプリミティブ・アートを発見させてくれたギャラリー・ヴァニュクセムやギャラリー・パンチネロが思い浮かびます。また、三〇年前から私の世界を引き立ててくれている写真家たち（ジャン＝ルイ・ブロック＝レネ、ベルナール・ヴィンケルマン、セルジオ・コインブラ、ローラン・フォなど）や、そしてもちろん建築家やデザイナーやインテリア・デザイナーたち（ローラ・ゴンザレス、マタリ・クラセ、原研哉、パトリック・ジュアン、東信、片山正通、オリヴィエ・ランプレール、アンドレ・プットマン、サンティレーヌ・ド・シャナレイユ、レ・ツェ・エ・ツェなど）と、多くのことを共有しました。

これらすべての出会いは、甘美な思い出です。しかし大抵がそうであるように、心と頭の中に、最も美しい出会いが、これからもとどまり続けるのがわかっています。森口邦彦との出会いがそうで、彼との特別なコラボレーションが具体化するかもしれません。この八一歳の偉大な芸術家は、日本の人間国宝に認定された、友禅の絶対的大家です。友禅は、晴れ着用の伝統的な染色技法のひとつです。彼は友禅職人の三代目として、花や風景といった型通りの絵のかわりに、抽象的な幾何学模様のモチーフを用いて、この芸術を徹底的に刷新し、日出る国に革命を起こしました。

森口先生は最初に伝統的な日本画を学んだ後、一九六〇年代にパリ国立高等装飾美術学校に留学し、画家バルチュスに出会います。バルチュスは彼をローマのヴィラ・メディチに招待し、友禅の芸術に専心するように説得します。このとき彼はそれを拒みます。自分の父の高みに達していないと思っていたからです。それでも結局バルチュスの助言を聞き入れました。それでよかったのです。なぜなら現在彼の着物は、ロンドンのヴィクトリア・アンド・アルバート博物館やニューヨークのメトロポリタン美術館など、世界で展示されています。究極の図形、凝りに凝ったシンプルさと同時に、存在し得る最も洗練された文化を称揚した傑作です。森口先生が創作したモチーフはとても現代的ですが、その仕事はあらゆる点で伝統技術の過程を尊重しています。彼にとって、そして私にとって根底をなす基準の上で、私たちは強い友情関係を結びました。光栄なことです。先生は私に仕事の過程を見せようと、自宅に招待してくれました。魅了されました。私たちはまた、フランスでも会いました。彼は国立セーヴル陶芸博物館のコーヒーセットのデザインの契約をし、私はそこで行われるテーブル・アートの展覧会のアンバサダーを務めていました。そこで、まったく期せずして、彼は私にこう言いました。

「ピエールさん、私はあなたと一緒に仕事をしてみたいと思っています」

私は言葉を失いました。最も無謀な夢の中ですら、おこがましくて〝森口〟の署名入りのマカロンやチョコレートの箱を想像することなどできませんでした。ですから決して自分から持ちかけることなど、ありえませんでした。私の間違った印象だったのかもしれませんが、彼は、本当にそうしたいと思ってくれているようでした。おそらく我々の国を深く愛していて、その国のメーカーとの初めてのコラボレーションだからということもあったのでしょう。

その後、残念なことにコロナ禍に見舞われてしまいました。このような資質の芸術家とは、離れて仕事をするなど論外で、オンライン会議などもってのほかです。お互いに実際に目を見て話し合って、一緒に時間を過ごすことが、本当に大切なこのプロジェクトを始めるにあたっては必要なのです。二〇二三年には実現するはずですが、今からとても楽しみにしています。

月日が経つにつれ、私はより芸術に影響を受けるようになっていると感じています。

情熱をかきたてるばかりでなく、芸術の言語は私を惑わせながら通り抜けてゆき、強烈な感動を引き起こします。フランシス・ベーコンの絵の前では、釘付けになってずっとそこから立ち去れなくなります。彼の絵の激しさ、力強さ、荒々しさは、私を震え上がらせ、実存的問題の中に没頭させます。この絵は、この男について、人類のヴィジョンについて、何を語っているのだろうか?

建築からもまた、強い印象を受けています。マーグ財団美術館を初めて訪れたとき、深い心の安らぎを感じました。それは、建築家ホセ・ルイ・セルトが、光をコントロールして、この魔法のような場所を作ったからです。私はレナード・コーエンの『アンセム』の歌詞を思い出しました。「どんなものにもひびがあって、そこから光がさし込むのさ」

このような傑作の前で、私は熟考し、浸りきり、充電します。静かで、独りきりで、何もしない時間は、あまりに貴重です。必ずしもただちに〝役に立つ〟わけではなくても、もしそれを奪われてしまったら、爆発してしまいます。ですから私はそんな時間を育み、徹底的に味わうのです。

頌歌《しょうか》と茶

また私は日々、言葉への愛を培ってもいます。

一四歳で学業を離れてからは、可能な限りのあらゆる方法で、教養を高め続けてきました。文学もそうですが、演劇、詩も同様です。自分の感情や考えを文字で表現できる人を、私は尊敬しています。常に読書をし、よく読むのはエッセイです。言葉の正確さと精度にはとても敏感で、コメディ・フランセーズ（フランスを代表する国立劇団）をこよなく愛し、できる限り観に行くようにしています。見事に演出され演じられた美しい台詞を聞くと、真の喜びを感じます。二〇一三年には、劇団の元総支配人ミュリエル・マイエットの招きで、正座員のローラン・ラフィットと共に、朗読と討論会を行いました。自分がモリエールの舞台の上にいるのだと思うと固まってしまいましたが、あまりに幸せで緊張はほぐれ、結局一時間の予定がかなりオーバーしてしまいました。

だからといって、私に演劇や著述の才能があるとは思いません。しかし文化への欲求は、昨日今日始まったものではありません。一九九〇年から九四年の間に、友人であるフィリップ・コンティチーニと一緒に、「アートとデザート」の活動の一環として、メゾン・ド・ラ・ポエジー（主に詩などの文学の創作、発表、出会いの場としてパリに創設された文化センター）での行事を企画しました。私たちは、ミシェル・オンフレ、ミシェル・フィールド、クロード・フィッシュラーなどの作家、哲学者、社会学者を招きました。その目的はいくつでも挙げられますが、主には、パティスリーを他の領域と交差させてその価値を高めること、当時フランスで文化と美食の領域に加えられていなかったパティスリーにその地位を与えること、です。それからまた、レシピを知的財産としてとらえてもらえるよう、パリ＝サクレー大学法学部学部長や、美食作品の保護を専門とするヴァルフリド＝ローラン・ピレダにも参加してもらいました。すべてがとても興味深かったのですが、講演会の企画には時間がかかり過ぎるため、しばらくしてやめてしまいました。それでもやはり、現代のパティスリーの発展に寄与し、オート・パティスリーの到来を早める一端となったであろうことに変わりはありません。

二〇一五年に私は、メゾン・ド・ラ・ポエジーを大喜びで再訪しました。ジャーナリストのフランソワーズ・シリが、アカデミー・フランセーズ（四〇人の終身会員で構成されるフランス最古の学術院）会員のフランソワ・チェンと一緒に、朗読とテイスティングのイベントに私を参加させるという美味しい企画を思いついたのです。私にはその前に、この偉大な詩人、作家、書家と知り合う機会がありました。ある日フランス・アンテル（フランスの国際放送ラジオ局）で彼の話を聴いて、その英知と味わいに満ちた言葉を堪能し、私のアトリエ・ド・クレアシオン《創造の工房》でのお茶に招待したのです。この華奢な紳士はパティスリーに目がないとにらんでいました。私は間違ってはいませんでした。美食の詩情を帯びた私たちの会話は、マカロンのテクスチャーと香りを巡って大いにはずみました。このうっとりするようなひとときを味わった喜びを噛み締めながら、再会する日が訪れるのだろうかと思っていました。

その数日後に美しい封筒を受け取って、どんなに驚いたことでしょう。封筒には、手書きで書かれたマカロンへの頌歌が入っていました。私は常にこの詩を持ち歩いています。

マカロンへ

君の名が秘めたるその丸み
それは君の存在のしるし、
空のすべての天体のしるし、
地上のあまたの果実のしるし。

そのしるしを通して、我らはしばし考える
生気に満ちた地球の驚異なる自転を、
巡る季節が我らに惜しみなく与える
無数の味わいを。

だが過大な世界はしばしば我らを押し潰す、
微小な我らを。
増殖した地球はしばしば我らをひっくり返す、
刹那の我らを。

そっとつぶやきながら合意を夢見る、
我らにふさわしい合意を。

このとき君は忍び足で我らの方へとやって来た。
突然そこにいた、我らが茫然とした目の前に、
愛くるしく人懐っこい笑み、
混ざり合う色と芳香、
君の中に味わいの精髄が凝縮され、
すべてが小さな丸みの中に内包されて。

我らが口の正確な寸法で、
直感から我らが一口のリズムで、
我らが中に入り込み、崩れ、溶け、
神の雷光が口蓋の奥を目覚めさせる。
見出されるすべては、春から秋の黄金果樹園、
端境期に今も続く後味……
ここでの奇跡は、数分の間で十分
有限から無限への転換のため！

フランソワ・チェン

前述した朗読イベントでのフランソワ・チェンとの再会の話題になったとき、彼を感動させられるものは何かと考えてみて、彼の詩から着想した香りのマカロンを作るアイデアを思いつきました。このイベントの初めに、彼はこう言いました。「長い間、町中に行くと、いちばんのパティスリー店はどこかと尋ねたものでした」語りあうべき事柄を共有する私たちは、存分に語りあいました。マカロンを味わいながら。

香りと味わい

味わいと香りを自然に結びつけたこの詩を読むことが、私がよく訊かれる質問に答える最も美しい方法ではないでしょうか。その質問とは、「どうして、香水を作ることになったのですか？」というものです。

もちろん自分のことをプロの調香師だとは思っていませんが、口蓋と鼻の間にとても密接な関係があることには、疑いようがありません。両者は兄弟でなければ従兄弟同士であり、私が思うに、同じように機能しています。四五年間にわたる味わいの探究からは、香りについて多くを学びました。パティシエのように、〝ネ《鼻》〟（調香師のこと）も果物、カカオ、カラメル、バニラなどを扱います。〝ネ《鼻》〟のように、私も花、スパイス、ハーブを扱います。両者の仕事には関連性があり、驚いたことに、私がジャン＝ミシェル・デュリエと一緒に仕事をするまで、知り得る限りパティシエは誰一人として、味わいの研究を充実させるために調香師の力を借りることはありませんでした。

味と香りの間に橋を架けることができるのは、斬新で興味深い組み合わせを作る能力です。たとえばまずは、バラをイチジクの葉に組み合わせたいと頭で思い描いてみることから始めてみます。そしてこのアイデアを、ケーキにするなどの、具体的に実現する適性があれば続けます。

私は一二歳から香水をつけています。最初につけたのは、パコ・ラバンヌの香水でした。一九七〇年代にとても流行っていて、ラベンダーとコケの香りが非常に強く、クミンも入っていました。思春期だったので、自信がつくような、やや男性的な面があるのが気に入っていました。次につけたのがシャネルの「プール・ムッシュー」です。柑橘とネロリの香りが、パティシエを志す前途洋々たる若者を魅了しました。それから大好きになったのは、ディオールの「オー・ソバージュ」です。森の木立とレモンの香りで、全世代に支持された香水でした。長い間ずっと私のお気に入りは、イチジクの葉の香りのするエルメスの「ジャルダン・アン・メディテラネ（地中海の庭）」、同じくエルメスの「コンサントレ・ド・パンプルムス・ローズ」、クラランスの「オー・ディナミザント」です。女性の香水なら、クリニークの「エリクシール」があまりに好きで、つけている人が数キロ先にいてもわかるほどです。

実際私は香水に夢中です。二〇一三年のある日、当時はまだ我が社の株主ではなかったロクシタンの社長レイノルド・ガイガーにそう打ち明けてみると、私が香水を作ることになったのです。

「休暇中に香水をひとつ作ってみてはどうだい？　意表をつくコラボレーションになる」と、彼から勧められました。

香りという新しい分野に足を踏み入れると思うと興奮し、一つどころか、グレープフルーツ＝ルバーブ、ネロリ＝ジャスミン＝カレープラント、カレープラント＝マンダリン＝ハチミツの三つに取り組みました。カレープラントは、スパイシーな香りがする不思議なこの花の精油を使っている妻がおしえてくれました。

これら最初の創作は、少し〝力づくで〟実現したことを白状します。私はロクシタンの業者たちと直接仕事をしていましたが、ある部分はノーチェックになってしまっていたからです。その後、シャンゼリゼ八六番地にロクシタンと共同で店を開くときに、レイノルド・ガイガーが香水を作り続けるようにと提案してくれました。ジャン＝ミシェル・デュリエにマーケティング部と私の間に入ってもらい、香りに関わる重要事項を私達自身でコントロールできるようにすることを条件に、承諾しました。

そこで私はキャンドルを構想しました。オレンジの香りを具体化したものと、フランボワーズの硫黄のノートに抹茶の草の感じを組み合わせたものです。そして少なくとも一六種類の香水をロクシタンで作りました。

「ローズ＝フィギエ」（バラとイチジクの木）は、香水の中でイチジクの葉が踊り出すようで、この木への私の情熱を語ってくれます。

「カシス＝リュバルブ」（カシスとルバーブ）は、カシスの芽と食用植物ルバーブにならい、とてもグリーンな感じにしました。

「シトロン・ノワール」（ブラック・レモン）は、その名の元になったマカロンと並行して構想しました。

他の香りも入念に作りました。「セドラ＝ボワ・ド・セードル」（セドラとシダーの森）で、今つけているものです。それと同時に、「ピニオン・ド・セードル」（松の実）のマカロンを開発しました。

だからといって、パティスリーの材料を使って香水を作りたいと思うべきではありません。逆に私がスイーツのノートを香水に入れないようにしているのは、ありきたりだと思うことが多いからです。例外は、とても繊細な驚くべき香水、ミュグレーの「アンジェル」です。現在私は、食べ物に由来する嗅覚的なノートについての仕事を、次に創造する香水のためにしています。マジョレル庭園とそのメゾンの香気を表現するために、ロースト・アーモンドとオレンジとセドラの花をベースにして、この組み合わせから食べ物の香りを取り除くための工夫をしています。

矛盾していることはわかっています。でもそれこそが私の性格のそのものなのです。

PIERRE HERMÉ

イスパハン

フランボワーズ／バラ／ライチ

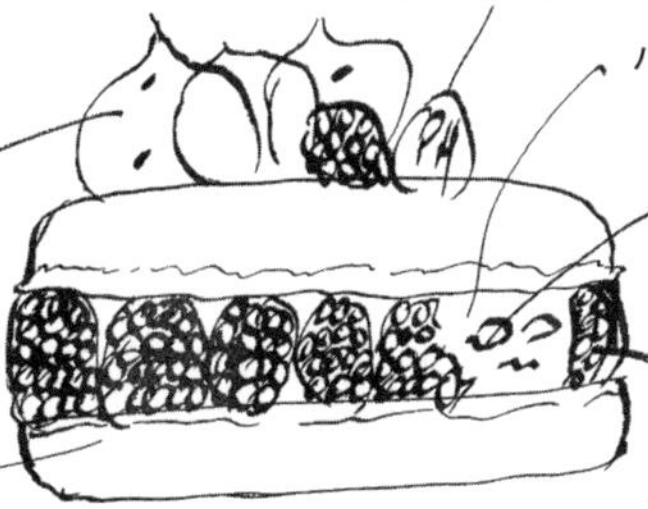

1997 年 9 月 10 日 80g

バラのバタークリーム

~~100g~~ (80g)	砂糖	クレーム・アングレーズ
180g	牛乳	クレーム・アングレーズ
140g	卵の黄身	クレーム・アングレーズ
9g	バラのナチュラル・エッセンス	クレーム・アングレーズ
150g	ラ・ヴィエット社のバター	
350g	イタリアン・メレンゲ	

1997 年 8 月 20 日

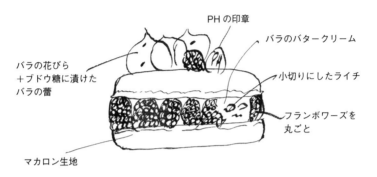

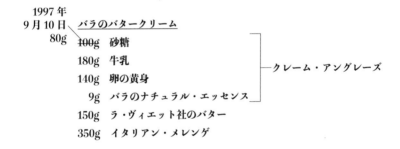

第一二章

進化

化粧品とカスカラ

人生において、仕事においてはもっとそうですが、永遠に続くものなどありません。変化を除いては。この一〇年間で、一連の変動、混乱、変化を経験し、それが証明されました。物事は揺れ動き、ときに私達を一変させることもありましたが、私達の乗った船は、いつも、嵐のときも、大波を乗り越えてきました。船長はタフで、船員たちは職務を果たし、ピエール・エルメ・パリのメゾンは、数々の試練を乗り越えてこれまでにも増して強くなり、新しいノウハウを獲得しました。

ここで回想シーン。

二〇一四年にザ・リッツ・カールトン京都との契約を締結する少し前に、私達の成長に賭けていた銀行ファンドが、増収のために資本の持分を売却しようとしていました。そこで私は、当時の共同経営者シャルル・ズナティと、新しいパートナーを探すことにしました。国内と海外での事業拡大を続行するためです。私の方は、そのときにはすでにロクシタンの経営者レイノルド・ガイガーと会っていました。友人であるオリヴィエ・ボーサンのおかげです。オリヴィエは、この自然化粧品メーカーを一九七六年に創立しました。レイノルド・ガイガーは、オーストリアの山のふもとで生まれた、控えめながら華麗な企業家です。一九九四年にロクシタンの資本に参入し、二年後には筆頭株主になりました。

香水の製作を中心に、レイノルドとロクシタンに協力しながら、私は彼の誠意と求められている期待に感謝をしていました。どちらも私が価値として、重きを置いているものです。ですから彼が私達の企業の少数株主になることに興味を示していると聞いたとき、魅力的な話だと思いました。このようにして二〇一五年にロクシタン・グループ企業ファンド（ＬＯＧインベストメント）が、資本に参入しました。

このときピエール・エルメ・パリのメゾンにはすでに五〇〇人の従業員がいて、世界中に数多くの販売拠点がありました。同様に、ロイヤルモンソー（ラッフルズ・グループ）、ザ・リッツ・カールトン京都、ホテルニューオータニ東京と提携してパティスリーを提供しており、また、ソウルと東京にカフェ・ディオール・バイ・ピエール・エルメを開いたばかりでした。

二〇一六年のある朝、レイノルドが私に電話をかけてきて、思いがけない提案をしました。

「親愛なるピエール。うちのフランス支社長が、幸運にもシャンゼリゼに店舗用の場所を見つけたんだけど、その場所は一〇〇〇平方メートルあって、ロクシタンの店舗には広すぎるんだ。そこで私は考えた。そこを私たちで共有して、香りとスイーツが共存する、かつてないコンセプト・ショップを作ることができるんじゃないかってね。君はどう思う？　早く返事をしなければならない。シャンゼリゼにこんな場所を見つけるのは至難の業だからね。午後にもう一度電話する」

おわかりかと思いますが、レイノルドは決断が早く、躊躇することをまったくもって好みません。シャンゼリゼ大通りのロクシタンの旗艦店は、すでにこのブランドには商業施設に店舗があったにせよ、レイノルドにとってはどうしても実現させたいことでした。おそらく私も、シャンゼリゼに私のブランドが光り輝くのを想像して、少し酔いしれていたかもしれません。奇遇にもこの場所は、その一八年前のオープン時に私が指揮していたラデュレの真向かいでした。しかしそれはどうでもいいことで、最も興味があるのは、この計画の革新的で大胆な面です。数時間考えてから、共同経営者のシャルル・ズナティと私は、挑戦に応じることにしました。

それは並外れていました。

化粧品とパティスリーを同じ場所で結びつけるなんて、少し突飛過ぎないかとよく言われましたが、オリヴィエ・ボーサンとの友情から生まれた物語を書きつけていくのは、逆に興味深いと思いました。その根本には、ロクシタンと共有する美学、創造性、革新、高品質な原材料といった価値があります。しかも、新しい仕事を成長させることができます。とてもワクワクしましたが、まったく常軌を逸してもいました。九か月で、このハイブリッドな場所を構想し、作り上げたのです。レストランとサロン・ド・テ、ケーキ・カウンター、パティスリー・バーに、香水用オルガン台、ハンドクリーム・バーなどが入るのです。建築家ローラ・ゴンザレスのおかげで、すべてが際立ちながらも、スペースは見事に調和していました。また私達は、ピエール・エルメ・パリのメゾンだけで一四〇人を新たに雇わなければなりませんでした。何しろ初めて手がけることなので、（ブランドの範囲内ではありますが）パティスリーのメゾンの仕事とは考えにくい、レストランの料理、給仕、バリスタなどの仕事のために、一緒に働いてくれる人たちを養成しなければなりませんでした。もちろん、そのためのすべてのノウハウは最大限に推し進めました。何事も決して中途半端にはできないのです。

　レストランについてのアイデアは、まず何よりもパティスリーを味わいに来てくれる顧客に対して料理を提案する、というものです。メニューは厳選され、個人的なレシピも入れました。なかでもお気に入りの、仔牛のブランケット（ホワイト・シチュー）やカラスミのスパゲッティ、それから特にパティスリーから着想した料理で、生地の仕事が重要なパテ・アン・クルート、ブシェ・ア・ラ・レーヌなどです。同様に、デザートを引き立たせる材料を、料理に導入して楽しみました。料理としての甘くないフレンチ・トースト、フランボワーズをきかせたレーチェ・デ・ティグレ《虎のミルク》（レモン、香草などのドレッシング）の魚のセビーチェ（マリネ）、クレマンティヌのピクルスと白バルサミコ酢のジュレを添えたポロネギのフォンダン……。

　バーに関しては、コーヒーの仕事に力を入れました。二〇一三年に「ラルブル・ア・カフェ」のイポリット・クルティと出会ってコーヒーに興味を持ち始めてから、シャンゼリゼ八六番地が、ずっと先まで前進する機会になりました。ピエール・エルメ・パリのメゾンに新しい仕事を誕生させたほどです。その後は、ブランド以外の場所でコーヒーを発展させることになります。このようにしてバリスタのノウハウを学ぶことに没頭したのは、おそらくパティシエのノウハウと多くの共通点があったからです。バリスタの仕事には、コーヒー、ミルクなど、そのすべてに影響する最先端の設備が求められ、どんなこともいい加減にはできません。特に水には特別な濾過システムが必要で、そうでなければ濁った味がしてしまいます。ついでながら私は、最初の一秒で見破ります。

この世界に熱中するうち、一八歳のときにワイン醸造学を見つけたときの幸福感がよみがえりました。ワインのようにコーヒーにも取り憑かれてしまい、バリスタが使うマシーンやはかりなど、すべての設備を買いました。家では、コーヒーの量をフレンチドレッシングの材料のように正確に量ります。焙煎のレベル、甘み、産地のアロマなどの分析をしながら、研鑽を続けています。ブラジル産IAPARのレッドはチョコレートのアロマ、エチオピアのジェデオはアンズのアロマ……。当然私は、極めて美味しいコーヒーしか飲みません。エスプレッソか水出し（二九四ページのレシピを参照）です。夏には水出しコーヒーが常に冷蔵庫に入っています。

コーヒーの花にも興味を持ち、その繊細な甘いサトウキビの香りをとらえて、マカロンにしようとしています。また、カスカラにも興味があります。カスカラは、コーヒー豆になる種を包む、果肉と皮の部分だけを指し、コーヒー〝チェリー〟とも呼ばれています。天日で乾燥させて、お茶のように浸してホットでもアイスでも飲めます。カスカラは、シャンゼリゼ八六番地のかなりの自信をもっておすすめできるドリンク・メニューで提供されています。メニューには、あらゆる形の自慢のコーヒーが載っています。エスプレッソ、カプチーノ、ラテ、フラットホワイトなどで、ミルクも、牛乳、オートミール・ミルク、アーモンド・ミルク、豆乳を取り揃えています。これらすべてを作るためには卓越した技術が求められますが、バリスタたちは、メゾンの専門家による研修のおかげでそのレベルに達しています。コーヒーをいれる技術も、〝ラテ・アート〟（ミルクを泡立たせて、その泡を形作って美しい絵を描くこと）も、即興ではできませんから。

紅茶についても、同じように細心の注意を払った仕事をしていますが、その世界はコーヒーほど複雑ではありません。それでも茶葉は、カリン・ボードリーなどの専門家たちによって、厳しく選別され、付香されています。そしてもちろんのこと、適切な温度の湯を入れ、タイマーで抽出時間を計ってお出しししています。

シャンゼリゼ八六番地のブティックは、二〇一七年一二月にオープンしました。ジョニー・アリディ（フランスの国民的ロック・スター）の埋葬の数日前のことです。この日を覚えているのは、驚きと落胆の出発点だったからです。

世界一美しいこの大通りは、別世界です。私達のコンセプト・ショップをロクシタンと共に開くことで、パリの人びとのみならず観光客もターゲットにし、この場所が生活と出会いの場所になることを望んでいました。しかし最初の頃は、デモと黄色いベスト運動が客足を遠ざけました。そう言えるのは、実際に暴力行為があったからです。そのせいで、テラスとショーウインドーにかなりの物的損害を受けました。数字が急速な落ち込みを見せていたところに、コロナ禍で何もできなくなりました。縦揺れを始めたこの〝大型客船〟を維持するのは、私達のような中小企業には重すぎました。強情を張って執着するべきではなく、ロクシタンから責任を負わされていた八六番地の直接経営から退くという抜本的な決断をしました。その結果、レストランの営業はやめ、サロン・ド・テとパティスリーの販売とテイスティングだけを継続することにしました。

しかしそれで終わりではありませんでした。二三年間私の傍らにいた共同経営者のシャルル・ズナティが、彼のピエール・エルメ・パリのメゾンの持分を、彼にとっては正当な理由から、ロクシタンに売却したのです。私とシャルルの二人三脚は、長い間うまく機能していました。私たちは基本的によく似ていて、補い合えるところもあったからです。広告の経験を積んだ彼は、私の創造性に支えられ、コミュニケーション能力を発揮して、メゾンの発展に貢献しました。当然ながらメゾンの主戦力が、パティシエとしての私の仕事だったとしてもです。しかし成り行き任せにしているうちに、二人の欲しいものや望むことが分岐していきました。それも人生です。シャルルは私と違って、パティスリー以外の分野で働くことができました。

彼が離れていくことに、もちろん苛立ちはしましたが、私は物事をのんきに待つ性分ではありません。仕事を始めたときから、どこを目指すのかはわかっていましたし、自分の長所、弱点、創造する能力についても知っています。まわりから支えられていることもわかっていますし、助言を求めることもできます。ですからシャルルが辞める二年前に先手を打って、フランス宣伝部長としてオリヴィエ・キャバロという人物を雇っていました。

そして私は前進し続けました。シャンゼリゼ八六番地の災難を、失敗ととらえてはいません。その反対です。余儀なく、是非とも必要な決断をしたまでのことです。良い決断でした。この経験については、ポジティブな面しか記憶に留めていません。シャンゼリゼに出店したおかげで、フランスでの、そして世界での知名度が大いに上がりました。省察力が培われ、仕事が大いに展開し、以来それらは広がりを見せ、他で成功しています。

このようにして、料理とレストランについて成し遂げられた仕事は、パリ七区ボーパッサージュにあるサロン・ド・テと、マラケシュのラ・マムーニアのバー「マジョレル」で開花しました。私の対象へのアプローチの仕方は、少し独特です。その目的が、料理人とパティシエのノウハウをうまく組み合わせることだからです。そのために、料理のエグゼクティブ・シェフのアナイス・デュチユールと仕事をしています。彼女は本物の相棒です。私はグルメ通として、普通に自分が食べたいと思うものを正確に把握していますが、客に提供したいと思っている料理については、より要求が厳しくなります。素材と技術の面で料理に対する真の知識を持ちあわせてはいても、アナイスのような経験はありませんし、彼女の才能は飛び抜けています。求められる正確さ、厳しさ、規則性で仕事をするパティシエとしての私の方法を、料理に取り入れることのできる料理人に出会ったのは、実際初めてのことです。たとえば、すべての材料を計量するなどの私達の作業の方法を、彼女は吸収することができました。彼女は、それが良い結果を生むと認めるばかりでなく、自分の仕事に新しい次元をもたらすものととらえました。ですから私達は協力し合って、レシピを改善しています。そのひとつに、私が完全に満足してはいなかったパテ・アン・クルートのレシピがあります。そのことをシェフのベルナール・パコーの息子でシェフのマチュー・パコーに打ち明けると、彼はこう言いました。『『アピシウス』に来てくれたら、父のレシピを君に見せるよ』

それでアナイスと一緒に、レストラン「アピシウス」に行きました。彼女は私と同じぐらい興奮していました。輝かしいシェフの料理の秘密を解き明かせるのですから。

私たちは、パテ・アン・クルートと同時に、他のものもたくさん見せてもらいました。仔牛、家禽の肉、クネル（魚のすり身）、キノコなどの種類のヴォ・ロー・ヴァン（パイ皮のケースにソースで和えたものを詰めた料理）の入念な作業もしました。ヴォ・ロー・ヴァンは、パティスリーの仕事による象徴的な料理であり、パイ皮への真の頌歌ですから、特に大好きです。つまり、私達は前進しています。

他のサロン・ド・テでも、ピエール・エルメ・パリのメゾンの料理を提供しようと考えています。その数を増やすことが目的ではなく、卓越したノウハウと、この五年で展開した料理の重要な〝ライブラリー〟を、活用しないのはもったいないからです。継続可能な漁による魚、地産やパリのハウスでの有機農法による野菜、有機卵など、厳しい条件下のソーシングに基づく料理は、ブランドの世界に忠実です。

パティシエの世界を補完するピエール・エルメ・パリのカフェのほうは、とても好意的に受け入れられ、パリに四軒（サン＝プラシッド通り、サン＝ジェルマン大通り、リヨン駅、モンパルナス駅）、ラ・マムーニア・ホテルに一軒、カタールに一軒、タイに一軒あります。それで終わらないとの予感がしています。

存在とグレープフルーツ

現在ピエール・エルメ・パリのメゾンは好調です。
工房、本社、日本支社（東京、京都、神戸、横浜）、ブティック（日本、イギリス、香港、タイ、カタール、サウジアラビア、モロッコ、ドイツ、モナコ、ニース、ストラスブールなど）に、約六五

○人の従業員を雇用し、パリとパリ地方に二〇以上の販売所があり、そのうちの三つは独占的に提携をしたエッフェル塔にあります。この〝鉄の貴婦人〟をたたえ、〝エッフェル塔・パリ・一八八九〟と刻印し彼女に捧げた二種類のマカロンを製作しました。一種類目は「エッフェル塔の庭園」で、フレッシュ・ミントの清涼感を、ブラジルのパイネイラス農園産カカオのチョコレートのガナッシュの力強さに組み合わせました。もう一種類は「セーヌ川の庭園」で、フランボワーズの甘美さを、マダガスカルのミヨ農園産カカオのチョコレートの官能性に合わせました。これらは、三階にあるマカロン・バー、二階にあるビストロ、塔のてっぺんにあるシャンパン・バーで販売されています。私達のメゾンが、フランスを象徴するいちばんの記念碑に存在することは、光栄であり幸福です。

ついに私達の店舗は、空港や駅といった人流の要所にまで進出しました。今のところは、日本に五店舗、フランスのバーゼル＝ミュールーズ空港とロワシー空港にそれぞれ店舗がありますが、これからも増え続けるでしょう。

フランスと世界での成功の大きな根幹を成すのは、マカロンです。この成功が続いているのは、おそらく私達が、常に最高品質であるように気を配っているのと、独自の定番商品（「アンフィニマン・ヴァニーユ」、ピスタチオ、コーヒー、プラリネなど）に加えて、これまでにない味のものを出し続けているからでしょう。そしてひと月おきに、季節に応じて私のアイデアで創作したコレクションを進化させています。最新のマカロンのいくつかは、「アンフィニマン・パンプルムス《グレープフルーツ》」、「青春の庭園」（レモンバームとレモン）、「アンフィニマン・プラリネ・オー・ノワ・ド・ペカン《ピーカンナッツ》」、「ラ・マムーニアの庭園」（レモンとアムルー）などです。

中でも私のお気に入りは、「アンフィニマン・カフェ・マロカン《モロッコのコーヒー》」のマカロンです。マラケシュのジャマ・エル・フナ広場の屋台で飲んだスパイス・コーヒーの思い出に作ったタルトが元になっています。ラ・マムーニア・ホテルのパティスリーのシェフ、スティーヴ・チエリーと一緒に、私達で作ったスパイス・コーヒーの味見をしましたが、そのコーヒーからは、屋台のスパイス・コーヒーにあったカルダモン、スターアニス、ニゲラ、金胡麻、シナモン、生姜のアロマが消えていました。スパイス・コーヒーがあまりに美味しかったので、ケーキを作るために、そのアロマをつかまえたくなりました。そこでシェフに、小さなはかりを持ってきてくれるように頼み、屋台のご主人にきいた配合どおりにスパイスをグラム単位で量りました。ご主人が私達のお願いを快くきいて、おしえてくれたことに感謝をしています。そのおかげで、スパイシーで繊細な「アンフィニマン・カフェ・マロカン」のタルトができたのですから。それをマカロンへと〝翻訳〟し、モロッコとフランスで販売したら、激しい嵐《タバコ》のように大当たりしました。タバコで思い出しましたが、数年前に葉巻「コイーバ・ベイーケ」用のタバコの葉を煎じて、この葉巻の愛好家にオーダーメイドのマカロンを作りました。コロナ禍のロックダウンを経て、地方の客の声に応えるべく、新商品のアイデアが浮かびました。「ノマド」シリーズのパティスリー、「フェティッシュ」シリーズの味のアントルメなどです。これらをマイナス一八度で搬送し、八時間かけて冷蔵庫で解凍すれば、味とテクスチャーを最高の状態で再現できます。

　近年、著しい成長を見せているのは、生のパティスリーの販売です。現在パリでは一〇店舗で販売していて、最新のブティックがサン＝ルイ島にオープンしたばかりです。それを可能にしているのはランジスにあるアトリエで、ここでは五〇人のパティシエたちが、個別のケーキの他にも、ホールケーキ、クロワッサンやデニッシュ類、アイスクリームなどを作っています。

そう言えばよく、「エルメさんはいつもケーキを作っているのですか?」と訊かれます。

それに対して、ケーキは私が工房に存在していようがいまいが、まったく変わらずにできます、と答えています。ピエール・エルメ・パリのメゾンのパティシエたちは、プロ意識と厳格さを持ち合わせ、仕事に求める要求も多く、いかなる妥協も許しません。私がいくら世界一のパティスリーを作り出したとしても、セバスチャン・クラヴリーを先頭に、彼を支えるポール・フィリッピ、ヤニック・ヌベール、ヴァンサン・ヴィユメイ、アレクサンドル・ブレザ、エリザ・フェヴル、ヴァランタン・ル・マレシャルといった〝オーケストラの指揮者〟たちが、工房で製造の段取りをきちんとしていなければ、ケーキ、マカロン、チョコレートが、一年中ショーケースに並ぶなどということはありません。会社の他のすべての仕事ももちろん大切です。メゾンのエンジンの中心であるパティシエたちのまわりで、その仕事を支え、発展させ、価値を高めてくれているからです。

諸問題とアボカド

有名な格言に、「きちんとした仕事をしたければ、二〇回はやりなおせ」とあります。

私の場合は一〇〇回です。

自分の仕事に対して、私は最も厳しい批評家です。まずは味に関してです。最も自信のある分野にもかかわらず（むしろ、だからこそ）、そうしています。その点でひとたび考えが固まったなら、他の人の意見によって変わることは滅多にありません。もしもケーキがレベルに達していないと思うなら、完全に満足のゆく出来になるまで、入念に仕上げていきます。時間はかかります。何か月も、何年もかかることもあります。しかしある品について自信があって、美味しいと思うのなら、批判などものともしません。たとえば、「ちょっと奇抜過ぎ。それどころか本当に変」と言われたとしても、がっかりするどころか、かえって続けたくなります。自分が常に正しいと言っているわけではありません。しかし味の分野では、実際にそのようなことが、何度か起こりました。

これまでにないマカロン（オリーブオイルとバニラ味、キャビア味、二〇年もののバルサミコ酢味など）、チョコレートとアボカドとバナナのアントルメなどを作ると、顔をしかめる人もいました。好きになれないというのはともかく、好奇心不足からか、味の興味深いハーモニーを理解しようとしないだなんて、認めたくはありません。それについては論を戦わせるか、論証するしかありません。皆が同じ意見だったら、世界は面白くありません。

「イスパハン」の味の組み合わせを作ったとき、皆が絶対に売れないと断言しました。もしも私があそこまで粘り強いところを見せていなかったら、商売が続かなったことでしょう。でも皆の方が間違っていました。現在「イスパハン」は、主力商品であり、フランスで、世界で何十人ものパティシエがコピーしています。ボコタですら、「マリー・アントワネット」という名前のパティスリー店で

「イスパハン」を見つけました。ついでにはっきりさせておくと、コピーされたからといって、不快にはなりません。逆にコピーされることは、仕事で足跡を残したしるしとして、讃辞と受け取らなければならないと思っています。

ですから、ある種の批判に対してはどこ吹く風ですが、だからといって他の人の指摘に耳を貸さないというわけではありません。

自分では成功作と思っている品を、一度、二度、三度と発売しても売れないときは、失敗と認めます。自問し、再検討します。少ししたら、またやりなおす覚悟で。

私達のケーキに満足がいかないというクレームが寄せられたなら、カスタマー・サービス部が私に働きかけることも珍しくはありません。問題がより厄介なときには、本格的に関わります。数年前に、ある男性がケーキの中にあった小さなネジをかじり、歯が欠けてしまいました。私は直ちにその男性に電話して健康状態を尋ね、謝罪し、治療費を支払う約束をしました。当然のことをしたまでです。それからそのネジを回収し、この事故が起こった原因を突き止めるため、隅々まで検査を行いました。以来、二度と同じことが起こらないよう検査を強化しています。

ジャーナリストが私の創作について批判することもあります。最近では、オレンジの花のガレット・デ・ロワの香りがきつすぎると言われました。私はその理由を理解しようとし、必要であればそのジャーナリストと議論して、原因を明らかにします。

同僚や同業者が、私が創作したものを食べて、改善できることがあると言うときには、耳を傾けます。

妻ヴァレリーの商品についての指摘は、注意深く聞きます。彼女は自分の考えを私に容赦なく言える稀有な存在だからです。とはいえ彼女がいつも正しいとは限りません。その証拠は、ある日彼女に、発売予定の「イレジスティーブル」の何種類かのスイーツを試食させたときのことです。アーモンドやヘーゼルナッツがキャラメルやバニラでコーティングされているもので、ヴァレリーはそれらを試食し、私に言いました。一言一句変えずに書きます。「ふうん、全然大したことないわね」

私は反論しました。本当に美味しいと思ったからです。そこでまわりの人たちに試食してもらって、各々の反応を見ました。数分で箱は空になりました。妻は、最初はこの小さなお菓子の美味しさがわからなかったけど、考え直してみたらがぜん止まらなくなった、と認めました。

実のところ、どこかが〝おかしい〟ときは、それを感じます。それが直感からなのか経験からなのかは重要ではありませんし、必ずしもすぐに解決策が見つかるとも思いません。むしろ私はいつも解決策を探し続けています。

今の時代は複雑で、私は常に考え続けます。コロナ禍以来、消費傾向、コミュニケーション手段、求人方法など、多くのことが変わりました。ついでにはっきりさせておくと、私達はこの期間を損失を出さずに乗り切りました。ピエール・エルメのメゾンのチームが、骨惜しみせずに行動したからです。この状況に合わせて、パティスリー「ノマド」のシリーズを立ち上げて、ウェブサイトをより充実させました。ウェブサイトが今ではいちばんの店舗です。

さらにこの間に、共同経営を変えました。六年を共にした株主が、持分を譲ることを望んだのです。私達の関係はとてもうまくいっていたのですが、コロナ禍の出口が見えて、ＬＯＧインベストメントのファンドが、ロクシタン・グループの元来の仕事に活動の軸を戻したがっていました。ピエール・エルメ・パリのメゾンの売り上げが一億ユーロに近いとしても、二〇億ユーロのロクシタンに比べたら、親指小僧にしか見えません。

そこで株主について再検討してみました。そのときに、フランス系ブラジル人実業家ウォルター・バトラーが、ピエール・エルメ・パリのメゾンに本当に一目惚れをしたのです。彼の会社バトラー・インダストリーズは、パリ・サン＝ジェルマンへの投資で知られていて、かつてはフロ・グループに、数年前にはパラディ・ラタンにも投資していました。熱意にあふれ、元気で、陽気で、美食家のウォルターは、一人のクリエイターから具現化されたメゾンが、世界規模の次元と大きな可能性を持っているという事実を高く評価し、二〇二一年の終わりに資本に参入しました。昨年の夏に彼と会談し、私達のブランドの価値と文化についての彼の考え方を、私はすぐに気に入りました。彼はブランドの価値と文化に敬意を払っているだけでなく、深く理解しようと努め、その理解を拠り所にして、企業の発展に寄り添おうとしています。

意見交換をし、考察を重ねることで、共に前進していきます。私達の長所である、他とは違うノウハウ、商品の品質、創造性、内部研修などの長所を強化しながらも、求人方法を新しくし、チームに労働条件について尋ね、店舗での接客とサービスを改善し、ソーシャル・メディアでの存在感を強化するなどしています。当然のことをしているだけですが、企業が存続していくと新たな局面を迎えることが度々あり、そこに確実なものは何もないのです。

これらのテーマには、二つの立場で真正面から取り組んでいます。第一に、起業家として、数百人の従業員をあずかる責任者としてで、第二に、シェフ・パティシエとしてです。もし問題について、細部まで最大の注意を払って取り扱われなかったら、そのことが、私の職業の中心である味の仕事に及ぶおそれがあるからです。

ソーシングとヘーゼルナッツ・ペースト

この数年同じく最も力を注いでいるのが、小麦粉、牛乳、バター、卵、新鮮な果物、ドライフルーツなどの原材料のソーシングです。

オート・パティスリーのメーカーとしては、この問題では最先端を行く義務があります。商業的な観点からもそうです。情報に明るい客は、もはやただのリンゴのタルトでは買ってはくれず、それに付随する価値にお金を払います。この三〇年間に、品質の基準は著しく上がりましたが、味、トレーサビリティ、生産方法と工程、流通などもそうです。チョコレートも同様で、ヴァローナは素晴らしい仕事を実現しています。私達の材料の金額にしていちばんの納入業者で、ヴァローナからは年間一五〇トンを購入しています。

私の究極の夢は、生産者から直接買い付けて流通経路を短縮化した、倫理的な有機栽培による生産物のみを使って仕事をすることです。実際はさまざまな制約を強いられ、この理想に到達することはできていませんが、日々努力を重ねています。これまでもずっと、私達が使う原材料の品質についての妥協はしませんでしたが、現在はさらに推し進めて、極めて厳しい生産基準に則ったものだけを使っています。納入業者はそれに従わなければならず、そうでなければ、彼らの生産物が私達の工房に入ることはありません。何百もの原材料に関わっていることで、すべてを厳密に検査しなければならないので、とても手間がかかります。この検査は、それぞれの異なる確認事項と要求項目から始められ、その最も重要な基準は、もちろん味です。

最近では、果物と野菜についての仕事をかなりしていて、可能なら生産者から直接買い付けています。大手の仲介業者には頼りません。私達の目的は、どこで、いつ、どのような条件で、このナシが、モモが、マルメロが育ったのかを明記して、栽培者を明らかにすることです。リンゴとイチゴの大部分はそれができていますが、良心的な農業で作った五感を刺激する品質のものを、と契約した生産者にお願いするほど、調達できる期間は短く、不安定になります。供給量は、本質的に季節や気候条件によってかなり左右されます。たとえば、私達が契約している生産者には、一か月間のみ申し分のないイチゴを収穫し、一日たりとも余計には収穫しない人がいます。ですからイチゴの残りの季節のために、フランスの他の地方の生産者にお願いしながらも、常にイチゴ農家を探しています。

柑橘類も同じです。ラ・マムーニアのように規模が小さいところに限るなら、レモン、オレンジ、クレマンティヌなどを調達できる生産者はいますが、ピエール・エルメ・パリのメゾン全体となると話は別です。だからといって品質に一切の妥協はせず、セドリック・カサノヴァに任せて一一月から四月まで、シチリアの素晴らしいレモンを探してもらっています。

この〝再ソーシング〟は、とてつもない企てなのに満足のいく成果を上げているのは、積極的に推進しているからです。数年前は直接交渉をした生産者からの果物は一部でしたが、現在では八五パーセントに及んでいます。一〇〇パーセントになる可能性は低いのかもしれませんが、可能な限り近づけます。

有機農法の生産物についても同じです。私達が望む味で、必要なだけの量を自由に使えるのなら、迷わず有機農法のものを選びます。今やアーモンドをはじめとして、多くの生産物についてそうしています。卵や乳製品については、放し飼いの鶏の卵や、自然放牧の牛の乳製品などの有機のものでは（まだ）ないのは、事情がより複雑だからです。

このグローバルな展開にはコストがかかりますが、私達には環境への影響を抑える義務があります。しかし数字的な考察よりも、卓越した生産物を求めることで胸が躍るのは、当然そこからアイデアが生まれるからです。

ベルガモットとエスプレッソ

そして、アイデアが尽きることはありません。

齢六〇にして、創作意欲はかつてないほど旺盛です。やらなければならないことがあまりに多く残っています。無尽蔵にです。まるで魔法のようですが、ますます、でなければ相変わらず、楽しみながらやっています。

もちろん、新しい味の組み合わせのアイデアは、途切れることなくやって来ます。

最近浮かんだアイデアの中では、「オーロラ」が気に入っています。ベルガモットとバラの組み合わせで、かなり手こずりました。マカロンにすると、とてもうまくいったのですが、ケーキにしようとすると、その味わいがなくなってしまうのです。ケーキにベルガモットの香りがせず、酸味しか残っていませんでした。「イスパハン」の流れをくむこの美しいケーキを完成させるために、結構な手間をかけて五、六回は試作品を作り直しました。

私はまた、「ココロ」には目がありません。日本語で〝心〟のことです。日本のエグゼクティブ・シェフのクリストフ・ドラピエの求めで創作しました。彼はトロピカル・フルーツを使った夏のケーキの日本での販売を望んでいました。柑橘類とパイナップルとバニラのシロップに浸したババに、グリーンレモンとバニラのクリームと、キャラメリゼしたパイナップルを載せ、パッションフルーツのジュレで覆いました。このケーキが日本で成功したので、それ以降フランスでも、地球のこちら側でのトロピカル・フルーツと柑橘類の季節に、つまり冬に提供しています。

柑橘類に関しては最近、コルシカの糖菓店「サン＝シルヴェストル」のマルセル・サンティニが作ったグリーンレモンの砂糖漬けを味わいながら、気がつきました。「アンフィニマン・シトロン・ヴェール《グリーンレモン》」のマカロンを作ろうと一度も思わなかったことに。おそらくそれが当たり前すぎたからでしょう。グリーンレモンは、あまりに美味しくて、爽やかで、刺激的なので、ごく自然にアイデアが生まれました。マカロンの試作品を一度作っただけで、レシピに入りました。

創作の新境地としては、ネスプレッソとの世界的な提携があります。ネスプレッソが歴史上初めて、味の創作者とのコラボレーションに踏み切ったのです。

私のコーヒー愛の強さに気づいたネスプレッソのチームが、特別なコーヒー（そのままのものと、フレーバー付きのもの）、カレ・ド・ショコラ、キャンドル、サブレ、ケーキなどについて一緒に仕事をしようと、接触してきました。初めは、すでに完成していた品々から選んでほしいと提案されました。私の仕事のやり方に全然合っていなかったので、オファーを断る前に、ネスプレッソ社の社長ギヨーム・ル・カンフに面会を願い出ました。その年のＢ Ｃｏｒｐ認証を取得する約束をしてくれたので、すぐにこの人物を見直す気持ちになりました。それは企業が今後、社会や環境に最大限の配慮をすることを意味します。私は彼に包み隠さず、味の領域については、私は徹底的にやるか、まったくやらないかのどちらかだ、と説明しました。

「ロイヤリティーを受け取るためだけに、自分の名前を商品に貼り付けることは拒否します。私がそちらの仕事に関わるなら、何か違うものをもたらすことで、私達の提携関係に意味を与えたいのです」

ギヨーム・ル・カンフはとても柔軟な人物で、ためらうことなくゴーサインを出しました。彼のチームと共に働くことには、いくつかの障壁がありました。彼らは自分達の思考方法に固執していたので、私のやり方に動揺して、ついてこれないこともありました。それでも私は、新しいものに対する抵抗に打ち勝つのには慣れていますから、極めて高品質な他とは違うと思えるシリーズを、練り上げることができました。コロンビアのトリマ産の有機コーヒーは、ソーシング、収穫後の取り扱い、焙煎を監督しました。ヘーゼルナッツとフランボワーズの二種類のフレーバー・コーヒーは、ミルク有りと無しの両方で試して研究しました。それに加えて、フランボワーズとセイロン産シナモンのサブレ、サトウキビのパネラとコーヒーの花のカンゾウのノートから着想したキャンドル、ティムール産カカオ七〇パーセントのチョコレート、バニラ味とヘーゼルナッツ味と挽いたコーヒー入りヘーゼルナッツ・プラリネのブッシュドノエルです。

この仕事では、深みにはまりひどく時間を取られましたが、とても楽しみました。初めての経験だったからです。そしてそこから新たな展開があることでしょう。私はすでにコーヒーの花のマカロンに着手しています。コロンビアを旅して、コーヒー農園を巡り歩き、生産者たちに会い、ついでにこのコラボレーションのための映画の撮影も行われました。

第一二章
投　影

ヒヨコマメの煮汁とアーモンド・ミルク

まだ探検すべき領域はたくさん残されていますが、そのうちのひとつが徐々に、私の心とピエール・エルメ・パリのメゾンの中での場所を支配してきています。それは、ビーガンのためのパティスリーです。

かつての典型的な研修を受けた者にとっては、動物由来のものをまったく使わずにケーキを作るのは、完全に全部を一からやり直すのと同じことです。ケーキは、卵、牛乳、バター、生クリームで作るものとおそわりましたし、パティスリーにおいて基礎となるものです。それらを何かに置き換えるのは、味においても、技術においても、無謀な行為です。しかしこれは、素晴らしい創造の機会です。だから私を夢中にさせるのです。

私達のメゾンのようなところでは、急激に広まっているビーガンの傾向を無視するわけにはいきません。さまざまな理由によって、動物性タンパク質不使用の食品を選択する消費者がだんだん増えてきています。環境保護や倫理的な信条から、健康上の理由、文化的、宗教上の理由から、そしてそれらすべての理由からそうする人もいます。そこで、現在ビーガンやベジタリアン向けのオプションを提供しているレストラン同様に、この新しい食通たちに美味しいケーキを提供するのが、重要課題になりました。

私はわざと〝美味しい〟という言葉を使いました。ビーガン向けのパティスリーという議題について前進させるために時間がかかったのは、味について行き詰まってしまったからです。味こそが、私が企てるすべてに通じる主要な導入部です。長い間、納得のいくビーガン向けのケーキに出会ったことはありませんでした。どのケーキも味がはっきりせず、口当たりが悪く、パサパサしていました。それでも数年前から興味を持つようになったのは、先駆者でありたい、驚きを作り出したい、望みをかなえてあげたい、と思ったからです。しかしこの世界に足を踏み入れたいと思えるような味わいのきっかけが、なかなか見つけられずにいました。それも、香港のとあるレストランで働いていた一人の若きシェフ・パティシエールが、彼女が作ったビーガンのケーキの味見をしてほしいと、私のところに来たときまでのことでした。どれもが本当に美味しくて、これが最初のきっかけになりました。他にも、「リュナ・クレアシオン」の創立者アンドレア・ロカジェルとの出会いがありました。この若き女性とは三年前から定期的に意見交換をしています。彼女は、オリジナルの香りの、まん中がとろける植物性ボンボン・ショコラ「リュンヌ」を作っています。

ほぼ同じ頃にヴァローナが、植物性のミルク・チョコレートの見本の味見をさせてくれました。アーモンド・ミルクとライス・ミルクのチョコレートです。ライス・ミルクのものは風味が強烈過ぎるのに対して、アーモンド・ミルクのものはとても美味しく、ずっと記憶に残っていました。それから少し経って、ロドルフ・ランドゥメンヌのケーキを味わいました。彼は〝伝統的〟パティシエだったのですが、ビーガンの活動家になり、パンの店「ランド&モンキーズ」を創立しました。彼の作るエクレア、タルト、クッキーは、ただ単純にすごいの一言です。同じ頃に「メゾン・デュ・ショコラ」のシェフ、ニコラ・クロワゾーからじきじきに一時的な提携のオファーが来ました。会議のときにニコラは、私にビーガン一〇〇パーセントのチョコレートの味見をさせました。純粋で清らかで見事だと思いました。この瞬間、パッとひらめきました。自分初のビーガンのケーキを作ろう、と。

一〇年前には罰のように思えたことが、創造のチャンスに変わりました。私は素材の調査に取りかかり、植物性料理研究所の創立者カリーヌ・カストロのような専門家たちとの対話を始めました。この新しい仕事の道筋には、あちこちに落とし穴がありましたが、そこに落ちることはありませんでした。これらの障害は、ビーガンのパティスリーを徹底的に探求する新たな理由になりました。仕事について新しいことを学ぶのは、それに着手して進展させることです。私の人生行路のこの段階で、これより夢を見させてくれることが他にあるでしょうか。

私達のメゾンにとってビーガンのパティスリーは、大規模な企てであり、夢中にさせてくれる挑戦でもあります。他と違うように考えるだけでは十分ではありません。一から始めて、考え方を変え、原材料、基礎、生地、技術についての知識をいったん忘れて、新しいことに着手しなければなりません。卵白をアクアファバ（ヒヨコマメの煮汁）にして、バターを採油植物に代える、植物性の良質なクリームを探し出す、攪拌する工程を見直す、パイ生地の良い折り畳み方を開発する、生地のこね方、休ませる時間を調整する、などです。

これらすべてが成し遂げられたあかつきには、牛乳もバターも不使用のケーキの味を理解するために、我々の口蓋を再起動させなければなりません。

このようにして、二つの最初のビーガンのケーキを作るために、数えきれないほどの試みを行いました。私が創造したすべてのものと同様に、非の打ちどころのない味に達していなければならないのです。私の目的は、「ローズ・デ・サーブル」（アーモンド・ミルクのチョコレートとバラのプラリネのタルト）と「カシスの花」（カシスとカシスの蕾入りベリーズのカカオのアントルメ）を、「イスパハン」や「モンテベッロ」と同じように、ビーガンのレッテルを貼らずに味わってもらうことです。

この二つのパティスリーの目的は達成したと思います。ブラインド・テストをしたときに、誰もビーガンだとは見破れませんでした。そこで私達は、時間を追うごとに、これらの新顔たちを商品のラインナップに加えていきました。私の考えでは、ビーガンのパティスリーは、脇役の資質ではありません。ビーガンのものを作ろうと意識して作ると、道を誤ります。騒ぎ立てる必要などなく、逆に〝普通の〟提案の一部にしなければなりません。初めから味やテクスチャーが必要とするアプローチが取り入れられ、他の商品同様に美味しいのであれば、ビーガンのケーキがブティックで〝差別される〟べきではありません。ビーガンの品を引き立て、存続させ、パティスリーのラインナップでの地位を与えることによって、定義し直すべきなのです。

なぜなら、新しいものは常に他のものを引き寄せるからです。知らなかった素材によって、アイデアを与えられ、それが革新をもたらします。シャンゼリゼ八六番地のための「ローズ・デ・サーブル」のブッシュドノエル、ビーガンのマカロンなどです。ビーガンのマカロンは、小規模に作ればとても美味しく、大量に作ればそれほどでもないことが判明しました。そこでそれらの複製品を見直しました。オート・パティスリーは本物の贅沢品であり、安易なやり方では許されないからです。ビーガンのケーキはその原価から普通のケーキより高価になることが多いので、なおさらです。フードテック（食品が消費者に届くまでのエコシステム）の小さないくつかの会社が開発しているのが現状なので、植物プロテインだけにしても、かなりの投資が必要です。私は、あれこれの生産品について訊いてくる若き起業家たちとは、大いに意見交換をしています。

つまりは新しい幕開けで、まだ始まったばかりなのです。研究開発チームのヤン・エヴァノ、マノン・ドゥルエ、トマ・バソレイユと一緒に、掘り下げ続けていきます。いくつかの道筋は描けています。新しい品を考案するのはもちろんですが、重要な定番品を、ビーガン式でやってみてもいいでしょう。

今は本の執筆に取り組んでいて、ゆくゆくはそれがビーガンのオート・パティスリーの参考書になるよう願っています。今のところはまだ、そのような本はありませんが、リンダ・ヴォングダラと一緒に実現させます。彼女はこの分野の専門のシェフで、ずっとこの仕事に打ち込み、オカラ・スクールでおしえています。彼女の技術のノウハウと、私の味の鑑定能力をかけ合わせて、この新しい研究分野の基礎を作るつもりです。

このような本には需要が生まれるのではないかと、私は考えています。水晶玉に手をあてなくとも、ビーガンのパティスリーには大きな未来があると確信しているからです。パティシエの現況では、まだまだいばらの道ですが、ずっとそうだとは思いません。需要が高まっているので、少しずつ状況は変わっていくでしょう。それこそが歴史の意義であり、私は今それに応えている最中なのです。

理性とレモン

二〇一八年にフレデリック・ボーが、私のケーキのひとつを「レゾネ」のバージョンに再解釈することを提案したとき、やると答えました。「レゾネ」とは、糖分と油脂を減らして低カロリーなのに、美味しさは変わらないシリーズのことです。

「あのさ、僕は君の『アンフィニマン・ヴァニーユ』のタルトが大好きなんだよね」と、ある日友人であるフレデリックが言いました。そして彼は、「でもね、ちょっとカロリーが高過ぎる気もするから、僕が作り直してみてもいいかな?」と、続けました。

枠から出て、新しい経験を企てるために規範を覆したいとの思いに、私は常に忠実ですから、了承しました。

私の断固たる条件は、〝喜びのためには一歩も譲らない〟です。それが意味するのは、「レゾネ」のタルトの味とテクスチャーは、典型的なパティスリーを試食したときと同じ快感をもたらさなければばならない、ということです。ダイエット用のケーキを提案するというアイデアからは遠いところにいる私は、何よりもまず幸せを売る人で、そして食いしん坊であり続けています。

フレデリックは、挑戦を受けて立ちました。彼ならば信頼できました。一七年前からこのテーマに取り組んでいて、彼の著作の『グルマンディーズ・レゾネ《思慮深い美食》』（ラ・マルチニエール社、二〇二〇年）を参照すれば、このテーマが見事に扱われています。彼は栄養学者のチエリー・アンと一緒にこの分野を開拓しています。私もチエリーのそばで、多くを学ぶことができました。おまけに、私が引き続き展開させていくこのテーマについての時間を節約することができました。私達の顧客の一部で大きくなっている、ウェルビーイングや健康志向に応えるものだからです。

「レゾネ」のパティスリーには、ビーガンのものと同様に徹底的な見直しが必要です。私はそれを困難とは見なさず、いくつかのレシピを根本から作り直し、さらにはまだ使ったことのない素材で新しい品を作るためのチャンスととらえています。

具体的には、白糖を可能な限り減らし、動物性脂肪を植物性のものに代え（たとえばシュー生地のバターの代わりにヘーゼルナッツ・オイルを使うなど）、水とレモン果汁とゼラチンを基礎にしたタルト「アンフィニマン・シトロン」のために、これまでにない雲のように軽いマシュマロのテクスチャーを作る新しい技術を考案しました。

自分の仕事に満足がいくまで、議論、試作、味見を繰り返し、「フェティッシュ」のレシピ（「アンフィニマン・ヴァニーユ」と「アンフィニマン・シトロン」のタルト）を改訂し、新たにレシピを二つ（チョコレートとヘーゼルナッツのシュークリーム「オルフェオ」と、「オード・ア《イチゴ》・

ラ・フレーズ《への頌歌》」の形をしたオレンジとカルダモンの香り付けをしたスポンジケーキ「コンステラシオン《星座》」）作りました。

味とテクスチャーに関する目的を達成するために、さんざん意見を交換し試食を繰り返さなければなりませんでした。そこでフレデリックは、「アンフィニマン・ヴァニーユ」のタルトの試食のダブル・ブラインド・テストを四二五人に対して行いました。グループの半数が、従来の「アンフィニマン・ヴァニーユ」を試食し、半数がカロリーオフのものを試食しました。その結果、両者の満足度は同じでした。

この実験は、私を失望させるどころか、うれしい驚きでした。

さらに良かったのは、新しい味と異なるレシピを生むことで、とても良いものを作り出せたことです。定番商品に匹敵するばかりではなく、それに代わることもできるものです。このようにして、普段使っていたレモン・クリームは、「レゾネ」のレモン・クリームに代わりました。「レゾネ」のレモン・クリームは、酸味と香りがより強く、糖分と脂質を二〇パーセントカットしたものですが、従来のものより単純にすごくいいのです。卵黄とバターが少なくなったので、レモンの味がより衝撃的で鋭くなりました。ですから、レモン・クリームが必要なときの下準備には全部、こちらが採用されることになり、元のレシピはアーカイヴの仲間入りをしました。

シュークリーム「オルフェオ」に関しては、革命的な攪拌方法で、生クリームを一グラムも使わずに、〝ホイップ・クリーム〟を作ることができました。牛乳、ゼラチン、チョコレートしか入っておらず、味の鋭さと純粋さが際立って抜群です。これで次の期待が持てます。

展望と新・美食

ビーガンや「レゾネ」のパティスリーをブティックで提案するとき、より明確に説明する必要を感じています。しかしそれも長くは続かないでしょう。私の世代からすれば、当然強調すべきことですが、デジタルネイティブは、もはやその必要はないと考えているのです。彼らが生まれたときには、ビーガン、カロリーオフ、乳製品フリー、グルテンフリーなどの料理が存在していました。そういえば、マカロンのショーケースに「グルテンフリー」とあるのは、奇妙だと思いませんか。マカロンに小麦粉は使いませんから、そもそもマカロンはグルテンフリーです。しかしアングロサクソン人が言うところの〝ノーグル〟は、私にとっても仕事の軸のひとつになっています。それを売るための手段にしなくても、「イスパハン」や「レゾネ」シリーズの「アンフィニマン・ヴァニーユ」のタルトなどの創作のいくつかには、そもそも小麦粉は含まれていません。

同業者たちにならって、私が研究しているこれらすべての新しい道筋は、パティスリーが社会と並行して進化していることを示しています。食品の消費傾向は、徐々に消費者の生き方に関わるようになってきており、今では個々のアイデンティティの一部となっています。ですから我々パティシエは、それを考慮し、より多くの提案をし、これまでとは違ったやり方で考えることが不可欠なのです。

現代のパティスリーは、過去からの基礎を否定することなく、今後は未来を投影させていかなければなりません。

その未来とは、想像するに、多元的で、今よりずっと独創的で多様です。ビーガン、「レゾネ」、グルテンフリーの他に、私がまだ予想だにしていない新しいラインが描かれることでしょう。食、インテリア、旅行が今日のライフスタイルにとけ込んでいるように、近い将来、パティシエのすべての技法もとけ込む見込みがあります。ブティックのパティスリーは、外食産業やホテル業でのパティスリーに近づき、ビーガン主義はオート・パティスリーに取り入れられ、オート・パティスリーそれ自体が、数えきれないほどの文化の色合いで飾られることでしょう。我々は明らかに、限りのないパティシエの世界へと歩みを進めています。私にとっては天国の光景です。

テレビと継承

「冷蔵庫を空にしたところで、君はクリエイティヴにはならない！」ある日私がこう言い放ったのは、M６（フランスのテレビ局）の番組『プロフェッショナル、最高のパティシエ』の候補者に対してです。私は審査員の一人として参加していました。

そんな発言をして、ソーシャル・メディアで炎上するのではないか、と思いました。ネットユーザーたちは、ソーシャル・メディアで即座に批判しようと常に待ち構えています。意外なことに、放送後の反応はポジティブで好意的なものが多く、私がその候補者を、味についても方向性についてもいい軌道に乗せ直した、とのことでした。この日私は、テレビ番組への参加を承諾することで、自分にとって正しいと思われることが、理解され、成し遂げられたとの印象を持ちました。

私は長い間、テレビ出演を断ってきました。自分の仕事ではないからです。それでも撮影で、シリル・リニャック、フィリップ・コンティチーニ、ジャン＝フランソワ・ピエジュ、クリステル・ブリユアたちと素敵な時間を過ごすのは楽しいものです。しかもうれしいことにこの番組のおかげで、私の仕事を三〇〇万人近くの視聴者に知ってもらい、若い世代のパティシエたちと私の見解を突き合わせることもできます。

この四〇年間で成し遂げたことは、独りで閉じこもって自分を喜ばせるためにしたわけではありません。何よりこの仕事を永続させるため、そして、これまでに学び実践してきたことを後継者たちに継承してもらうためです。

継承が、私の心を占めるいちばんのテーマのひとつです。それが、ガリレオ・グループの、フランス料理研究所の教育委員会の後援を引き受けた理由でもあります。

二〇〇五年から二〇一〇年の間、ピエール・エルメ・パリのメゾンは、エコール・フェランディでプロ向けにオート・パティスリーの研修工房を運営していました。残念ですが、この時期に集中していたメゾンの仕事の発展に専念するために、やめざるをえませんでした。

しかしパティスリーの教育の問題は、決して脳裏から離れることはありません。現行とは違ったやり方で、近い将来着手したいと思っています。シェフ・パティシエを養成するためには、もはやケーキの作り方をおしえるだけでは足りないと、長いキャリアにおいて実感したからです。現在この仕事に身を投じたいと思っている若者たちは、より広い技術と教養を身につけることの重要性を知るべきです。そこで私は、パティスリーのコースに加えて、情報処理、ソーシング、管理、経営、デジタル・コミュニケーションとそれ以前のコミュニケーション、芸術入門などのコースを提供する、グローバルな教育課程を設立したいと考えています。

時の流れと共に私が実地で学ばなければならなかったすべてを伝えることで、学校を出るときには、立派なパティシエの企業家になってほしいと思います。この二〇年間でパティスリーが著しく進化したため、業界は新人を高いレベルまで養成する必要があります。私はこの分野での役割を担っているように思われますから、現在インターン学校の創立を検討しているところです。

その日が来るまで、未来のパティシエたちにメッセージがあります。

私が言いたいのは、素材と味についての教養を可能な限り身につけてほしいということです。これまでの方法や傾向に流されずに、そして絶対に猿真似はしないで、オープンに、好奇心を持ち、自分の本能に耳を傾けてください。

文化を共有し、交換してください。この仕事に必要不可欠だからです。私はそれをエコール・ルノートルで学び、そしてルレ・デセールで、同業者や友人たちと共にずっと続けていました。自分の小さな秘訣を人におしえると、自分だけのものにしておくよりも必ず豊かになります。

そして最後に、この仕事がどれほど素晴らしいのかを知ってください。長い間、料理が主、パティスリーが従で、パティスリーに見習いがやって来るのは、ほとんどの場合が料理がうまくいかなかったからでした。今では我々の仕事は輝きを見せています。認知され、評価されている価値ある仕事です。私はそれを明らかにすることに貢献できて幸せです。今若者が、天職としてパティシエの仕事を選択し、情熱をもってパティスリーの店にやって来るなら、少しは自分のおかげでもあると思っています。そしてそれこそが私にとって、最もうれしい褒美です。

考えてみると、年月を経ても、この仕事を少しも辞めたいと思いません。情熱こそが、絶え間なく仕事を続け創造する私のエネルギー源です。

私にはまだ、自分にしっかり根付いたたくさんの夢と野望があります。ピエール・エルメ・パリのメゾンを、今後一〇年間で、世界一大きいオート・パティスリーの企業にすることです。この目標を達成するために、日々格闘しています。

その後についても考えてもいます。後継の基礎を作り、現在六五〇人の従業員がいる企業を、私がいなくても縮小せず永続させるようにする義務があります。このことを心に留めて、冷静に検討しています。これもまた継承の一部です。

いつか私が引退することになっても、〝炎の番人〟でい続けるのだろうと言われることがあります。それに対しては、マーラーの言葉で応えます。「伝統とは灰を崇拝することではなく、火を守ることだ」

トロフィーと幸福

二〇一六年に〈世界の最優秀パティシエ〉の称号を授与されたとき、それをガストン・ルノートル氏に捧げました。明白なことでした。この偉大な人物が私に道を示してくれたのですから。

このように認められてうれしくても、冷静でいようと努めました。この称号は、他の人の判断によるもので、その上、一時的です。その日は世界の最優秀パティシエであっても、次の日にはもうそうではありません。その証拠に、クリステル・ブルア、セドリック・グロレ、フランソワ・ペレなどの才能あるパティシエたちが、私の後に授与されていますから。そしてそれは素晴らしいことです。

名誉勲章に関しては、少し違います。一九九六年に農事功労章（オフィシエ章）、二〇〇六年にレジオンドヌール勲章（シュヴァリエ章）、二〇一九年に芸術文化勲章（コマンドゥール章）を受章しました。私が感動したのは、自分の仕事が認知されるために演じた役割を強調してもらったことです。それよりもずっとうれしいのは、従業員が選ばれたときです。芸術文化勲章（シュヴァリエ章）のコレット・ペトルマン、芸術文化勲章（シュヴァリエ章）のミカエル・マルソリエ、農事功労章（シュヴァリエ章）のリシャール・ルデュたちです。彼らはピエール・エルメ・パリのメゾンを、フランスのラグジュアリー・ブランドの域に一緒に押し上げた仲間だからです。しかも私達は、フランスの名だたるブランドが所属するコルベール委員会のメンバーになりました。その主なメンバーは、エルメス、シャネル、ディオール、クリュッグ、プラザ・アテネ、クリストフル、ベルナルドなどです。

しかし人生で最も驚いたのは、グレヴァン美術館から、私の蠟人形を作りたいから承諾してほしいとの電話がかかってきたときです。これには大爆笑しました。そんなことは一瞬でも頭をよぎったことがなかったからです。とても光栄でうれしく思いましたので、すぐに承諾しました。

とはいえ自分が有名であることに対しては複雑です。道で私だと気づかれると、気まずさと自慢に思う気持ちの間で揺れ動き、気を引こうとしないようにと、自分に言い聞かせます。そして、こう呪文を唱えます。「名声は自分がしたことの結果に過ぎず、名声のために何かをするのではない」私はセレブであることよりも、評判になることをずっと好んできました。

一緒にセルフィーを頼まれるときは喜んで応じますが、耳元でこう言います。「私はね、英雄じゃないんですよ。ケーキを作っているだけです」

グレヴァン美術館でアラン・デュカスやアンヌ＝ソフィー・ピックと並んでいるのはとても喜ばしいことです。あの「コロヴァ」で二〇〇〇年に使用人として雇っていたシリル・リニャックが、最近グレヴァン美術館で私達の仲間入りをしました。しかしうれしいからといって、絶対視しないようにしなければなりません。

私は決して自分にとって大切なものを見失いません。それは、私が愛し、評価している人たちと一緒に創造し、前進し、他の人たちも前進させることです。

私の知らないところで、私が〝パティシエ界のゴッドファーザー〟と呼ばれることがあるのを知っています。

〝ゴッドファーザー〟の称号が私に適しているのかはわかりませんが、この言葉が暗示するのがマフィア的な意味合いよりも、この場合はポジティブなものであることを望みます。しかし確かなのは、自分の職業において常に、親切心、透明性、助け合いの精神を育むように努めてきたことです。

私は進んで自分のレシピと職人技を共有しています。

多くの人たちに職の提供もしています。ピエール・エルメ・パリのメゾンで研修した人たちの中には、そのまま残って基盤を築いている人もいれば、出て行った人もいます。私は彼らを援助します。頼まれれば、他での就職口や、住む場所だって見つけてあげます。どんなことがあろうとも、私達は常に連絡を取り合っています。ノウハウを伝承すると、多くのものが返って来るからです。数年後に違う部署に戻って来て、新しいチャレンジをする人もいます。

パティシエがメゾンを離れても、心の痛みを感じることはありません。逆に、進化をしようとして違う体験をしたくなるのは当然だと思っています。いつも率先して同業者たちに使用人やシェフを見つけてあげているぐらいです。しかしこっそりチームのメンバーを引き抜かれるのは、ずるいから好みません。忠義を重んじる人間にはそんなことは通らないし、そんなことをやられたら忘れられないものです。

誠実な従業員で、ノウハウのコーディネーターであり、文字どおりメゾンの記憶そのものであるミカエル・マルソリエのおかげで、私達はときどき〝昔〟いた人たちとも集まっています。再会するのがこの上なくうれしい人たちもやって来ます。私はずっと彼らのためにここにい続けることでしょう。

ケーキの上のサクランボ

今日、私は幸せな人間。
開花したパティシエ。
晴朗な企業家。

私の贅沢は単純。
美味しいコーヒー。
自分の時間。

私の幸せは濃密。

パティスリーに対する揺るぎなき情熱から、いつも楽しむばかりで、仕事をしている感じがしません。

妻の愛が私の人生に魔法をかけています。彼女にもっと早く出会わなかったことに、何の後悔もありませんが、妻ヴァレリーとの間に子どもは欲しかったです。アドリアンが、今は私の息子だとしてもです。彼と関係を紡いで本物の相棒になれたことは、私の誇りです。

あらゆる場所を巡る人生の旅は続きます。

味わいの発見、国々の探検、人びととの出会いの旅は、決して終わらないでしょう。

自分の限界に挑戦するために、学ぶこと、教養をつけること、再検討することを、決してやめることはないでしょう。

意味と感覚のこの永遠の探究こそが、晴れやかな人生の根幹となるのです。

今はかつてないほどに、未来にしか興味を持たない、という自分の哲学に忠実です。ある冗談の天才が言ったように、未来こそが、私が残りの人生を過ごすと決めた場所なのですから。

訳者あとがき

本書は、二〇二二年にフランスで出版されたピエール・エルメ（Pierre Hermé）の自伝 *Toutes les saveurs de la vie*（Buchet/Chastel, Paris, 2022）の全訳である。

フランスで「ムッシュー・マカロン」の異名を持つピエール・エルメは、日本でも広く知られているパティシエである。しかし本書で書かれているとおり、現在のパティスリー界では当たり前のようにされていることの数々が、実は彼が様々な障壁を乗り越えて〝革命〟を起こした結果であり、しかも、ピエール・エルメ・パリの第一号店は東京で開かれ、日本との縁が深いことは、意外と知られていないかもしれない。

一九六一年生まれのピエール・エルメは、わずか一四歳で故郷のアルザスを離れ、パリのルノートルへと修行に出る。その後、フォション、ラデュレといった名だたるメゾンで、その歴史を守りながら自らの信念に従って改革を断行し、新しい試みを取り入れることで、メゾンの発展に尽力する。それまでの常識に凝り固まった経営陣の反対意見をものともせず、次々に新しいことを打ち出していく手腕には、胸がすくようである。

老舗《しにせ》メゾンを大きく発展させると、次はそのカラーから離れて、自分の個性を打ち出して追求しようと、遠い異国、日本のホテルニューオータニでピエール・エルメ・パリのブティックをオープンさせる。こちらも大成功を収めるが、同じようなブティックをパリに作ろうとしても、オート《高》・《級》パティスリーのコンセプトが理解されずに、資金調達ができない。やむをえずレストランの経営者たちとパリの店舗を始めたことがわざわいし、破産寸前に追い込まれ、人生最悪の時期を迎える。不退転の決意でそれも乗り越えて、コロナ禍を経て、メゾンを世界規模で成長させ続け、現在ピエール・エルメ・パリのメゾンは順調に成長を続けている。

一人のパティシエが、どのような人生を送り、メゾンを創設して成功させたのかについて、自らの思い出を紐解きながら語り、後進に何かしらのインスピレーションを与えたいというのが、この本が書かれた目的のひとつである。

ピエール・エルメによれば、その成功の鍵は、人びととの出会いにある。創造には、新しい視野を開いてくれる人との出会いが不可欠だ、と言い切る好奇心旺盛な彼が、素材を求めて農園へ、美食を求めてレストランへ行ったことを述べるとき、読者は貴重な情報を得る。美味しいと思うワイン、印象に残った料理とそれを出したレストランなどのリストは、具体的で信頼がおけるガイドブック的な役割を果たしてくれている。誰もが知っていると思っているコーヒーへの誤解、カカオ産地でのカカオ文化の相違など、私達が日々食しているものへの教養をも深めてくれる。八〇回以上は旅行したという日本の生産物や文化についての知見から、日本に住んでいる我々も学ぶことは多い。巻末のレシピには、本格的なタルトから、簡単にできるクッキー、スパゲッティ・ボロネーゼまであり、読者が自らの手によって、実際に美味しいものにアクセスできるようにもなっている。つまり幾重にも〝美味しい〟本だと言えるだろう。

ピエール・エルメの創造の根幹をなすものは、センス（意味と感覚）の探求である。ここで説かれるのは、意味を捉える言葉と、五感で蓄えられていく思い出の重要性だ。ルノートルで最高のケーキの作り方を学んでも、それについて「とてもおいしい」以外の言葉で表現できないことに気づき、ワイン醸造学講座を受講する。ワイン醸造学者たちが、正確で比喩に富む表現を使うことによって、ワインを評するからだ。類まれなる繊細な舌を持っていても、語り方がわからなければ、それを伝えることはできない。だからこそ、何かを食するときに感じたことを的確な言葉にするためにも、常に読書をし、詩と演劇をこよなく愛し、コメディ・フランセーズをできる限り観に行く。言葉への愛は深く、詩人フランソワ・チェンとの親交から贈られたチェンの自筆の詩を常に持ち歩いている。

思い出を五感で蓄えるのは、創造性を培《つちか》うことになる。創造は多くの人が考えるように、何もないところから出てくるわけではなく、日々の生活、仕事、旅行、展覧会、読書、映画、観劇などでも、創造性は豊かになる。特に「役に立たない」と言われていることが、根本的に創造性を豊かにしてくれるものであり、いつかはキラリと光るものになる。たとえば、美術館を訪れて、作品の前で沈思し、ひたりきり、何もしない時間は、ただちに役に立たなくとも、思い出に蓄えられ、創造へとつながっていく。

これは、マンガ家の赤塚不二夫の自伝『赤塚不二夫120％』（一九九九年、アートン。二〇一一年、小学館）で紹介されている手塚治虫のおしえに共通する。ピエール・エルメの仕事を定義するのは、人とは違ったことをするという創造性であり、それこそが「パティスリー界のピカソ」と呼ばれているゆえんである。赤塚不二夫も同様に、「いままで誰も描いてこなかったことを描こう」とし、その実現には手塚治虫のおしえが指針となっていた。「マンガ家になるんだったら、マンガからマンガを勉強するんじゃないよ。一流の音楽を聴きなさい。いい小説を読みなさい。いい映画を観なさい。いい芝居を観なさい」と手塚治虫が言うのを、トキワ荘に住む若きマンガ家たちは「ご神託」のように聞いていたらしい。その結果は、トキワ荘出身の名だたるマンガ家たちの仕事からも明らかだ。赤塚不二夫はO・ヘンリーの短編小説『赤い酋長の身代金』からチビ太のアイデアを得、ピエール・エルメはフランソワ・チェンの詩からマカロン「詩人たちの庭園」を着想した。

「手塚先生がおっしゃったのは、音楽とか映画を直接マンガに取り入れろってことではないんですね。そうではなくて、自分の感覚の中に取り入れて、それを抽出しにしろ。それでそこから、何かを生み出せっていうこと」

この赤塚不二夫による手塚治虫の「ご神託」の解釈は、現代パティスリーの礎《いしずえ》を築き、進化を続けるピエール・エルメの創造についての見解と一致している。仕事をしていれば、創造性が求められる場面はあるし、それが飛躍の大きなきっかけになることもある。ピエール・エルメは本書で、役に立たないと思われていることが、実は重要で、昨今、無駄だと切り捨てられそうになっていることに、もっと目を向けるべきだということをおしえてくれている。二〇一九年に、文科省が実学志向から、高等学校の国語で、実用文に重きを置いた教育を行おうとしていると話題になったが、「駐車場の契約書などの実用文が正しく読める教育が必要で文学は無駄であるという考え」（《文藝家協会ニュース》、二〇一九年一月号）であった当時の文科省の意向は、一見実学を強化して経済を推し進めようとしているようでいて、実学の本質をも見失っている。それが、世界に向けて富を生み出し続けている日本のマンガ文化の父である「マンガの神様」手塚治虫と、企業家としても成功を収めている「パティシエ界のゴッドファーザー」ピエール・エルメの考えとは、真逆であることに気づいてほしい。「人の最高を引き出すためには、まずは自らの最高を差し出すべきだ」と言うとおり、本書でピエール・エルメは出し惜しみをせず、自らの最高を差し出している。スイーツに興味がなくとも、何かを成し遂げようとするために必要なことを学ぶこともでき、多くの人が楽しんで読めるような工夫がされているのだ。

実際のエルメさんは、本書から想像されるようなエネルギッシュな感じというよりも、控え目で穏やかな印象だ（日本人のマインドに合わせてくれていたのかもしれない）。誠実な人柄で、こちらからの質問にも常に真摯に対応してくれた。

日本については、柚子、ワサビ、胡麻、小豆、緑茶、白みそ、酒粕、梅干しなどといった食材や、ブティック第一号店を開いた東京のホテルニューオータニ、提携先のザ・リッツ・カールトン京都、パークハイアット・ニセコ・HANAZONOなどのホテルについての記述があるが、最近では、佐賀県にある温泉旅館の和多屋別荘にコンセプトショップ「Made in ピエール・エルメ」を出店するなどして、九州にも目を向けているとのことである。日本のすべての味わいを発見するには、一生では足りない、と言っているとおり、今後もピエール・エルメの日本を巡る味の冒険は続くことだろう。

訳出にあたっては、多くの方々にお力添えをいただいた。

恩師、野崎歓先生は、フランス語の疑問についてご教示くださった上に、丁寧に訳稿に目を通し、様々なアドバイスをくださった。無限に感謝の気持ちを捧げます。

畏友、三代目魚武濱田成夫さんからは、本作りのための大切なことをおそわった。本当にありがとう。

そして、辛抱強く仕事に寄り添い、的確なご指摘をくださった早川書房書籍編集部の山本純也さんに、心より御礼申し上げます。また、早川書房の萬関葉月さん、中野志織さんからもお心遣いをいただき、感謝しています。

末筆になったが、ピエール・エルメが好きなものがどれも美味しそうで、訳出が楽しかったことを記しておきたい。みなさんにとっても美味しい本であることを願って。

二〇二三年六月

佐野ゆか

［レシピ1］

私の父風クグロフ

クグロフ2つ　6人分（直径18cmの陶製クグロフ型を2つ用意する）
準備時間　45分
焼き時間　40分
休ませる時間　2時間30分

・クグロフ生地
小麦粉……250g
グラニュー糖……35g
パン用生酵母……8g
卵（大）……3個（小の場合は4個）
無塩バター……225g
ゲランドの塩の花……6g
ゴールデン・レーズン……185g

・成形と型取り
クリーム状にした無塩バター……25g
皮無しホール・アーモンド……35g

・アーモンドとオレンジの花のシロップ
ミネラルウォーター……500cc
グラニュー糖……750g
アーモンド・パウダー（白）……65g
オレンジの花の天然香料……5g

・仕上げ
澄ましバター……200g
粉砂糖……200g

スタンド・ミキサー用のボウルに、小麦粉、グラニュー糖、細かく砕いた酵母、7割（130g）の卵を入れて、ミキサーにフックを装着して

ゆっくりと攪拌します。生地に弾力が出てきたら、残りの卵を入れて、中程度の速度（決して強にしない）で回します。生地がボウルからきれいにはがれるようになったら、バターと塩の花を入れて、再び生地がボウルからはがれるようになるまで、約20分間回します。回し終えたときの生地の温度は24～25℃です。レーズンを加えて、1～2分回して生地に均等に散らします。生地にはりつけるようにしてラップをかけて、生地全体が冷たくなるまで、冷蔵庫で2時間30分休ませます。

次は成形と型取りです。
バターを電子レンジで温めてクリーム状にします。刷毛を使って、型にバターを塗り、型の溝ごとにアーモンドを置いていきます。生地を2つに分けて、球状にします。手に小麦粉をふって、各々の真ん中に生地を押しわけながら穴を作り、焼き型に入れます。28℃に保った場所に約3時間置いておきます。乾燥した場所なら、型を湿った布で覆ってください。

アーモンドとオレンジの花のシロップを準備します。
片手鍋にミネラルウォーターとグラニュー糖を入れ、沸騰させます。アーモンド・パウダーとオレンジの花の香料を入れて、冷まします。密封容器に移し、冷蔵庫に入れておきます。

クグロフを焼成します。
あらかじめ170℃に温めておいたオーブンに生地を入れて、35～40分間焼成します。シロップを冷蔵庫から出します。クグロフを型から抜いて熱いうちに、澄ましバターに浸けて、ステンレス製の網の上に縦に置きます。5分間休ませたら、アーモンドとオレンジの花のシロップに浸けます。ステンレス製の網の上に縦に置いて、5分間休ませます。休ませている間、クグロフの穴は必ずしもバターやシロップで満たす必要はありません。粉砂糖をふりかけて、全体が冷えるまで置いておきます。

必ず陶製の型を使ってください。最高の仕上がりになります。型は最

初に使う前に、バターを塗って、250℃のオーブンに7～8分入れて焼いてなじませておいてください。決して水で洗わずに、布で拭くだけにしてください。6～7回使った後に、クグロフ独特の味わいがしてきます。

[レシピ2]

友人クリスチーヌ・フェルベールの〝マナラ〟

「マナラ」25個分
準備時間　1時間
焼き時間　40分
休ませる時間　計4時間45分

・生地

ミネラルウォーター……350cc
パン用生酵母……50g
卵（大）……3個（小の場合は4個）
小麦粉（T45）……1kg
グラニュー糖……120g
精製塩……20g
無塩バター……300g
チョコレート・チップか干しぶどう（飾り用にいくつか）

・照り

卵（小）……1個
卵黄……卵（大）1個分
砂糖……2g
精製塩……ひとつまみ

生地を準備します。
スタンド・ミキサー用のボウルに、ミネラルウォーターと酵母を入れて、フックを装着して目盛1（最低速）で回します。バターと飾り用

の材量以外の生地用の材料を全部入れて、目盛2で約20分間、生地がボウルからきれいにはがれてなめらかになるまで、攪拌します。常温にしておいたバターをいくつかに割って入れて、バターがきちんと混ざり合って生地がボウルからはがれるようになるまで攪拌します。ボウルから出した生地にラップをかけて、室温が低かったら45分間、25℃以上だったら30分間休ませます。

マナラを成形します。
生地を80gの大きさに分けて、長さ10cm、直径3cm程の円筒状にします。それを人の形にします。ハサミを使って、3分の2を切って足を作り、その上に切り込みを入れて腕を作ります。チョコレート・チップか干しぶどうを載せて、目を作ります。マナラをクッキング・ペーパーを敷いた天板に置いて、28℃の場所に3～4時間、生地がふくらむまで休ませます。

照りの準備をします。
材料をハンドミキサーで混ぜて、こしたものを、マナラの表面に刷毛で丁寧に塗ります。

焼成します。
あらかじめ170℃に温めておいたオーブンで40分間焼成します。オーブンから出して、冷まします。

［レシピ3］
私のレモン・サブレ

サブレ75枚分
準備時間　40分
焼き時間　18分
休ませる時間　2時間

・生地

減塩50％バター……400g
無塩バター……150g
ゲランドの塩の花……3g
ふるいでこした固ゆで卵の黄身……1個分
粉砂糖……180g
レモンの皮……10g
レモンの厚皮の砂糖漬け……25g
小麦粉……530g
ジャガイモのでんぷん粉……100g

・レモン・コーティング
粉砂糖……250g
レモン果汁……65cc（レモン1個半）

サブレ生地を準備します。
バターを常温にしておきます。スタンド・ミキサー用のボウルに、上記の順番で生地用の材料を全部入れて、フックを装着して、生地に粘り気が出ないようにさっくり混ぜます。冷蔵庫で1時間休ませます。

サブレの成形をします。
作業台の上に小麦粉をふって、5mmの厚さに生地をのばします。直径5～6cmほどのディスク状にして、焼き型に入れていきます（十分な数の焼き型がないときは、この工程を何度か繰り返してください）。焼き型を天板に載せて、冷蔵庫で1時間休ませます。

コーティングの準備をします。
粉砂糖とレモン果汁を混ぜます。

あらかじめ165℃に温めておいたオーブンにサブレを入れて、18分間焼成します。オーブンから出したらすぐに、焼き型からサブレを出して天板の上に載せます。粗熱が取れるまで待ったら、サブレの表面をひとつひとつコーティングに浸けてから、完全に冷めるまで、天板に載せた網の上で乾かします。

この上質な生地は、冷凍保存して食べたいときに焼くことができます。
密封容器に入れたサブレは、常温で数日持ちます。

［レシピ4］
ヘーゼルナッツのラマラ

ラマラ3つ分　（アニョー・パスカル［復活祭の子羊］の型（大）21cm × 11cmを用意する）
準備時間　25分
焼き時間　55分

・ロースト・ヘーゼルナッツ
ピエモンテ産の生ヘーゼルナッツ……80g

・ヘーゼルナッツ生地
卵……6個
卵白……3個分
グラニュー糖……250g
小麦粉……230g
コーンスターチ……20g
無糖100％ヘーゼルナッツ・ペースト……45g
砕いたピエモンテ産のロースト・ヘーゼルナッツ……70g

・ブール・ファリーヌ（バターと小麦粉を混ぜたもの）
無塩バター……200g
小麦粉……60g

・仕上げ
粉砂糖……50g

砕いたロースト・ヘーゼルナッツを作ります。
オーブンを170℃に温めます。生ヘーゼルナッツをクッキング・ペーパーを敷いた天板の上に重ならないように置きます。オーブンに15分間入れます。冷ましてから、手でこすって皮をむきます。まな板の上のに置き、上から鍋でたたいて荒く砕いておきます。

生地を作ります。
小麦粉とコーンスターチをふるいにかけて、砕いたピエモンテ産のロースト・ヘーゼルナッツを加えます。スタンド・ミキサー用ボウルに、卵6個と卵白3個分とグラニュー糖を入れて、ホイップ用ヘッドを装着し、とても軽くなるまで泡立てます。ヘーゼルナッツ・ペーストを入れたボウルに、へらを使って泡立てた卵を加えてゆるめます。小麦粉とコーンスターチとクラッシュ・ヘーゼルナッツを混ぜたものを、卵でゆるめたヘーゼルナッツ・ペーストの中にゆっくり入れて、丁寧に混ぜ合わせます。

ブール・ファリーヌを用意します。
クリーム状のバターに小麦粉を加えて混ぜ合わせ、刷毛でラマラの型に塗ります。型を組み合わせて閉じて留金でとめます。

ラマラを焼成します。
オーブンを190℃に温めます。生地を型に入れ、パレットナイフで上を平らにします。オーブンに出来るだけ素早く入れて、40分間焼成します。型から出して網の上に置き、冷まします。完全に冷めたら、粉砂糖をふりかけます。羊の首にリボンを結び、背中に小さな旗を立てます。

ラマラは常温で5日持ちます。

［レシピ５］
父のクエッチのタルト

6～8人分
準備時間　40分
焼き時間　1時間10分
休ませる時間　計7時間

・敷き込みパイ生地
小麦粉……250g
室温で柔らかくした無塩バター……190g
ゲランドの塩の花……5g
グラニュー糖……3.5g
卵黄……1/2個分
常温にしたフレッシュ・ミルク（乳脂肪分3.5％以上）……50cc

・ビスキュイ・キュイエール
卵白……8個分
グラニュー糖……150g
卵黄……7個分
小麦粉……85g
ジャガイモのでんぷん粉……85g

・シナモン・シュガー
グラニュー糖……50g
シナモン・パウダー……2.5g

・エキゾチック・ナパージュ
ミネラルウォーター……250cc
オレンジの皮……1個分
レモンの皮……1個分
マダガスカル産バニラ・ビーンズの
　さやを裂いてこそぎ落とした実……1本分

グラニュー糖……100g
製菓用NHタイプのペクチン……10g
レモン果汁……2個分
ざっくりとみじん切りにしたミントの葉……3枚分

・焼き上げ
アルザスの新鮮なクエッチ……900g

敷き込みパイ生地を作ります。

スタンド・ミキサー用のボウルにバターを割り入れて、塩の花、グラニュー糖を入れます。卵黄とミルクを加えて、ミキサーにプラスチック刃を装着し均質になるまで混ぜます。ふるいにかけた小麦粉を加えて、生地が丸くなるまで回します。ラップで生地を包んで、冷蔵庫で2時間休ませます。小麦粉をまぶした作業台の上で生地を薄く（厚さ約2mm）にのばしたものを、冷蔵庫で2時間休ませます。直径35cmのディスク状に形を整えて、天板に載せて冷蔵庫で30分間休ませます。底取式の直径24cm高さ3cmのタルト型にバターを塗り、冷蔵庫で少しの間冷やします。冷蔵庫から出したら生地を型に敷きつめて、フォークで穴を開け、型からはみ出した部分の生地を切り取ります。冷蔵庫でさらに2時間休ませます。

生地に重石の乾燥豆を載せ、あらかじめ170℃に温めておいたオーブンで、20～25分焼成します。


ビスキュイ・キュイエールを作ります。

小麦粉とでんぷん粉を一緒にふるいにかけます。スタンド・ミキサー用のボウルに卵白とグラニュー糖を入れて、ホイップ用ヘッドを装着して泡立てます。しっかりと泡立ったら卵黄を加えて、ゆっくりと数秒間混ぜます。小麦粉とでんぷん粉を加え、卵をへらで持ち上げながら混ぜ込みます。天板の上にシリコン・シートを敷いて、その上に生地をのばします。あらかじめ230℃に温めておいたオーブンで5分間焼成します。オーブンから取り出して、網の上で冷まします。室温で乾燥させてから、スタンド・ミキサーで粉々にして、密封容器に入れておきます。

ナパージュを用意します。
ミネラルウォーター、レモンの皮、オレンジの皮、バニラの実を火にかけて45℃になったら、あらかじめ混ぜ合わせておいたグラニュー糖とペクチンを加え、3分間沸騰させます。火からおろし、レモン果汁とミントを加えます。30分経ったら、こして、冷所に置きます。

シナモン・シュガーは、シナモンとグラニュー糖を混ぜ合わせておきます。

オーブンを160℃に温めておきます。生地の底に、乾燥して粉になったビスキュイ・キュイエールを敷きます。2つに割って種を取り除いたクエッチを立たせて、できるだけ詰めて、生地に載せていきます。シナモン・シュガーの半分をふりかけて、オーブンで30～40分焼きます。室温で冷まします。

仕上げです。
ナパージュを火にかけて溶かします。刷毛でタルトの縁をナパージュで覆います。出す直前にタルト全体に、残りのシナモン・シュガーをふりかけます。

[レシピ6]
ココナッツ・シュガーのサブレ

35枚分
準備時間　20分
焼き時間　18分
休ませる時間　2時間

減塩50％バター……200g
エクストラ＝ファン（最高級）バター……75g
ココナッツ・シュガー……90g

ゲランドの塩の花……1.5g
ふるいでこした固ゆで卵の黄身……卵 1/2 個分
小麦粉（T55）……265g
ジャガイモのでんぷん粉……50g

バターをクリーム状にします。小麦粉とでんぷん粉を一緒にふるいにかけます。スタンド・ミキサー用のボウルに、上記の順番で材料を入れて、フックを装着して、粘り気が出ないようさっくりと混ぜます。天板の上に出して、ラップで包んで冷蔵庫で１～２時間休ませます。

作業台に軽く小麦粉をふり、生地を 5mm の厚さにのばします。手持ちの焦げない加工の焼き型に合わせて、のばした生地を直径５～6cm のディスク状にします。焼き型に入れて、焼くまで冷蔵庫に入れておきます。

オーブンを 165℃に温めてからサブレを入れて、18 分間焼成します。オーブンから出したらすぐに、サブレを焼き型から出して、天板に置きます。冷ましてから密封容器に入れて、常温で保存します。

［レシピ７］
フレデリック・Ｅ・グラセール・エルメのカヌレ

26 個分
準備時間　20 分
焼き時間　１時間
休ませる時間　12 時間

・カヌレ生地
フレッシュ・ミルク（乳脂肪分 3.5％以上）……１リットル
マダガスカル産バニラ・ビーンズ……３本
小麦粉……200g
粉砂糖……500g

卵黄……4個分
卵（大）……3個
無塩バター……100g
ダーク・ラム酒（サトウキビ原料で3年もの以上）……100cc

・焼き型用
澄ましバター……100g

カヌレ生地は前日に準備します。

小麦粉と粉砂糖をふるいにかけ、スタンド・ミキサー用のボウルに入れて、ホイップ用のヘッドで混ぜ合わせます。卵黄4個分と卵3個を加えて、生地の表面が泡立たないように、低速で5分間回します。

この間に、ミルクとバニラ・ビーンズのさやを裂いてこそぎ落とした実を鍋に入れて沸騰させ、バターを割り入れます。このミルクを、小麦粉と粉砂糖と卵が混ざったボウルに入れて、ラム酒を加えて素早く混ぜます。この生地はボウルに入れたまま、冷蔵庫で12時間以上休ませます。


翌日、焼成します。

オーブンに天板を入れて230℃に温めます。天板はオーブンの底に置きましょう。カヌレ用の銅製焼き型に刷毛でバターを塗って、天板の上に載せ、生地を型の5mm下まで入れたら、230℃のオーブンに入れます。10分後に、オーブンの温度を170℃に下げて、50分間焼成すると、カヌレは焦茶色になります。オーブンから出してすぐに型からはずして冷まします。焼き上がりから3時間～6時間後の間なら、冷ます時間も十分で、サクサクした感じも味わえます。

［レシピ8］
エアムール・トマトのバニラ・サラダ

4人分
準備時間　10分

火は使わない
所要時間　1か月

・低温圧搾エクストラ・ヴァージン・グリーン・オリーブオイル（コルシカのオルトレモンティ産など）……750cc
・マダガスカル産かメキシコ産のバニラ・ビーンズ……8本
・さまざまな品種のエアムール・トマト（パイナップル種、グリーン・ゼブラ種、ブラック・クリム種、ローズ・ドゥ・ベルヌ種、チェリー種など）……500g
・塩の花
・サラワク産のコショウ

バニラ・ビーンズのさやを裂いて実をこそぎ落とし、オリーブオイルに浸します。そのまま1か月間、日の当たらない場所に置いておきます。バニラをこして、元の瓶にオリーブオイルを入れます。

トマトを洗ったら、へたを取って、くし切りにします。皿に並べて、塩の花とコショウをふりかけます。バニラ・オリーブオイルの瓶を振って、たっぷりとトマトにかけたら、すぐに食卓に出します。

［レシピ9］
ヴァレリーの仔牛のオリーブ煮

コルシカでは、どの家族も伝統的なこの料理を作り、そしてそれぞれの家庭に秘伝があります。ヴァレリーがよく作るレシピは、私たちの友人ニコラ・ストロンボニによるものです。彼はコルシカ島でいちばんの酒倉係であり、この地方をいちばんよく知っている一人でもあり、『パン、ワイン、ウニ』（マラブ社、2016年）の著者でもあります。

6人分
準備時間　25分

調理時間　2時間30分

・コルシカ仔牛……1kg
・ヴレッタ（コルシカ産豚の頬肉の塩漬け）かグアンチャーレ（イタリア産豚の頬肉の塩漬け）か良質の塩漬け乾燥ラード……1切れ
・グリーン・オリーブ……100g
・ブラック・オリーブ……100g
・トマトピューレ……大さじ3杯
・タマネギの薄切り……1個分
・セロリのみじん切り……1本分
・ロゼワイン（パトリモニオ）……コップ1杯
・皮むきしたニンニク……3かけ
・ローリエの葉……2枚
・タイムの茎（できれば野生種）……2本
・アーモンド・パウダー……大さじ1杯
・有機オレンジの皮……1/4個分
・オリーブオイル
・塩と挽きコショウ

ココット鍋にオリーブオイルをたっぷりと敷き、仔牛肉を入れて焦げ目がついたら、鍋から出します。小さめの片手鍋にロゼワインを入れて、フランベします。ココット鍋に薄切りにしたタマネギを入れて色が変わるまで炒めたら、ニンニク2かけ、セロリ、細切りにしたヴレッタ（かグアンチャーレかラード）、ローリエ、タイムを加えます。焦げないように注意しながら炒めて全体の色が変わったら、仔牛肉を鍋に戻します。トマトピューレを入れて2分間経ったら、フランベしたロゼワインを入れます。次に常温のミネラルウォーター1リットルを加えます（鍋の水位は常に指1本分、肉より上になっているようにしてください。水分が足りなくなったら、ミネラルウォーターを足してください）。オレンジの皮を加え、弱火にして2時間以上煮込みます。弱火にして1時間後にオリーブを入れます。肉がほぐれるようになったら、アーモンド・パウダーを入れてとろみをつけ、ニンニク1かけをみじん切りにして加えます。お好みで塩とコショウを加え、さ

らに10分間煮込んだら出来上がりです。翌日に温めなおしても、さらに美味しくいただけます。

[レシピ10]

ヴァンサン・フェルニオ風スパゲッティ・ボロネーゼ

6人分
準備時間　25分
調理時間　3時間20分

・仔牛の胸の挽肉（可能ならコルシカのもの）……500g
・ハムの端の部分（可能ならコルシカのもの）……170g
・ローマ・トマト……4個
・タマネギ……1/2個
・ニンジン……1本
・タイム……1束（小さめ）
・ニンニク……1かけ
・白ワイン……120cc
・赤ワイン……120cc
・ビーフ・ブイヨン……250cc
・キャトル・エピス（白胡椒、ナツメグ、ジンジャー、クローブのミックススパイス）……ひとつまみ
・レッド・ペッパー……ひとつまみ（多め）
・精製塩……3g
・サラワクの挽き黒胡椒……ひとつまみ（多め）
・トマトピューレ……35g
・グラニュー糖……10g
・オリーブオイル……大さじ2～3杯
・無塩バター（仕上げ用）……50g
・スパゲッティ……600g
・生バジル……ひとつかみ
・削ったパルメザン・チーズ（お好みで）

ボロネーゼ・ソースを準備します。
ハムを大きめに切ります。トマトの皮をむいて種を取り除き、小さめの賽の目切りにします。タマネギの半分をみじん切りにします。ニンジンの皮をむき、小さめの賽の目切りにします。ニンニクをみじん切りにします。

大きめの鍋にオリーブオイルを敷いて、ハム、挽肉、タマネギ、ニンジン、ニンニクを入れ色がつかないように炒めます。トマトを加えて、熱で水分を蒸発させたら、白ワインと赤ワインを加え、沸騰したら、タイム、ブイヨン、スパイス類、塩、グラニュー糖、トマトピューレを加えます。沸騰したら火を弱めて、ときどきかき混ぜながら3時間煮込みます。味をみながら、必要なときは調味料で調整してください。
大量の熱湯に塩を加えて、スパゲッティを茹でます。湯切りをして、皿に盛ります。ソースが熱いうちにバターを加え、スパゲッティにソースをかけます。バジルを載せて、パルメザン・チーズと食卓に出します。

[レシピ11]
私のハムとコンテ・チーズのキッシュ

キッシュ2つ　6人分
準備時間　30分
焼き時間　1時間
休ませる時間　4時間30分

・生地
小麦粉……400g
無塩バター……300g＋型に塗るためのクリーム状のバター
フレッシュ・ミルク（乳脂肪分3.5％以上）……80cc
グラニュー糖……8g

塩の花……8g
卵黄……1個分

・フィリング
卵……10個
生クリーム（乳脂肪分30％）……800cc
精製塩……小さじ1杯
サラワクの黒コショウ……ひとつまみ（多め）

・具
コンテ・チーズ（12か月熟成）……160g
ジャンボン・プランス・ド・パリ（厚めのハムのスライス）……200g
ベーコン……200g

生地を準備します。
小麦粉をふるいにかけます。バターを賽の目に切ります。ミルクにグラニュー糖と塩の花を溶かします。スタンド・ミキサー用ボウルに、バター、グラニュー糖と塩を溶かしたミルク、卵黄を入れて、ビーター平面のヘッドを装着して、均質になるまで混ぜ合わせます。小麦粉を加えて、生地に粘り気が出ないように素早く混ぜます。生地を天板に載せ、ラップをして冷蔵庫で1時間休ませます。作業台に小麦粉をふって、生地を2mmの厚さにのばし、冷蔵庫で2時間休ませます。生地を2つに分けて、直径25cmのディスク状にします。天板に置いて、さらに30分冷蔵庫で休ませます。2つの底取式のタルト型（直径15cm、高さ4cm）にバターをふんだんに塗って、冷蔵庫に少しの間入れます。生地を型に敷いて、はみ出した部分は切り取ります。冷蔵庫で2時間休ませます。

この間、フィリングの材料全部をハンドミキサーで混ぜておきます。

具を準備します。
ハムとベーコンを賽の目に切ります。コンテ・チーズを擦りおろします。

オーブンを170℃に温めます。生地の底にクッキング・ペーパーを敷いて、重石の乾燥豆を載せ、オーブンで20分間焼成します。生地が冷めたら、豆とペーパーを取り除き、各々の底にベーコン100g、ハム100gを載せ、コンテ・チーズ80gをまぶします。具は押して平らにしないようにしてください。フィリングがこぼれないよう型の5mm下まで流し込んだら、オーブンを160℃にして40分間焼成します。キッシュは、オーブンから出したら、お好みで、冷ますか冷やすかして、メスクラン（レタス、チコリ、タンポポなどのミックス・サラダ）かフレッシュ・ハーブのサラダを添えて、食卓に出します。

[レシピ12]
リリーとジルのためのチョコレート・サブレ

サブレ約50枚分
準備時間　30分
焼き時間　12分
休ませる時間　1時間

カカオ70%のブラック・チョコレート（ヴァローナ）……150g
小麦粉……175g
ココア・パウダー（ヴァローナ）……30g
重曹……5g
無塩バター……150g
粗糖……120g
ゲランドの塩の花……5g
バニラ・エキストラクト……2cc
グラニュー糖……50g

チョコレートを小さく切り分けます。小麦粉、ココア・パウダー、重曹をふるいにかけて、混ぜ合わせます。バターを柔らかくして、粗糖、グラニュー糖、塩の花、バニラ・エキストラクトと混ぜ合わせま

す。ココア・パウダーと重曹入りの小麦粉とチョコレートを加えて、さっくりと手早く混ぜ合わせます。直径4cm、長さ約40cmの筒状にし、冷蔵庫で1時間以上休ませます。オーブンを170℃に温めます。生地を1cmの厚さに切り分けて、クッキング・ペーパーを敷いた天板に載せていきます。170℃のオーブンで11〜12分間焼成します。オーブンから出したら、網に載せて冷まします。

焼成時間はとても重要です。このサブレを美味しくするためには、少し〝生焼け〟にしなければなりません。塩の花を使うと、塩味感覚の効果のめりはりが出ます。塩の花を精製塩で代用するなら、塩の量は2gに減らしてください。サブレは、密封容器に入れて湿気を避けたら、数日間保存できます。これだけの量の生地を作っても、生地は冷凍保存できますので、ご安心ください。必要に応じて解凍して、焼いてください。

[レシピ13]

カロリーヌの誕生日のためのモモのタルト

6〜8人分
準備時間　50分
焼き時間　1時間
休ませる時間　6時間30分

・敷き込みパイ生地

ふるいにかけた小麦粉……250g
室温で柔らかくして賽の目に切った無塩バター……190g
ゲランドの塩の花……5g
グラニュー糖……3.5g
卵黄……1/2個分（10g）
常温にしたフレッシュ・ミルク（乳脂肪分3.5%以上）……50cc

・カスタード・クリーム

フレッシュ・ミルク（乳脂肪分3.5％以上）……250cc
バニラ・ビーンズ……1/2本
グラニュー糖……65g
卵黄……3個分
小麦粉……8g
コーンスターチ……17g
室温で柔らかくしたバター……25g

・アーモンド・クリーム
無塩バター……62.5g
粉砂糖……62.5g
アーモンド・パウダー……62.5g
卵……1/2個
コーンスターチ……6g
カスタード・クリーム……75g

・仕上げ
完熟黄桃……1.2kg
グラニュー糖……100g
シナモン……ひとつまみ

生地を準備します。

バター、グラニュー糖、塩の花、卵黄、ミルクをスタンド・ミキサー用のボウルに入れて、均質になるまで混ぜます。小麦粉を入れて、生地が丸くなるまで回します。ラップで生地をくるんで、冷蔵庫で2時間休ませます。小麦粉をふった作業台に生地を2mmの厚さにのばしたら、冷蔵庫で2時間休ませます。直径35cmのディスク状に形を整え、底取式のタルト型に敷きつめて、余った部分を切り取ります。フォークで底に穴を開けて、冷蔵庫で2時間休ませます。

生地に重石の乾燥豆を載せ、予め温めておいた170℃のオーブンで20分焼成します。


カスタード・クリームを作ります。

バニラ・ビーンズのさや1/2本を裂いてこそぎ落としたビーンズをミルクと一緒に鍋に入れて、沸騰させます。そのまま30分置いてから、こします。卵黄とグラニュー糖を攪拌し、小麦粉とコーンスターチを加え、攪拌し続けます。ずっと攪拌を続けながら、これにミルクの3分の1を加えてから、残りのミルクを入れていきます。鍋に入れて混ぜながら、2分間沸騰させます。鍋を火からおろし、氷を入れたボウルの中に入れて、60℃になったら、バターを入れて混ぜます。ラップをして冷蔵庫に入れます（余ったときは、他に使ってください）。

アーモンド・クリームを準備します。
クリーム状にしたバターをボウルに入れます。アーモンド・クリーム用の材料をひとつずつボウルに入れて混ぜ合わせたら、タルトの底にのばし入れます。

タルトの仕上げです。
オーブンを170℃に温めます。黄桃を洗って水分を拭き取ります。皮はむかずに、6つに切ります。黄桃をタルトの底に立たせて、できるだけ詰めて、載せていきます。グラニュー糖とシナモンを混ぜ合わせて、その2/3をふりかけます。オーブンで40分間焼成します。冷ましてから、型から出します。残りのグラニュー糖とシナモンをふりかけたら出来上がりです。

[レシピ14]
レモンのパウンドケーキ

ケーキ2本　6人分
準備時間　30分
焼き時間　約1時間

・生地
小麦粉……375g
ベーキングパウダー……8g

擦りおろした有機レモンの皮……3個分
グラニュー糖……400g
常温の卵（中）……6個
生クリーム（乳脂肪分30%）……190cc
ホワイト・ラム酒（子どもがいる場合は入れない）……大さじ3杯半
ゲランドの塩の花……ひとつまみ
無塩バター……135g
細かい賽の目切りにしたレモンの厚皮の砂糖漬け……150g
型に塗るバターと小麦粉少々

・レモン・シロップ
ミネラルウォーター……50cc
グラニュー糖……50g
擦りおろした有機レモンの皮……1個分
レモン果汁……50cc

・グラサージュ（お好みで）
レモン・マーマレード……250g

オーブンを180℃に温めます。2つの焼き型にバターを塗って、小麦粉をふります。小麦粉とベーキングパウダーを一緒にふるいにかけて、細かく賽の目切りにしたレモンの厚皮の砂糖漬けを加えます。無塩バターを溶かして冷まします。ボウルに擦りおろしたレモンの皮とグラニュー糖を入れて、グラニュー糖が湿ってざらざらになり、レモンの香りが立つまで、指で混ぜ合わせます。卵を加えて白く泡立つまでホイップします。

生クリーム、ラム酒、塩の花の順番で加えて、ホイップします。とろりとするように小麦粉とベーキングパウダーを3回に分けて、ゴムべらを使って加えます。溶かして冷ましたバターを3回に分けて加えて、よく混ぜます。焼き型に生地を入れて、天板に載せます。180℃のオーブンで、ケーキの端がよく焼けて、中心がしっとりして、黄金色になるまで、約1時間焼成します。40分経ったら、ナイフを中心

まで入れて、乾いて何もついていない状態かどうか、焼け具合をチェックしてください。ケーキが茶色くなるのが早すぎたら、アルミホイルで焼き型を覆ってください。

焼成している間に、シロップを準備します。
鍋にミネラルウォーター、グラニュー糖、擦りおろしたレモンの皮を入れて、沸騰させてから、こします。レモン果汁を加えます。ケーキをオーブンから出して、型からはずして網の上に置きます。少し冷めたところで、刷毛でシロップを塗って冷まします。ケーキに照りをつけたいときは、レモン・マーマレードを鍋に入れて弱火で沸騰させ、大きな刷毛で表面（底以外）に塗ります。乾かしたら出来上がりです。

ラップで隙間なくしっかり包めば、ケーキは常温で約１週間もちます。密封して冷凍すれば、１か月保存できます。ケーキをスライスして少しトーストしても美味しく召し上がれます。
バニラ風味にする場合は、柔らかくて肉厚のバニラ・ビーンズ２本分の実で香り付けして、レモンの皮の代わりにします。

[レシピ 15]
私のクレープ

クレープ 35 枚
準備時間　10 分
調理時間　クレープ１枚につき３分
休ませる時間　４時間 30 分

フレッシュ・ミルク（乳脂肪分 3.5％以上）……500cc
マダガスカルのバニラ・ビーンズ……２本
無塩バター……100g
レモンの皮……4g
オレンジの皮……10g

小麦粉……200g
グラニュー糖……50g
卵……5個
ダーク・ラム酒（サトウキビ原料）……15cc

生地を用意します。

ミルクを沸騰させます。バニラ・ビーンズのさやを裂き実をこそぎ落として、ミルクに30分間浸けておきます。冷めたらこします。バターを溶かして冷まします。レモンとオレンジの皮をグラニュー糖と混ぜます。小麦粉をふるいにかけてボウルに入れ、グラニュー糖を加えて、中心にへこみを作ります。ミルクに卵を混ぜて、ボウルの中心に注ぎ入れます。泡立て器で、中心からだんだんと大きな円を描いて小麦粉をミルクに混ぜ込むようにして、ゆっくりと回します。生地が均質になったら、溶かして冷ましたバターとラム酒を加えます。冷蔵庫で4時間以上休ませます。

クレープを焼きます。

焦げつかない加工のクレープ用フライパンに、おたま1杯分の生地を流し入れ、表面いっぱいに広げて、焼きます。クレープを裏返して焼き、すぐに供します。生地がなくなるまで、同じ手順を繰り返します。

[レシピ16]
シュジーのチョコレート・ケーキ

6～8人分
準備時間　10分
焼き時間　30分

カカオ60%のブラック・チョコレート……250g
常温の無塩バター……250g
グラニュー糖……180g
卵……4個

小麦粉……70g

オーブンを180℃に温めます。22cmのケーキ型にバターを塗って小麦粉をふります。チョコレートを刻んで湯煎して溶かします。バターとグラニュー糖をホイップしながら、卵を1つずつ加えます。溶けたチョコレートを加えて混ぜ合わせてから、ふるいにかけた小麦粉を加えます。生地を型に入れます。オーブンを180℃にセットした状態で、生地を入れて、木製のさじでオーブンを少し開いたままにして、25～30分焼成します。オーブンから出したら、型からはずして網の上に置きます。冷めたら出来上がりです。

［レシピ17］
私の水出しコーヒー

4人分
準備時間　5分
所要時間　8時間

浄水……1リットル
ブラジル産IAPARレッド・コーヒー……70g

コーヒーをかなり粗めに挽きます。ガラス製の容器にコーヒーを入れて、水を注ぎます。冷蔵庫に8時間以上入れておきます。こして氷を入れていただきます。

ピエール・エルメ語《かた》る
マカロンと歩む天才パティシエ

2023年9月10日　初版印刷
2023年9月15日　初版発行

＊

著　者　ピエール・エルメ
　　　　カトリーヌ・ロワグ
訳　者　佐《さ》野《の》ゆか
発行者　早川　浩

＊

印刷所　株式会社精興社
製本所　大口製本印刷株式会社

＊

発行所　株式会社　早川書房
東京都千代田区神田多町2−2
電話　03-3252-3111
振替　00160-3-47799
https://www.hayakawa-online.co.jp
定価はカバーに表示してあります
ISBN978-4-15-210245-4　C0098
Printed and bound in Japan
乱丁・落丁本は小社制作部宛お送り下さい。
送料小社負担にてお取りかえいたします。